青豆書坊

—— 阅读·思考·生活 ——

看见被污名化的中年女性

Hags

THE DEMONISATION OF MIDDLE-AGED WOMEN

Victoria Smith

[英] 维多利亚·史密斯 著

朱红梅 周严 译

上海社会科学院出版社
SHANGHAI ACADEMY OF SOCIAL SCIENCES PRESS

图书在版编目（CIP）数据

看见被污名化的中年女性 /（英）维多利亚·史密斯
(Victoria Smith) 著；朱红梅，周严译 . -- 上海：上海社会科
学院出版社，2025. -- ISBN 978-7-5520-4630-4

Ⅰ. D756.186.8

中国国家版本馆 CIP 数据核字第 20258TC058 号

Copyright © 2023 by Victoria Smith
Published by arrangement with Hardman & Swainson, through The Grayhawk Agency Ltd.
Simplified Chinese edition copyright © 2023 by Beijing Green Beans Book Co., Ltd.
All rights reserved.

上海市版权局著作权合同登记号：09-2024-0672

看见被污名化的中年女性

著　　者：［英］维多利亚·史密斯（Victoria Smith）
译　　者：朱红梅　周　严
责任编辑：杜颖颖
特约编辑：贺　天
装帧设计：尚燕平
出版发行：上海社会科学院出版社
　　　　　上海市顺昌路 622 号　　邮编 200025
　　　　　电话总机 021-63315947　销售热线 021-53063735
　　　　　https://cbs.sass.org.cn　E-mail: sassp@sassp.cn
印　　刷：北京中科印刷有限公司
开　　本：880 毫米 × 1230 毫米　　1/32
印　　张：11
字　　数：220 千
版　　次：2025 年 5 月第 1 版　　2025 年 5 月第 1 次印刷

ISBN 978-7-5520-4630-4/D · 748　　　　　　　　　定价：59.80 元

版权所有　翻印必究

致过去、现在以及未来的

所有女巫

目录
CONTENTS

导言　什么是女巫仇恨 / 1

第1章　丑陋的女巫
——被年龄和性别规训的女性 / 35

我们是恶人吗 / 39
万圣节面具就是你 / 43
"尽量显得年轻"如何成了"做真正的自己" / 52
美丽是你的职责：女性气质与女性本质 / 57
"某种邪恶的咒语" / 65

第2章　带来恐惧的女巫
——自然的身体，被定义的恐惧 / 71

对劣势的恐惧 / 75
对变化的恐惧 / 83

对死亡的恐惧 / 90
身体故事的重要性 / 96

第3章 拿着扫帚的女巫
——无偿劳动，以及那些被忽视的付出 / 101

滴水穿石效应 / 105
以不同的方式做家务——或者不做 / 109
家务事中的共谋 / 113
我恨你，妈妈：年长女性作为依赖恐慌的替罪羊 / 119
善良陷阱 / 124
谁给朱迪斯·巴特勒做晚餐 / 132

第4章 站在历史对立面的女巫
——在历史叙事中被刻意污名化的女性 / 137

婆婆/丈母娘3.0 / 142
女人：即将推出道德纯洁的全新升级版 / 147
为什么女性历史很重要
　　以及过去的女性为何"一事无成" / 161

第5章 性冷淡的女巫
——代际冲突中女性经验的失落 / 169

大清算与小革命 / 174
在性战争中,你有什么作为 / 180
卫道士:一种既新又旧的道德恐慌 / 186
想想孩子们 / 197
呕吐反射 / 204

第6章 密谋的女巫
——在父权社会中寻求互助和支持的女性群体 / 211

从解放到孤立,再到妈咪网 / 215
流言归来 / 223
女性能够独立思考吗 / 230
重启女巫集会 / 237
"但愿你没有疏远她们所有人" / 243

第7章 享有特权的女巫
——制造替罪羊,针对特定年长女性的指责 / 249

骄横的"大妈",强势的"凯伦" / 253

"现在没人能把我怎样":把独立包装成特权 / 263
扮演受害者 / 272
净化仪式 / 279
女性权利:是人权,还是来路不正的过气奢侈品 / 285

第8章 该死的女巫
——"治愈"或"毁灭",男性暴力与年长女性的命运 / 293

得到文化认可的剧本:
"如果你不治好她,我就杀了她" / 297
年龄歧视、厌女症和TERF恐慌:
"行邪术的女人,不可容她存活" / 304
男性暴力与女性主义:一个阴谋论 / 314

后记 中年女性要的是什么 / 320
致 谢 / 334
译后记 防患于未然的预警 / 338

导 言

什 么 是
女 巫 仇 恨

> 在童话故事里，女巫们总是穿戴着可笑的黑帽子和黑斗篷，还要骑上扫帚。不过这本书可不是童话，这里写的是真正的女巫。
>
> 罗尔德·达尔（Roald Dahl），
> 《女巫》（The Witches）

> 当我们把"女巫"解读为"女人"时，我们就更能理解教会对这部分人的残酷。
>
> 玛蒂尔达·乔斯琳·盖奇（Matilda Joslyn Gage），
> 《女性、教会与国家》（Women, Church and State）

20世纪80年代后期，反女性主义浪潮迭起，不管你对此怎么想，这个时期的确产生了一些妙趣横生的优秀影视作品。其中绝佳的一部就是《致命诱惑》（Fatal Attraction），格伦·克洛斯（Glenn Close）饰演女编辑艾利克斯，迈克尔·道格拉斯（Michael Douglas）饰演律师丹。

占有欲超强的艾利克斯与家庭圆满的丹，在共度一个激情周末之后，丹想抽身离开，而艾利克斯无法接受丹试图抛弃她的暗示。尽管这部电影受到了女性主义的合理批判［导演阿德里安·莱恩（Adrian Lyne）声称，艾利克斯的原型是"因自己不是男人而过度补偿"的单身女性们］，而且一直以来，粗野男人们都把理智清醒的女性描述为"煮兔毒妇"[①]（bunny boilers，指的是在影片里艾利克斯决定把丹的女儿养的宠物兔子杀掉并放进汤锅里煮），可我喜欢这部电影。事实上，随着年龄渐长，我越发明白艾利克斯其实也加入了电影和文学题材中某种女性的行列——暗藏杀机的老女人、邪恶歹毒的后妈们。我本该认定她们卑鄙无耻，但她们的委屈怨恨突然变得合情合理。最真切的莫过于艾利克斯的那句台词："休想无视我（I'm not going to be ignored）"。

有一段时间，这句台词成了我和一位老同学之间经常使用的戏谑之语。我们会在电子邮件的末尾添加缩写INGTBI[②]，尤其是如果收件人碰巧是那种会使用"煮兔毒妇"一词的男人。然后我注意到其他和我同龄的女性也特别喜欢那个场景——"我只是想成为你生活的一部分，"艾利克斯恳求道，声音越来越大，"你不接我电话，还换了号码。听着，休想无视我，丹！"这句话也是对我们说的，重音落在"休想"上。

我不是说所有更年期女性——或者只是我打过交道的女性——

[①] 煮兔毒妇：因为这部《致命诱惑》电影的缘故，bunny boiler 成为一种习语，原指那些对前任不依不饶、恐怖纠缠的危险女人，后来扩大到用来戏谑任何有着过度嫉妒心和控制欲的女性。——译者注（本书中数字标号注释均为译者注。）
[②] INGTBI："I'm not going to be ignored" 的首字母缩写。

都认同这类心怀杀机的纠缠者。这是一个隐喻（或者说，是一个关于更年期的比喻），它捕捉到了那种生活失败，然后又被生活困住的感觉。女性主义不会再回应我们的话，我们不同频了。当我们提出抗议，它会以片中的丹那种居高临下的腔调告诉我们："你不明白，你就是不明白。"这就是中年女性的境遇缩影。女性在这种情况下，任何一种应对方式都会被解读为阴险恶毒、自以为是、精神错乱。

对待中年女性的套路是：这时候我们该"隐形"了。唉，但事实并非如此。我们仍然存在，一如既往，只是我们被无视了。其他人主动选择不承认或不重视我们。这种无视通常被看作一个小问题，甚至可能是变老的一种好处（嘿，至少我们不再被流氓吹口哨了！）。我们不再会得到有意义的正面关注，这句话的言下之意是，我们现在如果感到恼怒，都是因为我们不再被视为性对象而恼羞成怒。这种轻描淡写掩盖了我们所遭遇的一切，还要加上性别歧视；而且，这还暗示着年轻女性私下喜欢被物化为肉体，当失去这种待遇时还会怀念不已。

我这么写是因为我本人也曾落入这种套路。我曾经错误地认为，即将到来的"隐形"确实可以避免自己被"物化"，我以为我不会为此感到困扰。当时的我甚至还觉得，与那些不愿意顺其自然的女性相比，我还更高一筹。但这种主动退隐的行为并不等于被物化的终结。你仍然是一个物体，只不过你的地位从绘画或雕塑变成了诸如帽架之类。

在过去的五六年里，随着我的年龄从四十出头到四十七八，我感到了这种转变：那些与我同龄或更年长的男人，在与比我年轻的女性交谈时，表现得就像她们的同龄人一样，而我简直形同虚设。当我试图挤进双方的谈话中时，我觉得自己很渺小，只被勉强接纳，就好像我闯进了一场与我无关的讨论。试图让别人听到我的声音，这让我感到很荒谬，仿佛我在哄自己说"你还可以"，直到现在，我才意识到，这个"可以"包括了我在公共空间与他人互动的权利。

1978年，苏珊·桑塔格（Susan Sontag）创造了"衰老的双重标准"这个表述，用来描述性别歧视与年龄歧视给女性带来的双重影响，特别是在外貌方面。从那以后，女性要"显得年轻"的压力并没有减轻；如果说有什么不同的话，那就是对于负担得起的人来说"显得年轻"的方式越来越多，从而使这个标准变得更加严酷无情。

相关的研究不仅针对女性面临的双重、三重或更多的"标准"，因为性别歧视和年龄歧视与外貌、阶级、种族以及其他因素交织在一起。47岁的我已经过了女性职业收入巅峰的年龄；但如果换成男性，我通常还有10年的时间才能达到收入巅峰。2018年秋季，英国通信管理局（Ofcom）的一份报告显示，女性在银幕上的形象代表性不足，这是因为年龄较大的女性所占比例较低。正如"按你的年龄行事（Act Your Age）"运动的创始人尼基·克拉克（Nicky Clark）所说，2000年至2021年，获得英国电影与电视艺术学院奖（BAFTA）提名的男演员平均年龄保持在四十五六岁，而女演员则降至30岁出头。她还发现，只有9%的英国观众能认出45岁以上的女演员，但有48%的英国观众能认出45岁以上的男演员。一个普遍看法是，我们中年女性可以贡献的东西变少了，得到的回报也应该相应减少，甚至根本不应该被人看到。

令人沮丧的原因不仅是被无视，或是试图引起关注而遭人嫌弃，还因为我这个年纪的女性可能会觉得我们比以往任何时候都有更多的贡献。正如蕾切尔·沙比（Rachel Shabi）2021年在《卫报》（*The Guardian*）的一篇文章中所说："女人四十，迈开大步……却被残忍地推搡到一边。"尽管这是一种错位，但我认为这并非偶然。基于男性默认的推论，即知识随着时间的推移而积累，那么中年（或是年长）女性的观点应该有其价值，而且她们更了解性别歧视在女性生命周期中的累积过程到底意味着什么。然而，主流女性主义对此却不感兴趣。这令人感到羞辱和愤怒。但如果反击，只会让情况变得更糟。

也许算是幸运，我步入中年时，正逢社会打着善良高尚的旗号，采取措施抵制对年长女性的漠视。（尽管公平地说，我研究得越多，就越发现每个时代都有自己的巫婆/悍妇/恶婆婆/母老虎形象，用来切实打压那些不合时宜地发言或亮相的年长女性。）在如今深受年龄歧视影响的性别歧视的讨论中，"向经理投诉"和"我有权……"这样的行为被看作中年女性犯下的主要罪行，尤其是（但不限于）白人女性。显然，中年女性被认为是"网络喷子""酒鬼"，简而言之就是"最糟糕的"。

于是我自问，这是否只是随着年龄的增长发现自己与当今年轻人脱节的众多表现之一。你喜欢的音乐不合时宜，你的衣品令人反感，人们根据你的脸制作万圣节面具，在抗议游行中携带的被送上断头台的女性肖像也长得像你。我自己对"女人"这一社会类别的认知，总是被更真实的经历不断刷新。我曾扪心自问：试图在公共场所找到存在感、为我的同龄人发声、与她们见面、谈论我们学到的东西，这些行为真的那么遭人非议吗？就好像男性买了一辆锃光瓦亮的大排量摩托车、把妻子换成了年龄只有她一半大的年轻同事那样。对于中年女性来说，仅仅是保留自己的内心生活并想要表达出来，难道就构成了另一种相当不体面的中年危机吗？有谁想成为一个"过了育龄期还敢于继续存在、表达、要求见经理的女性"？对中年女性来说，我们保持沉默不就能少些尴尬了吗？

这样当然会很方便。一位受访者告诉我："是的，因为我们应该逐渐隐形。我并不认为这是意外，因为已经到了一个女人怎样都无所谓的时期。每个人都仿佛在说，'我们听不见你在说什么'，或者是'我们能听到你说的，但你说的都是错；幸而像你这样的人很快就会死光的'。"那些反馈在交谈中被议论和无视的女性——她们显然在公共生活和媒体中被抹去了——恰好属于那个其他人都想让她们闭嘴的女性群体。如果我们想参与日常的人际交往而不是默默地从事过量的无偿劳动，我们就会被认为是贪心和多余的；当我们这样做时，也会被告知"是的，你的确贪心、多余"。有一种文化叙事不仅试图证明无视年长女性的合理性，而且，当我们这些中年女性试图以无法被忽视的方式行事时，我们还会被污名化，就像艾利克斯一样（尽管实际上我们并不会烹煮宠物）。现在作为道德上的替罪羊，中年女性被要求保持沉默，不良行为也被归咎于这一群体，在别的群体里被视为独立、自主、有力量的特征，在中年女性这里就成了罪责。20年前，我们还是年轻女孩时收到的是鼓励："加油，姑娘！"如今忽然变成了："等一下，我们说的不是你！"

总而言之，这足以驱使任何一位女性向艾利克斯靠近。写了这本书，我就不必去煮兔子了。

休想无视我。

什么是女巫仇恨

人们对年长女性不屑一顾。我们心知肚明，特别是我们很多人也曾漠视过年长女性，可是等意识到自己也会变成那样的怪物时，就已经晚了！我经常觉得自己就像那个众所周知的表情包里的人："我从没想到豹子竟然会吃我的脸。"[1] 我从没想到丑化年长女性这种事会发生在自己身上，因为我觉得——在面对有一天可能会发生在你身上的苦难时，我有一种莫名但并不罕见的感觉——那些坏女人是自作自受。我并不是唯一这么想的人。这是父权制自我延续的完美循环之一：对年长女性的污名化让我们不想认同她们或向她们学

---

[1] 豹子吃我的脸：Leopards ate my face，2015年走红的一个网络用语，比喻某人投票支持了某项政策之后，自己反而成了这项政策的受害者。这句话用来讽刺这些人自作自受。

习，因此我们无法获得任何知识来为自己的衰老过程做好准备，同时也背离了未来的自我。*

现在讨论这个话题，我不想只呈现年长女性被贬低、削弱或歪曲的无数方式；这并不是为了证明年龄歧视和厌女症的交织（虽然我也会把它们解释清楚）。我想把过去和现在、女性主义历史和政治联系起来，去探究女性与其他女性以及年长的自己之间的分离为什么会不断发生，以及如今这种分离的表现方式与过去有什么相同或不同。我们这些中年女性不仅仅是一种特殊类型的女性，对许多人来说，我们还代表了关于女性在本质、进步与衰落的政治叙事中的一个重要阶段。与年龄歧视交织的厌女症一直存在，我认为与之前不同且现在变得更难处理的是，它经常伪装成女性主义。

现在，我们正经历着对女性主义成果的猛烈抨击，而中年女性正好成为被攻击的绝佳对象。正如哲学家凯特·曼内（Kate Manne）所言，你不需要一直表达厌恶女性的观点，也不需要一直以厌恶女性的方式对待所有女性，就可以剥夺女性作为一个阶级的自由："在厌女者的想象中，一个女性往往可以作为许多其他女性的替身或代表。"憎恶中年妇女的男人憎恶所有女人，尽管如此，在日常互动中，他们会给予年轻女性暂时的优待，这对他们来说是有好处的。

---

* 并非所有年轻女性都是如此，其中包括我在撰写本书过程中访谈过的一些女性；还有一些女性暗示，她们对女性同胞的敌意和不认同并非像表现的那样真实。我不是说所有的年轻女性都跟我一样，她们也确实不是这样。我想说的是，我理解那些跟我一样的她们。（* 注释均为原书注释。）

公开主张反女性主义可能会带来社会和政治上的不便，因为这种思潮已经成为主流，那么与其攻击女性主义本身，不如清除那些年龄超出女性主义保护范围的女性以及不够格的女性。通过这种方式，年轻女性会被告知，某些形式的厌女攻击和边缘化是一种临时措施，并且不会发生在她们身上，因为她们不一样。这一保证指向了我们许多人近年来在其他进步思潮圈子里发现的一种立场：一旦我们清除了残渣、老女人和不合格的女性主义者，女性主义就会变得了不起。一旦我们摆脱了那些破坏派对的偏执狂和洗礼仪式上的坏仙女，我们纯洁的灵魂将登上女性主义的天堂。这个过程会很痛苦，但这符合女性主义的正确做法，因为在女巫被烧死之后，女性就能配得上她们一直渴望的平等。问题是，女巫太多了，是的，大多数女巫可能与过去女巫审判的无辜受害者们有某些共性，尤其是在年龄和社会角色方面，但这只是巧合。这一次，女巫们如指控的那样有罪。

针对当今中年女性的带有年龄歧视特质的厌女症（或者我所认为的女巫仇恨）是阴险的，因为它将女性应该是什么样子（年轻、貌美、有女人味、能生养、性感）这种根深蒂固的落后观念重塑为一种进步理念。有些人会声称，问题不在于所有中年女性，而在于此时此地的这些中年女性,她们尤其麻烦。这很遗憾,但 X 世代①女性恰好符合每个厌女者的理想模板,同时也拥有足够的自由使她们所经历的性别歧视看起来像是由她们自己的选择导致的,要么是为了换取其他特权,要么是因为她们太无知了,所以无法理解厌女症是如何运作的。年长的女性仅仅因为年纪大,就被与"性别歧视状况更严重"的过去联系在一起,因此她们看上去就是日渐衰微的性别歧视的同谋。她们是"恐龙",对她们表示愤怒会让人觉得这是在与过去的父权制决裂。厌女症的目标成了它的象征。摆脱年长的女性,问题就解决了。

谁能成为女巫仇恨的执行者?任何人都可以。传统派男人毫不意外地把我们归入母老虎或泼妇的类别;那些自封为进步派的男人,更喜欢把我们描绘成缺乏教养的偏执狂、顽固奉行本质主义的妈妈,或是举止拙劣的卫道士。前者倾向于将这视为一个固定的阶段,所有女性最终都会变得凶悍;而后者则倾向于采用更支持对女性主义的群体分析,认为一旦我们离开,就会有一个全新的、更好的中年女性团体取代我们的位置。这两个对年长女性的看法虽然看似不同,却有着相似的目的,即维护女性之间的代际分歧,并确保女性所积累的成果和经验能够被轻易地忽略不计。

---

① X 世代: Generation X,通常指 1965 ~ 1980 年出生的人。这个名词流行于加拿大作家道格拉斯·库普兰(Douglas Coupland)所著的《X 世代:速成文化的故事》(*Generation X: Tales for Accelerated Culture*)一书的书名。X 表示"未知数",表示这一代人"未知""虚无"的处世状态。

年轻女性不愿承认自己与年长女性之间的联系，而年长女性则不希望被视为"与其他人一样"——女性自身固有的带有年龄歧视特质的厌女症，在向男性权力靠近的情况下发展起来。与其他受压迫群体不同，我们不是少数群体。我们所受压迫的特殊性是由男性在我们生活中的地位决定的，他们中有些可能还是我们爱的人。女性受压迫的复杂真相，影响了内化的厌女症和年龄歧视的交织方式。我们对自己的无能为力感到不满，也对自己在社会环境中依赖于男人的处境感到不满，这可能会被转化为对和我们一样但更深陷其中并作为同谋的年长女性的愤怒，正如奥芙弗雷德（Offred）的丽迪亚嬷嬷（Aunt Lydia）①一样。似乎拥有真正姐妹情谊的唯一途径，就是拒斥像她这样的女人。

如果由于女性与男性的关系，导致了厌女症不同于其他形式的压迫，那么，年龄歧视不同于其他类型的歧视则是因为我们所有人都会经历年轻和年老。除非我们英年早逝，否则每个年轻人都会慢慢变老，没办法改变方向或止步不前。*这种差异反映了我在探索这个话题时面对的主题：羞耻、恐惧、特权、依赖、记忆、进步与倒退、更新与继承。这些既具政治性，又深具个体性的主题，不仅交织在我们与他人的关系中，也关系着我们如何谈论自己的过往和身体。

---

① 奥芙弗雷德的丽迪亚嬷嬷：加拿大作家玛格丽特·阿特伍德小说《使女的故事》（*The Handmaid's Tale*）中的人物。
* 或者，正如许多人所观察到的那样，衰老开始是一个缓慢的渐变过程，然后似乎突然一下子全都变了。

引用玛丽莲·皮尔索尔（Marilyn Pearsall）1997年出版的讨论女性主义中关于衰老的选集的标题，年长女性就是"我们内心的她者"。如果我们被教导要害怕她，就是被教导要害怕未来的自己。

从生为女性的那一刻起，我们就习惯于为自己的外表、生理特征和欲望感到羞耻，不仅如此，我们还要为其他女性的欲望以及我们与她们的关联感到羞耻。这种羞耻感的一个衡量标准是：甚至我在写下"生为女性"时都感到犹豫，仿佛陈述这种与生俱来的联系就会束缚女性，把她们归为她们可能不愿意成为的那类人。只要否认我们的共同点，就不可能有女性主义的阶级政治。更重要的是，只要你活在对自己的潜力、对自己可能成为的女性的恐惧中，你就不可能真正与你自己、与你所占据的空间成为一体。作为伪女性主义的一种形式，女巫仇恨提供了一种手段来平息这种恐惧和羞耻，即将恐惧和羞耻投射到年长女性身上，仿佛这样做就找到了摆脱命运的方法。这是一种不可靠的手段。在内心深处，我们都知道我们也会变老，因此，如果我们要抗争，就必须努力抗争，我们必须发现或制造看似无法弥合的差异。

女性主义倾向于将过去视为垃圾，把自己积累的遗产付之一炬——苏珊·法吕迪（Susan Faludi）称之为"仪式性的弑母"——这并不是什么新发现。可我不明白的是，这种倾向如何导向了这样一种认知：在主流社会眼中，一个不再年轻的女人成了垃圾。我们的女性前辈们变成了一种尴尬的存在。2020年末，网上热传的一条推文将新冠病毒与女性主义相提并论，宣称这两者都是"问题重重的第二波"。这位发推文的年轻女性收获了不少点赞和关注,这可能不如第二波女性运动者争取到的男女同工同酬立法和家庭暴力庇护所那么实用,但至少它们是"干净"的。你活得越久,越努力,你的手就越"脏"。

女巫仇恨与对失败者的污名化相关联。2011年凯特琳·莫兰(Caitlin Moran)的畅销书《如何做女人》(*How to Be a Woman*)[①]中谈到了这一点,她在书中写道:"大多数性别歧视都是因为男人习惯了把我们视为失败者。"我知道这种失败者的感觉,这种感觉会悄悄地爬到你身上,在你耳边低语:"也许女人的确没有能力,因为我们确实低人一等。"一旦走上这条路,你就会开始怀疑女性是否真的是压迫的受害者。一个暂时的解决方案是承认女性曾经处于劣势,但以后不会再如此了。与其说我们是受害者,不如说是失败者。只要我们的失败被视为某一代人的失败,而不是生命周期特定的失败——这是我们自己的事,而不是别人对我们做的事——那么后人就会有一个更美好、更平等的未来。年轻的她们所要做的就是一点也不像年长的我们(我们可以告诉她们,这也是我们当初得到的建议,但我们是失败者,所以我们才会这样说)。

在接下来的章节中,我将关注许多领域——外貌、身体、无偿

[①]《如何做女人》:中译本于2012年由吉林文史出版社出版,书名为《女人抬头做自己,男人才会高看你》,中文版译名与作者本人的主张大相径庭,参考凯特琳·莫兰的另一本著作《不只做女人》(*More than a Woman*),因此在这里选择忠实呈现原作书名《如何做女人》。

劳作、进步、性、社区、权力、暴力——从中年女性在这些领域的体验，以及其他群体为了保持自身的优势，如何剥削、嫁祸和污名化中年女性出发。厌女症不仅仅是针对女性的仇恨，也是维护"女人应该怎样"叙事的手段，以巩固男性的主导地位。"好男人"和不知悔改的性别歧视者一样，都有自己的一套叙事，年轻女性也会求助于他们。中年女性成了垃圾筐，成为丑陋、自卑、偏执、失败、过时的存放处。这不仅助长了传统派男性的成见，也让进步派男性能在女性周边开辟供他人炫耀的空间。几十年来，女性主义被宣传为对男性有益的项目，期望男性牺牲自己的空间，清扫他们的污垢和失败，这简直不可思议。从这个意义上说，"成为女巫"是另一种形式的家务劳动，是一种保持整洁有序的方式，一种性别解放的进步叙事，尽管越来越多的证据表明事情并没有朝着有利于女性的方向发展。

用大巫婆 J. K. 罗琳（J. K. Rowling）的话来说："我们正生活在我所经历过的最厌恶女性的时代……在任何地方，女性都被告知要闭嘴、坐下，否则就如何如何。"过去的一个世纪里，某些女性在一些领域取得了显著进步；但在科技行业的助推下，抵制女性主义运动的逆流汹涌不绝，并通过制造坏女人的形象来使那些有进步倾向的人认识到，这些坏女人不配得到女性主义的庇护。这股逆流不是少数顽固守旧派的温和抵抗，而是一种改头换面的狡猾反击，它极力煽动恐惧与厌恶情绪并赋予它们合理性。正如色情作品对年轻女性身体的处理一样，女巫仇恨提供了一个"文化认可的剧本"，让暴力侵害年长女性的极端幻想合理化了。正如历史上的猎巫行动一样，针对妇女的色情暴力可以被视为美德；你想对她做的事情越糟糕，她就越糟糕，而且年长女性确实被塑造得很糟糕。

我的意思并不是说年长女性在思想上是纯洁的，我们和其他人一样都是有缺陷的人。我想说的是，我们的缺陷被用来助长对女性的偏见，从而剥夺了我们的权力，使我们缺乏安全感，并让我们继续分裂。针对年长女性的厌女症不只是厌女症的一种特殊表现，它最终会演变成一种包罗万象的厌女症，就算它针对的不是现在的你，也会是以后的你。这不仅是对当今世界女性的仇恨，也是对梦想、希望和愿望的仇恨。它蒙蔽了我们的视线，让我们对自己的倒影感到羞愧。

谁是女巫

这本书面向所有女性，因为对年长女性的污名化会影响到所有女性。它中断了知识的传承，破坏了女性主义一致且包容的政治基础。年轻女性因无法与前人建立联系，听不到前人的叙述，因而处于不利地位。奥黛丽·洛德（Audre Lorde）写道："代沟是所有压迫性社会的重要工具……我们发现自己不得不一遍又一遍地重复和重新学习我们的母亲已经习得的经验教训，或许是因为我们没有把学到的东西传递下去，或许是因为我们无法倾听。"在经济学、政治学、文学研究、哲学、科学和历史领域，有大量的女性主义学术研究，还有无数革命性的行动模式，可女性要么不知道这些，要么被教导要摒弃这些模式，因为它们是过去女性的遗产，而过去的女性一文不值。这伤害了我们所有人。

尽管如此，本书主要关注的是特定时期的特定女性群体，即中年女性，而不是那些年纪更大的女性。我想是1965年至1980年出生的X世代女性，在我撰写本文时她们已经40多岁了。代际界限并不是绝对的（一个1980年出生的X世代，与1981年出生的千禧一代的共同点，要比与1965年出生的X世代更多）。一般来说，很多事情都与年长女性有关，有时也与年轻女性有关，因为她们发现自己的行为让她们走上了成为巫婆的快速路。[在《难缠的女人》(*Difficult Women*)一书中，作者海伦·刘易斯（Helen Lewis）回忆起她曾在29岁时被告知："我与现实脱节了，因为我已人到中年。"]尽管如此，在讨论什么是女巫时，有两个原因导致我想优先考虑我这一代女性（我出生于1975年）。

第一个原因是群体的特殊性，也就是说，在20世纪80年代，第二次女性主义浪潮的崩溃对那时刚刚成年的女性群体意味着什么。尽管由于"年纪大"，当下的中年女性往往会被认为是第二次女性主义浪潮参与者的同龄人，但她们其实并不是同代人，而是第一批面对女性主义运动后果的年轻女性。小说家兼活动家爱丽丝·沃克（Alice Walker）的女儿丽贝卡·沃克（Rebecca Walker），于1992年为《女士》(*Ms*)杂志写了一篇题为《成为第三次浪潮》("Becoming the Third Wave")的文章，呼吁新一代人开启女性主义行动的新时代。尽管这种"新"女性主义积极乐观，但在个人（家庭）和结构性层面上都出现了对"旧"女性主义的抵制。20世纪90年代的后"性别战争"时期，出现了粗俗女性主义、性自由女性主义、权力女性主义、后女性主义、女生力量，以及资本主义对女性解放的其他一系列挪用。我们所了解到的近代女性主义的发展有很多都是不准确的，就像如今对我们的许多描述都不准确一样。这里有三个有趣的问题：第一，年长女性的生活是如何被呈现在我们面前的？不是通过与她们对话，而是通过与她们对立来塑造我们的身份，就好像我们母亲一代女性主义的主要收获是让我们比她们更好（更容易获得性生活、更聪明、更少与人共谋）。第二，在成长过程中，既受益于女性遗产又要被迫摆脱这份女性遗产，这意味着什么？第三，在女性拥有任何共同之处都被看成不合时宜的第二次女性主义浪潮之际，试图传递自己的知识和经验意味着什么？

X世代——"婴儿潮一代与千禧一代这两个喧闹的庞大人群之间的一座低悬、笔直的桥梁"——将自己的问题儿童身份带入了女性主义本身。直到最后，我们中的许多人都过分沉迷于身份认同，无法为自己构建独立的身份；现在我们发现自己被告知，我们花了半辈子才努力实现的那些观点即将消亡。如今，我想告诉年轻女性，我在她们出生之前就发现第二次女性主义运动是有问题的。如果有人试图弑母，那就是我这一代人。问题是，我们仍然变老了，经验改变了我们和我们的政治，有的经验是我们这一代人所特有的，另一些则更是我们这个性别所特有的。我们现在遇到的夹杂着年龄歧视的厌女症不是我们的错——它就存在于我们呼吸的空气里——但我们的态度助长了这种现象的蓬勃发展。

这本书关注中年女性的第二个原因是一个简单的事实，即我们与老年女性*不同。年龄歧视的一种特别阴险的形式是，它将所有40岁以上女性的经历混为一谈，并统统归入"不年轻"的框架之中。照护危机和女性贫困等问题对中年女性和老年女性的影响并不相同，在某些情况下会加深我们之间的隔阂。女性主义分析必须避免复制商业广告中经常出现的年龄歧视，即50岁以下的女性被细分为具有特定欲望的不同群体，而超过50岁的女性则都被归入一个无差别的市场分类之中。我与20岁出头的女性之间的年龄差距，就像我与《还没死》(*Not Dead Yet*)这本书的作者雷娜特·克莱因（Renate Klein）和苏珊·霍索恩（Susan Hawthorne）之间的差距一样大。这本2021年出版的女性主义文选，其中的每一位撰稿人都年过70岁。我对女性主义、身体、被解读为"不年轻"以及对累积的不平等的经历与她们不同。虽然我热衷于使用前辈女性的知识和见解，但我与她们之间的差异也是解读女性如何以及为什么要努力传承女性和女性主义遗产的方式之一。

这些特征——我是白人，中产阶级，异性恋，有孩子——严重

---

* 我这里用了应该是绝对中立的表达"老年女性"，对此我也心存顾虑，因为会让人产生年龄和性别歧视的联想（"你就像个老女人"）。这似乎恰能显示后者攻击的是什么。

影响了我作为中年女性的经历。我列出这些特征，不是为了淡化中年女性身上共有的社会经历，也不是为了在接下来的内容里为自己的任何隐性或显性偏见开脱。像我这样的女性所拥有的特权意味着，我们经常被视为默认设定下的中年女性。这也意味着，我们的特权可以成为攻击所有其他中年女性的渠道。（我认识许多工薪阶层的女同性恋者和无子女女性，在女巫仇恨的情况下，她们发现自己在名义上被当作了异性恋中产阶级妈妈。）虽然这并没有减少被视为默认设定下的中年女性的优势，但它确实使挑战女巫仇恨的工作变得更加复杂和充满风险。我将在下文中概述几个我特别关注的领域，并在第七章中作更详细的介绍，但我知道这并不能囊括所有情形。

在书写中年女性时，我写的是一个由经验、责任和依赖的积累塑造的人生阶段。到她们四十五六岁时，大约80%的英国女性会至少有一个孩子，这一经历将对她们的身体、财务状况、人际关系和社会地位产生显著的影响。还有另外20%的人没有孩子，并面临其他形式的歧视和社会谴责。多尔特·诺尔斯（Dorthe Nors）写道："如果一个女人有了孩子，她将永远是一位母亲。但一个选择不生育的女人，如今又不再年轻性感，就会被许多人视为一种毫无意义的存在。"我不想淡化没有孩子的中年女性所面临的挑战，无论她们没有孩子是否出于自愿。我也不想把中年女性与年长的母亲们混为一谈。然而，对成为母亲的女性进行边缘化（同样，无论是否出于自身选择），以及从母职刻板印象的角度对中年女性进行解读，都会影响人们对所有年长女性的看法。并非所有人都是母亲，但几乎所有年轻人都通过母亲与中年女性建立了最亲密的关系。永远全能的妈妈——无论她是在哺育照顾,还是评判挑剔——都有一张和我们一样的脸。

此外,我认为,怀孕、分娩和照顾后代对身体、社会、经济和心理产生的影响,必须成为妇女代际共享的知识库的一部分。这些经历并非毫无意义,凡是在女性生命周期的分析中将其排除在外都是错误的——仿佛通过去除那些并非所有女性所共有的经历,我们就能达到完美纯洁的境界(这就是父权制下的理想女性,因为她没有内心生活,也没有集体政治的经历)。对许多女性来说,怀孕和分娩的内在感受——更不用说长期的后遗症——改变了她们对性、性别和身体的理解。能达成上述结果的经历并不唯一,这些经历有助于我们理解,为什么年长女性与年轻女性可能对生理性别所具有的政治重要性有不同的看法。这不只是年长女性观点"过时"的问题。年长女性的观点是由各种不同的经历决定的,这些经历不应该被理解成是在制造或引发偏见,而是增加了她们一生的知识容量。第三章和第六章特别关注作为大龄孩子的母亲的中年女性(前一章是关于她们作为看护人的角色,后一章是作为一个政治团体)。

我意识到,一些年长女性可能会觉得自己的观点没有受到年龄增长的影响。虽然有些年长女性会遭到"脱离现实"或"站在历史的对立面"的指责,但她们其实并没有。她们甚至可能觉得,质疑对其他年长女性的污名化是在"打带有年龄歧视特质的厌女症的牌"。这是她们的权利,我不想将她们与像我这样的巫婆混为一谈,以免玷污政治纯洁。然而，我认为，只要提到中年与女性，就说她们持有"错误"观点，那么就不能剥夺女性主义者询问的权利——为什么一些中年女性会持有其他人认为错误的观点，或者探究这些观点的真正含义以及它们在多大程度上被曲解了。否则，我们只会剩下薛定谔的中年巫婆：当别人攻击她时，她可以存在；当她为自己辩护时，她就不存在。于是她就从群体转变成了一个孤立的个体。

有些情况下，这本书关注的是白人中年女性的经历，特别是在第七章中。*对中年女性有许多"进步"的批评，这些批评对白人女性来说是特殊的，尤其与"凯伦（Karen）"这一形象相关。在英语在线词典中，"凯伦"被描述为"一个利用自己的特权为所欲为或监管他人行为的令人讨厌、愤愤不平、自以为是、常带有种族偏见的中年白人女性"。尽管我有时也非常想利用自己的白人特权来掩盖这种女巫仇恨，但我宁愿冒着被指责为"凯伦"的风险，也不愿假装这不是一个问题。我害怕出错，我也会出错，但选择不冒险，或者干脆抨击其他白人女性以便让自己看似没有种族歧视，这本身就是白人特权的一种表现。像我这样的女性很容易成为洛德所描述的中产阶级、左翼保守白人女性，她自欺欺人地说："如果你足够乖巧、漂亮、体贴、安静，会教孩子守规矩，憎恨右翼人物，嫁给合适的男人，那么你将被允许与父权制在相对的和平中共存。"同样不真实

---

* 还有些时候，会因为我自己无意识的偏见而这样做，对此我深表歉意。然而，这里的观点是经过深思熟虑的。

的是，如果你表现得足够谦卑，对自己要求严苛，告诉孩子生殖学不存在，憎恨其他白人女性，崇拜白左老男人，那么你将被允许存在于公共场合，而不会被看到你那尊贵的白手弄"脏"了。我们的手已经"脏"了。我们欠弱势女性的不只是模糊、捏造论点以希望没人察觉我们有问题。那艘没有问题的船已经启航了。

变老并不意味着女性之间能很好地实现平等。我们之间的一些差异可能会变得更加明显。举例来说，如果我要写"养老金贫困"或"女性贫困"是一生累积而成的，那么这些名词就会掩盖像我这样的中产阶级女性，她们不会经历工人阶级女性一生中与不稳定、被剥削、被剥夺各种权利相关的各种经历。做母亲的经历、首次成为母亲的年龄，以及家庭的规模和结构，都将受到种族、社会经济地位和性取向等因素的影响。格尔达·勒纳（Gerda Lerner）在《父权制的缔造》(*The Creation of Patriarchy*) 中写道："阶级和种族特权削弱了女性将自己视为一个统一群体的能力，而事实并非如此，因为女性在所有被压迫群体中独特地存在于社会的各个层级之中。"年龄歧视是针对女性的武器，以阻止我们看到女性的共同点，从而阻碍我们培养女性主义意识。但为了反抗，我们又必须认识到女性之间的差异。当我写中年女性时，并不总是意味着所有的中年女性。如果不这么说，那就可能是纯粹为了能整齐划一地说理而歪曲和排斥事实。

影响我关于女性和变老的思考的作家们——比如艾德丽安·里奇（Adrienne Rich）、奥黛丽·洛德、希拉·杰弗里斯（Sheila Jeffreys）和巴巴·科珀（Baba Copper）——都是女同性恋，但我的写作是异性恋视角。这对我来说很重要，因为我觉得异性恋女性在中年所经历的很多事情——当男性认为我们已经达到了目的，并奇怪我们为什么还在这里不走，就会产生怨恨——女同性恋者经历得更早、更残酷，因为她们毫不妥协地退出了男性世界。我很遗憾自己之前没有注意到这一点，从女同性恋的角度来看，我所描述的一些事情可能会引发她们的疑问："你花了那么长时间才明白？"恐怕是这样的，对此我感到抱歉。

从很小的时候起，女孩们就被教导要道歉：因为占据了空间，因为有自己的需求，因为不是男性。道歉，作为女性的一种情感表达，可以是一种防御策略，向男性发出信号，表明我们知道自己的位置，我们不会对他们构成任何威胁，也许他们还可以给我们更多的空间。年长女性往往不怎么主动道歉，原因有很多：比如我们被迫退出了性市场，这个市场曾引导我们优先考虑男性的需求，以换取更高的地位；又比如我们越来越依赖女性之间的联络；甚至可能是激素的变化。一位朋友告诉我："我不想再刻意展现出善意了。随着年龄的增长，没那么多时间去浪费。"这样做的好处是，当我们说对不起时，我们是认真的。我们不太可能时刻记着社会的正义训诫，并想尽办法确保没人认为我们是可怕的人（我们是女巫，是巫婆，所以他们无论如何都会认为我们很可怕）。正是出于这个原因，后面的章节可能会出现误读或排斥某些中年女性群体的情况，或对中年女性的身份作只适用于一个群体的笼统陈述，我为此道歉；但我并不会为总体意图道歉,这个意图就是,在女性作为一个阶级受到压迫的背景下,将中年女性置于中心并给予优先关注。

我们中年女性举足轻重。在我们为自己争取到空间之前,不必代表、包容或回避其他任何人。

女巫及其模仿者

有些人会说,现在做一个老巫婆,时机再好不过了。凯特琳·莫兰在2020年的《不只做女人》(*More Than a Woman*)一书中写道:"巫婆很酷的,哥们儿。"我明白了,真的。用克丽丝滕·J.索莱(Kristen J. Sollée)的话来说,女巫或巫婆的形象一直是"女性运动的殉道者象征"。在一个女性被期望美丽、顺从、永远年轻的世界里,女巫的黑暗和丑陋体现了一种微妙的对抗。正如历史学家苏珊娜·利普斯科姆(Susannah Lipscomb)所言:"弱者一直希望能让人害怕。"

这似乎特别适合当下的中年女性——"讽刺性"性别歧视是为我们发明的,以便接受强加给我们的地位。当我看到一些文章声称"女性在父权社会中以自比为女巫来确定自己的权力"时,我也会部分认同,是的!就像我们过去一样!只要戴上神奇胸罩[①]!当英国《Vogue》杂志开始热捧"女性正在重新找回这种曾经的异端身

---

① 神奇胸罩:Wonderbras,美国的一种内衣品牌,主打性感造型。

份"时，我想起了我在英伦摇滚时期（Britpop）那种顽固的怀旧情结。"女巫用黑魔法（坏）或白魔法（好）的陈旧刻板印象早已一去不返，现代女巫可以随心所欲地做出选择。"选择性女性主义似乎并没有消亡，它只是戴上了一顶尖帽子。

《Vogue》杂志还好意补充道："这与塞勒姆女巫审判大不相同。"我认为，这反映了所有重提女巫形象的尝试都会遇到的问题。一个选择的身份绝不等同于社会现实，就像选择一种审美并不能决定别人如何看待你一样。Z世代在社交媒体上推崇的"女巫风"所传达出的信息，可能不会与四五十岁的女性相同，尤其是如果后者是"坚强独立的女性"，她们与这些Z世代年轻用户们在有关女性身份的问题上持不同意见。这一切都是娱乐和游戏，直到你发现自己被绑在刑具上，你还在想自己怎么到了这一步。我记得我自己曾短暂沉迷于粗俗女性主义（raunch feminism）时的感受，我意识到这种模仿性的反叛已经太过火了；我表现得仿佛真的能赢得这个游戏，殊不知惩罚就要降临到我身上。那一刻，你突然发现这不是什么热烈讨论，你管自己叫什么都行，但当别人称你为女巫或荡妇时，他们是认真的。我们可以表现得这些称呼好像另有解释，但其实不行。那些不喜欢我们、害怕我们的人也在利用这些称呼诋毁我们。

正如玛丽·比尔德（Mary Beard）在《女性与权力》（Women & Power）一书中指出的那样："我们几乎没有颠覆将女性排除在权力之外的根本性的权力叙事，没有把它们转化成对女性有利的叙事。"在提到美杜莎的例子时，她指出："尽管在过去的50年或更长时间里，有些著名的女性主义者试图从女性权力的立场重新阐释美杜莎……但这对用美杜莎来攻击女政治家而言并没有丝毫影响。"对待中年"巫婆",跟对待蛇发女妖一模一样。这本书不是在颂扬我们作为女巫的地位。猎巫的历史、童话故事中的女巫形象都向我们表明,对待年长女性的某些态度至今并未改变。如今,女巫被假定拥有了权力,或者说是有了特权,那就更适合被诋毁了。

当年轻的女性主义者"将女巫作为力量和权力的代表"时,对待巫婆羞辱(Hag-shaming)的态度出现了代际断层。一旦你所谓的"前卫"被纳入主流叙事,尤其是崇尚青春的叙事,它就不再是前卫的了。索莱写道:"和许多千禧一代女性一样,我看到了女性力量在女巫、荡妇和女性主义身份中的再生。"然而,在我看来,前两个看起来不太像身份,更像是强加的社会定位;这与其说是我们力量的再生,不如说是对我们资源的消耗。相比于拥抱那些真正被污名化的人,迷恋污名的表象则要容易得多。如今,人们再次燃起对越轨(transgressive)女性的兴趣,看似是对与众不同者有所宽容,却无助于改变潜在的权力结构。

当我在描绘今天的巫婆时,我看到的不是一个容易被定义、被清晰分类、适合被改造的局外人,而是一个生活在绝对平凡与不平凡之间摇摆不定的人。她不叫玛琳菲森(Maleficent)[①],也不叫赛拉

[①] 玛琳菲森(Maleficent):童话《睡美人》中施行沉睡魔咒的坏女巫。

芬娜（Serafina）[1]，或者埃芙芭（Elphaba）[2]，她有平凡的名字：莎伦、卡萝尔，或者，没错，凯伦。发型难看的年长女性说话太多，在看似权力无限和毫无权力之间摇摆不定。这个女人让那些以超越这种本能反应而自豪的人感到厌恶。这个女人扰乱了按部就班的分类，不是因为她的穿着打扮或要求别人叫她什么，而是因为她拒绝在35岁之后自动消失。

我们喜欢故事中直言不讳、挑战边界的女性形象，而不是那些（衰老腐朽的）女性肉体。改头换面的童话故事，女权主义的反乌托邦，历史重塑——这些往往让人们只是在表面上接受所谓的坏女人，因为按照现代标准，坏女人并不是那么坏。与故事中的恶人不同，我们相信自己会在心中为被谴责的女巫留有一席之地，这让人感到欣慰。这种对浪漫化的黑暗女性的包容，不需要做出道德或社会层面的妥协，这使我们把自己视为在必要时会为局外人发声的人。如果确信这一点，我们就可以把每一个被指控施行巫术的现实女性都当作一个真正的女巫来对待——否则，我们还能说什么？在虚构作品中，我们可能会看到许多新书——马德琳·米勒（Madeline Miller）的《喀耳刻》（Circe）、阿利克斯·E. 哈罗（Alix E. Harrow）的《过去和未来的女巫》（The Once and Future Witches）、改编的民

---

[1] 赛拉芬娜（Serafina）：英国小说《黑质》（His Dark Materials）中的女巫。
[2] 埃芙芭（Elphaba）：根据童话剧《绿野仙踪》（The Wonderful Wizard of Oz）改编的音乐剧《魔法坏女巫》（Evil）中的女主角。

间故事选集《巫婆》(Hag)、基兰·米尔伍德·哈格雷夫(Kiran Millwood Hargrave)的《恩赐》(The Mercies)——这些书探讨了女性、巫术、创造力和污名化之间的关系,但这未必能为年长的女作家们创造一个轻松的工作环境。

自由派女性主义者对女巫的改造堪称杀人不见血。当女演员艾玛·沃森(Emma Watson)在2022年英国电影与电视艺术学院奖颁奖时,她宣称自己是"为所有女巫而来的",这被认为是在暗讽年长的"遭到排斥的"J. K. 罗琳。然而,艾玛·沃森所扮演的年轻女性却在声讨培育了她的年长女性。这时沃森其实在暗示,她并不是女巫:我只是扮演赫敏(Hermione)①,烧死作者,而不是我。

商业化的巫婆文化让我们喜欢听女人谈论女人的话题,但不喜欢女人谈论其他事情。有些地方盛行厌女,跟风表现出厌女就会显得自己很贤良。比起为民间传说中唠叨的巫婆喝彩,为妈咪网(Mumsnet)②的女性用户或在网上遭到巫婆羞辱的新受害者辩护,则需要更大的勇气。只要这种颠覆性叙事还受到严格的控制,它所提供的任何自由就都是虚幻的。我怀疑,年轻的女性主义者倾向于为虚构的或历史上的女巫进行辩护,原因之一正是她们无法感同身受。在童话故事里,唯一的好母亲是死去的母亲;在女性主义的叙事里,

---

① 赫敏:罗琳的系列小说《哈利·波特》中的女主角,在同名电影中由艾玛·沃森扮演。
② 妈咪网(Mumsnet):英国最大的亲子网站,以女性诉说育儿及生活中的各种困扰为主要内容。

唯一优秀的年长女性主义者是死去的女巫。通过她，你可以想象一个世界，在这个世界里，年长的女性不仅强大，而且能够与年轻女性建立牢固的联系。死去的女巫的邪恶得到了完全控制；相比之下，活生生的巫婆则乱七八糟，缺点颇多，不愿意循规蹈矩。

中年女性算女人吗

现在，让我们来整理一下。近年来，任何专注于女性自身的作品都会习惯性地以对"什么是女性"的思考作为开篇。但关于"男性的书"（或者通常所说的"书"）却不是这样。只有女性才有这样的义务，把自己的生活琐碎讲得面面俱到，以此证明自己的存在。那最好赶紧行动起来吧。

如前所述，这本书是关于女性这个已然成为她者群体中一个更为特定的分支：中年女性。对于这个群体来说，"女人到底是什么？"这个问题带来了一系列特殊的挑战。从我们是什么样的女人入手，进而对这包括什么样的女人、排除什么样的女人进行粗略的分析，是行不通的。首先，我们必须确定，作为女性和中年人，是否意味着我们从一开始就算是女人。

你可能会惊讶地发现，有一批著作坚持认为我们不算女人了。在 1966 年支持激素替代疗法的畅销书《永葆女人味》（*Feminine Forever*）中，作者罗伯特·A. 威尔逊（Robert A. Wilson）医生提出，更年期使女性"相当于太监"，女性在年近 50 岁时会"在本应是她们最好的年华里，经历自己女性特质的消亡"。1969年，精神病学家大卫·R. 鲁本（David R. Reuben）在《你想知道而不敢问的性知识》(*Everything You Always Wanted to Know About Sex But Were Afraid to Ask*)一书中支持了上述观点。根据鲁本的说法，更年期后的女性"最大程度地成为男人"（先别激动，还有一些限制："不是真正的男人，但不再拥有女性功能"）。这个早期激素替代疗法曾承诺，让我们这些被阉割的可怜虫成为真正的女人，将女性身份等同于女性气质。如果50多年后的我们已经摆脱了这种落后观念，那就太好了，但我不确定是否真的摆脱了。

50多岁的学者露西（Lucy）告诉我："我眼睁睁地看着那些被认为是女性特质的东西一直萎缩。"正如哲学家珍妮特·拉德克利夫·理查兹（Janet Radcliffe Richards）所说："人们对女性的看法大多源于他们对女性的需求。"女性是不是完整的人，拥有我们自己社会化、个体化的经历，我们的故事会随着时间的推移而不断改变吗？还是说，我们是东拼西凑混合起来的女性，并且大多数组成部分会随着年龄的增长而腐朽？当男人无法从她身上夺走或投射更多东西时，女人还算是女人吗？当她看上去是为自己而活的时候，她还算是个女人吗？

在1991年的《变革》(*The Change*)这本书里，杰梅茵·格里尔（Germaine Greer）认为，男性"把更年期视为女性功能的消退期，这些功能的作用就是吸引、刺激、满足并照顾男性和儿童"。虽然有些人可能会说，如今人们正在经历一个勇敢、自由的新女性时代，但仔细观察我们便会发现，这是对社会结构的一种重构，即排斥年长女性所拥有的一切，包容其他我们所没有的。这么做的理论基础已经有了，就是之前提到的《永葆女人味》；无论过去还是现在，探讨的都是字母F开头的词。所有中年女性保留的那个F——女性特质（Femaleness），已经变得微不足道，因为她们丧失了对父权社会来说最重要的功能：生育力（Fertility）、女人味（Femininity）和性魅力（Fuckability）。"做女人"的标准比以往任何时候都更加严格；"女性"部分也被更多地切除，这样做是为了更好地忽略我们这些中年女性，因为我们的存在可能会让所有其他女性特质都受到质疑。（如果没有女人味也算女人，那么就不存在女人的女性特质这回事了。）

这本书认为，女性衰老是一种令人深感不安的越轨，尽管这不是倾向于赞成越轨的人赞同的行为。在公开辩论"女人"的含义的时候，年长女性确实搅乱了局面。既不能在生殖方面满足传统的女性定义，也不能满足社会或情色化标准中对女人味的需求，然而，我们依然坚持我们的自我和女性身份。至少可以说，这种坚持是不方便的，即使近年来已经有了一些勇敢的尝试来解决这个问题。达尔塞·施泰因克（Darcey Steinke）在她2019年的回忆录《潮热日记》（Flash Count Diary）中写道："在更年期，我摆脱了带有幽闭恐惧症状的女性气质，但我也没觉得自己完全男性化了。我觉得自己处于中间，是第三种性别（They）。"你和我都是，达尔塞。只是，这种尽职尽责地交还女性身份的行为，与半个世纪前被激素分泌医生和精神病学家剥夺女性身份的情况相比，并没有很大的差别。两者都是对这样一个事实的回应：不是说我们不再是女人，而是作为女人，我们不再是男人希望我们成为的样子。这会激起某些男人的恼怒。

也许你在想，好吧，但也没那么糟糕。我们经常听到中年女性"最终"获得了发言权，就像男性气质"现在"处于危机中，年轻人"突然"拒绝传统的性别角色。1999 年，《卫报》的一篇文章报道："曾经，到了一定年纪的女性，应该穿着米色化纤衣服，跟壁纸一样毫不起眼，接受自己已经过了保质期的事实。如今，那些日子只不过是一段回忆罢了。"那时候我 24 岁，完全没有意识到即将发生的中年女性大变革。现在 20 多年过去了，《每日电讯报》(*The Telegraph*)报道称："更年期正处于'MeToo'运动时刻。"许多指导手册的出现，似乎再次捍卫了女性作为随时间发展的生物实体的存在权利。核心信息似乎是"我们没有那么糟糕。只要稍微打扮，或许再打上几针，我们甚至可以再次拥有魅力！对具有生育力、女人味、性魅力的自我进行模仿是我们的拿手好戏"。这其中固有的"阶层感"（做一个"看起来"不到中年的中年女性需要花钱）并不是唯一的问题，甚至不是主要的问题。问题是从一开始我们就没有问题。如今的中年女性并不是过往那些中年女性的新型升级版，因为过往的她们并不是完整的女人。我们一直都没问题。我们如今并没有看到这一点，也证明了女性身份这条狗还在向父权制摇尾巴。

女性不应该是年长女性的样子，中年女性还占据了一个特别令人不安的中间地带。正如我的朋友玛丽娜所说："当你不再拥有性魅力，也不再具有生育能力时，你还有什么用？人们期望你消失，而我们并没有消失,这一事实让人感到不安。"我们这些怪异的中年女性,因为没有遵守别人为我们设定的标准而让人不舒服。最麻烦的是,我们还是这个星球上每一位女性的未来。

第 1 章

丑陋的女巫

被年龄和性别规训的女性

> 一个女人是完全活着的吗,还是只有她年轻"美丽"的部分才算活着?
>
> 娜奥米·沃尔夫(Naomi Wolf),
> 《美貌的神话》(*The Beauty Myth*)

> 当然,现在我年纪大了,变得睿智、通透、从容了。而且,我也真的明白了生活中什么才是最重要的。但你猜是什么?是我的脖子。
>
> 诺拉·艾芙隆(Nora Ephron),
> 《我的脖子让我很不爽》(*I Feel Bad About My Neck*)

我原本并不打算在本书第一章专门讨论美貌及其衰退。我告诉自己,本书是对中年女性社会政治地位的严肃分析,而不是一本能使自己稍微不那么被主流社会排斥的"适龄"指南。美貌短暂而肤浅,我对果酸换肤、皮肤填充剂或其他一系列"非侵入性"美容手段一无所知,这些美容手段据说能将面部潮热转化为神采奕奕。我很想跳过这个话题,直奔工作、金钱、性、暴力、死亡这些更重要的主题。但女人的外表确实是一个内涵丰富的主题,也许是所有主题中内涵最丰富的。

埃米尔·麦克布赖德（Eimear McBride）指出，在男性的凝视下，女性的肉体经历了一个"肉化（meatification）"的过程。作为年长女性，我们并不逃避这一点；相反，我们"不断地被提醒（我们的）肉体无人问津"。我们可能会觉得，并不是自己想要增添这些白发、体重和皱纹，但我们外貌的改变依然会被认为是种（对别人的）冒犯。简·希林（Jane Shilling）在她的中年回忆录《镜中的陌生人》（*The Stranger in the Mirror*）中写道："如果说长相平平是一种失礼，那么变老就是一种纯粹的冒犯了。"

没有人生来就是中年女性，都是后来变成的，而这种变化从外表开始。先是脖子，然后是嘴巴，再是那些让你每天都感到惊讶的你从未意识到的身体部位，你从特别"年轻"突然变得不再年轻了。你可以说你不在乎，如果你生活在与人类社会完全隔绝的环境中，这也许是可能的；如果并非如此，你就必然要加入中年女性的行列，知晓作为女性，外貌将我们与其他人联系在一起，在等级制中给我们定位，决定了我们在"生育力、女人味、性魅力"三大市场中的地位。外貌塑造了我们与外界的互动，告诉我们必须做什么才会被注意，以及我们的言行会被怎样看待。容貌对我们的感受和观念的影响，并非源于我们的虚荣或斤斤计较，而是因为它决定了我们在父权制餐桌上到底算哪块肉。

随便走进博姿（Boots）或巨能（Superdrug）连锁药妆店的任意一家分店，货架上摆满了治疗"身为女人却在变老"这种可怕疾病的方法。其实没有哪种疗法行之有效，但这并不重要，购买它们就是一种服从仪式。精华液不会改变你的脸，但交付现金可以表示你有这样的意愿。这是一个笑话，但这个笑话中，"发笑"和"被嘲笑"之间的界线非常模糊。我们可能从没想过要吸引男性的注意，或可能对此已无兴趣，但也有相当多的人表现得"好像"仍有此念。"虚荣心"的表现既是一种堕落，也是一种维持地位的努力；两者相互影响，形成一个不断增加羞耻感的反馈循环。

这种情况本该有所改善。娜奥米·沃尔夫写下《美貌的神话》已有30多年；而两百多年前，玛丽·沃斯通克拉夫特（Mary Wollstonecraft）在《女权辩护》（*A Vindication of the Rights of Woman*）中，已经挑明了所谓的女性特质不过是个毫无意义的镀金笼子。然而，不知何故，我们的境遇没有变得更好。造成这种困境的，正是那些对自我表达更宽容的标准。美容方法层出不穷，我们现在被"允许"更加性感，没有人对做过整形手术的女人评头论足。我们试图支持每个人展现"真实自我"的权利。但通往普遍接受这种权利的道路并不平坦，事实证明，很少有人认为真正的自我看起来像一个中年妇女。如果自我呈现是社会身份的一个方面，那么作为一个年龄超过她想象中"真实自我"的女性，在世界上行走意味着什么？如果你的形象并不是你真正的样子，如果身份是流动的、可塑的，那为什么有人会愿意看起来邋遢、土气、过时？像许多年长女性一样，我会瞥见镜中的自己，然后想，不，那不是我。我看到的这个人与我想象中的形象是如此的不同。

我们并非完全被误读。即使我们承认外貌并非一个人的全部，但对女性来说，外貌的衰老确实会导致我们的观念发生变化。当你与他人的关系有了巨大的改变，你怎么能不变成另一个不同的人呢？然而，现在这种观念的变化与当代关于选择和身份的信念交融在一起。我曾与一些女性交谈，她们提到，她们的政治观点会因自己中年女性的外表而被否定，这与过去那些被称为"腿毛浓密的女性主义者"和"不漂亮的妇女参政权运动者"被抹杀的方式非常相似。一些流行语将我们的发型、身材与偏执联系在一起，并对我们进行宣判：使我们变老的不是时间，而是我们属于一个在政治上无法救赎的女性群体。（不像下一代女性，无论是在道德上还是审美上，她们将永远年轻。）

本章没有关于如何抵御七种衰老迹象的建言，但会解释在我们的社会语境中为什么下垂的乳房会让你变得邪恶，以及为什么没能保持足够女性化的外貌会侵犯其他人"做自己"的权利。我并不制定规则，我只是在解释规则的运作方式。

我们是恶人吗

对我来说，一切始于《白雪公主》这个故事。可悲的是，这样的情形经常出现：当你重新发现童话故事的内涵，却意识到自己已经站在了反派这边。埃莉萨·梅拉米德（Elissa Melamed）1983年出版的《镜子，镜子：不再年轻的恐怖之处》（*Mirror, Mirror: The Terror of Not Being Young*）开篇就陈述了一个惊人的发现："我，曾经的白雪公主，竟然变成了那个继母！这怎么可能？"40年后，我尴尬地承认，我也是这样第一次面对中年的到来。多么老套！然而，只要我们害怕邪恶的继母，我们就注定会重蹈她的覆辙。

转折发生时，我才过了37岁生日，还没那么老，我和我的伴侣去观看鲁伯特·桑德斯（Rupert Sanders）执导的电影《白雪公主与猎人》(*Snow White and the Huntsman*)。影片对传统故事进行重新演绎，克里斯汀·斯图尔特（Kristen Stewart）饰演一个喜欢挥刀舞剑的好斗的白雪公主，而比她大14岁的查理兹·塞隆（Charlize Theron）则饰演邪恶的拉文娜（Ravenna）王后。这部影片以女性主义的再创作为宣传点，如同其他类似的再创作一样，它试图颠覆原故事中过于简单的政治观点。以前的女巫现在成了有着内在困扰的复杂女性角色（她们同样也是女巫）。我坐在电影院里，电影很长，我的不适感越来越强烈。影片中的确有女性主义成分，但无法引起我的共鸣。

塞隆扮演的女性在与时间的摧残作斗争。哈！我们不都是这样吗？而当你身为好莱坞女演员，情况可能会更糟。同样糟糕的是，在你出演的一部关于女性试图抓住青春和美丽的电影中，你的母亲教导你：你的青春和美丽是"你的终极力量和唯一保护"。如果你的角色为了保持美貌而采取毫不留情的邪恶手段，包括虐待年轻演员扮演的角色，那就更糟了。电影中有一个场景，塞隆饰演的拉文娜从比她年轻12岁的模特演员莉莉·科尔（Lily Cole）身上吸取了青春和美貌。这让我开始怀疑，整个电影是制作方挑起的一次大规模引战行为,是对"衰老的双重标准"的明确认可,将年老色衰产生的威胁和对此进行抵抗的罪恶包装成了一种道德寓言,却还自称是女性主义视角。

这样的戏码并不新鲜。在 1950 年的电影《日落大道》(*Sunset Boulevard*)中,片中角色诺玛·德斯蒙德(Norma Desmond)和她的扮演者——50 岁的女演员葛洛丽亚·斯旺森(Gloria Swanson)——之间的切换,体现了导演方的虐待倾向。这部电影制造了一个问题并抓住不放:将年龄歧视和厌女情绪结合起来,把中年女性排除在代表性的领域之外,然后让一个女人拿她的现实生活和表演取悦观众。在抵抗自己被边缘化的过程中,年长女性显得很可怜,同时又被严重污名化。甚至可以说,传统童话探索这一主题的方式比我们在其更新版本中看到的更加敏感复杂。在邪恶的女巫和丑陋的继母身上,我们看到的是被篡权的女人紧紧攥住权力。在原来的叙述中,这种权力可能生死攸关,或者关乎生存与贫困。故事流传下来的是双刃剑式的警告:当心年长女性,因为你不是她;因为你将成为她,仅凭你的顽强无法拯救自己。

我逐渐意识到,被全新的女性主义、进步主义边缘化的老巫婆会面对一个共同的主题:你被憎恨并非因为你身为年长女性——这是落后的错误观念,而是因为你未能保持年轻。斯图尔特饰演的白雪公主,是一位年轻女性,也是新兴的女性主义者,可以应对任何性别歧视的指责。她不仅拥有美貌,还亲自参与搏斗,最后没有嫁给英俊的王子。只是,年轻貌美与道德上的勇敢之间的关联仍然存在。最能代表青春和美貌不是某种特权的政治人物，本身却恰巧年轻貌美。

当拉文娜谋杀白雪公主的父亲时，她对他说："男人利用女人，他们毁了我们；等他们玩够了，就把我们像残羹剩饭一样扔给狗。"考虑到这部电影以揭露王后的"真实本性"为幌子，这位甚至算不上中年的女演员，在这个她"不再适合担任主角"的舞台上，加上面部特效的辅助所表现出来的愤怒情绪，让我觉得非常到位。我嚼着爆米花，想着当你注意到自己开始出现双下巴，当你处在"退出市场"的边缘时，年轻时听着有点极端甚至可能是仇男的事情，开始变得有些道理了。离开电影院时，我感到深深的不安。当你知道自己应该站在哪一边却无法完全接受时，会产生一种奇怪的"我是恶人吗？"的感觉。在接下来的 10 年里，我越来越多地体验到这种感觉。

一方面，如果仅仅因为"年龄问题"就对白雪公主不屑一顾，似乎有些小家子气。她展现了她的顽强！她还有她的剑！实际上，这感觉正像一些哀怨的老巫婆们会做的事情。我突然意识到，不断增长的年龄意味着，我有权怀疑在一层薄薄的女性主义色彩下隐藏的是老式的性别歧视。我回想起 20 世纪 90 年代，那些对我年轻时所信奉的粗俗女性主义泼冷水的人，想到那时的怨恨，我都能想象出来年轻的我会怎样看待年长的我——一个老气横秋的传统主义者，在暗地里诟病斯图尔特扮演的非传统白雪公主。另一方面，我相当确定，无论这部电影呈现了什么，它都不是一个可持续的女性解放愿景。它不是一个描绘复杂社会角色的民间故事，更像是男性对女性争斗的幻想。其中老年女性代表着邪恶、怨恨和倒退，最终理所当然地被杀害——这恰好是猎人教给白雪公主的方式。相比看透作用于邪恶皇后身上的各种力量，仇恨和否定一个邪恶的皇后要容易得多。

最令我不安的是，这部电影完美地呈现了拉文娜——塞隆饰演的角色，以及我自己——所面临的困境，即一个衰老的女性别无选择，只能被他人凝视，然后就这样不了了之。问题并不"仅仅"在于我们的外表如何或是否被人渴望，而是美丽、保守主义、进步和过时观念之间的相互作用。这并不是说美貌神话中隐含的不公正没有被指出，而是在指出它的同时，我们又将责备投射给了受害者。在一个充满视觉符号、美容魔法真实存在的虚拟时代，你可以决定自己成为什么样的人，那么，今天的年长女性如此邪恶一定是出于她们自己的选择。

万圣节面具就是你

查理兹·塞隆出生于1975年，与我同年；我们的另一个同龄人是"从《学徒》(Apprentice)真人秀选手到职业喷子"的凯蒂·霍普金斯(Katie Hopkins)。她以宣扬种族主义、女性主义，以及其他可能给人带来困扰的偏执观点而闻名。如果你根据是否符合传统的美的标准和目测年龄来对我进行分类，你会将我和霍普金斯而不是塞隆归为一类。那么在政治和道德观念方面呢？这取决于我的言行，还是取决于我的外貌？2019年，与霍普金斯相关的网络热门表情图里，展示了她不同年龄段的脸，并配上了罗尔德·达尔《蠢特夫妇》（*The Twits*）中的一段话：

> 如果一个人心里充满了丑恶的想法，这些想法就会在脸上显现出来。当一个人每天、每周、每年都有丑恶的想法，脸会变得越来越丑，直到丑得让人不忍直视。

言下之意，现在40多岁的霍普金斯看起来像个巫婆，她的"丑恶想法"导致她比实际年龄更显老。当然，这只是个玩笑，如果你认为一个女人很不堪，她的外貌为什么不能被嘲笑呢？事实上，这不正是霍普金斯自己会做的事情吗？此外，这与网络上愈演愈烈的嘲笑中年女性外貌的趋势相呼应，因为中年女性被认为持有非进步的观点，被嘲笑是应该的。

也许她们有着"TERF[①]刘海"（刘海代表对性别有排斥性观点），或者可能是"凯伦发型"（漂染过的精致波波头，是中年特权的明

[①] TERF："Trans-Exclusive Radical Feminists"的缩写，意为排斥跨性别者的激进女权主义者，用来泛指那些认为跨性别女性不是"真正"女性的女权主义者。

显标志，很可能还代表着种族歧视)，甚至还有"郊区红酒妈妈①身材"。曾经，剪了一个难看发型可能只意味着需要购买一顶漂亮的帽子；现在，一个女人可能发现自己不得不录制并发布一份公开声明，表明自己的政治观点与邋遢的外貌并不相关。并且，如果一群女性参加爱丁堡国际艺穗节（Edinburgh Fringe）活动时看起来不够年轻时髦，那就倒了大霉；她们可能会被指责散发着"TERF 气息"。

为公平起见，罗尔德·达尔接下来又表示："只要一个女人拥有内在的美德，她在多大程度上偏离了传统的吸引力标准并不重要。"但这并不是人们在传看霍普金斯的网络图片时所暗示的内容。重点在于，这给人们嘲笑和厌恶年长女性外表的行为提供了道德论据。今天进步的厌女主义者是幸运的，他们找到了一个确实持有令人反感的观点的中年女性，否则他们将不得不创造出一个类似形象。

对女性来说，年老等于丑陋，丑陋等于道德败坏。这种观念并不新鲜。将其合理化的方式也是老调重弹。在描述 13 世纪女性沉默恭顺的美德时，玛丽娜·沃纳（Marina Warner）指出："美丽的外表和优雅的言辞是女性的美德；丑陋的外表和粗鄙的言辞同样与女性的道德相关；丑陋的老巫婆总在咒骂，反过来说，总在咒骂的人也是丑陋的。"这种说法很方便，特别是如果说"粗话"指的是说一些不讨人喜欢或扰乱主流社会秩序的话。"变丑"——对于女性就是变

---

① 郊区红酒妈妈：suburban wine mom，指的是住在郊区、习惯喝红酒的中产阶级白人中年女性，常被用作贬义。

老——并没有被当成是一种自然过程，而是成了对违背"真正"女性本性的惩罚："作为欲望的对象，当女人提高了嗓门，她的吸引力就会下降；发声意味着不守规矩、不服从。对这种行为的惩罚……是身体的衰老。衰老意味着丑陋，丑陋意味着不可爱，不可爱意味着不像女人，不像女人意味着不孕不育，这就是一种违背自然的状态。"说错了话，你就会进入不孕不育的荒原。然而，尽管这样的警告持续了几个世纪，我们这些年长女性还在继续这样做。

一个世纪前，反女性主义者在宣传中把那些要求获得投票权的女性描绘成"丑陋的男人婆"，并将她们与有自知之明的贤良淑女进行对比。学者兼主播玛丽·比尔德（Mary Beard）因所谓"女巫般"的外表受到骇人的厌女凌虐。年长女性的声音和外表常常被用来诋毁她们的观点，比尔德提道："时至今日情况依然如此，当听众听到一个女性的声音时，不会觉得这声音代表着权威……不只是声音的问题，还要加上沧桑且布满皱纹的脸，这些在男人身上代表着成熟与智慧的标志，在女人身上却意味着'你超过了保质期'。"这种因果关系不断交换的巧妙手法意味着你永远无法完全确定罪魁祸首是什么。我常常被男权活动家告知，因为我天生丑陋，对男人缺乏吸引力，由此带来的痛苦导致我成了女性主义者。然而，我也遇到过左派男人，他们中的许多人认为自己是女性主义的盟友，但他们也会毫不犹豫地认为：当下中年女性的政治观点是使她们失去吸引力的原因。"我猜她有五十好几了，"其中有人在推特上回应一位女性对性和性别的看法，"枯发垮脸却毫不自知，仇恨使她们变得丑陋。"

现在，女性也许被允许持有政治观点，但其观点必须与她在性市场上的地位相称。于是，听从一个自诩进步而年龄只有你一半的男性的意见，就像是打了一针政治上的肉毒杆菌——让你的观点看起来美丽无害。无论从哪个意义上说这都是一种保守行为。

面部下垂，尤其是乳房下垂被认为是一种严重的道德缺陷。朱莉·宾德尔（Julie Bindel）讲了2018年曼彻斯特彩虹大游行上的一个场景："其中一位组织者谈到，有一小群女同性恋者要求彩虹大游行活动能够更具代表性和包容性，这位组织者却说应该拽着这些女同性恋'下垂的乳房'把她们拖走。"社交媒体上充斥着对女性乳房下垂这个罪行的谩骂："社交媒体上最满怀愤恨的人是中老年妇女，她们发型难看，还爱在个人简介中引用《圣经》经文"；"让你下垂的乳房冷静下来，凯伦"；"中年女性是最糟糕、最无礼的服务对象，她们对世界充满愤怒，因为她们的脸开始下垂了"；"在美甲沙龙，中年、反口罩、乳房下垂的白人女性不停地说着拒绝戴口罩的话，天知道我是怎么忍下来的……"媒体和传播学教授萨拉·佩德森（Sarah Pedersen）告诉我，她曾采访一位收到强奸威胁的年长女性主义者，威胁中说："我不想强奸你，你到处都下垂了，没有人愿意强奸你。"跨性别喜剧演员乔丹·格雷（Jordan Gray）在英国第四频道的节目《周五夜现场》（*Friday Night Live*）中演唱歌曲《比你好》（"Better Than You"），其中一句歌词是"我是一个完美的女人——我的乳房永远不会缩水"，即便乔丹辩解说这是讽刺和自嘲，但是，如果这句歌词反映了人们对乳房衰老的女性的真实看法，这还算是讽刺吗？

作为一个母乳喂养了三个孩子并仍在发表政治观点的人，我显然受到了这个诅咒。下垂的乳房与邪恶坏人之间的联系由来已久，但越来越容易接触到色情产品意味着人们对乳房的期望从未像现在一样不切实际。沃纳曾说："在中世纪的作品中，魔鬼在引诱的过程中时不时会使用夏娃的面孔，但他经常挂着皱巴巴的女性双乳。"在勒内·安茹（René d'Anjou）的《痴情的心之书》（*Livre du cœur d'Amour épris*）中，充满嫉妒的人物有着"大而软垂的双乳，吊在肚腹上"。而13世纪的喜剧《老妇人》（*De vetula*）则哀叹年轻和年长女性之间的身体差异："衰老的部位暴露了女人的年龄：皱巴巴的脖子，突出的肩胛骨，嶙峋的胸部，松弛的乳房。那不像是乳房，倒像是牧羊人的袋子一样空瘪软塌。"（我深有体会。）

古往今来，下垂乳房的仇视者们总是能为他们的嘲弄找到严肃且光明正大的道德理由。现代的乳房仇视者表现更为不凡——他们对任何与性别差异有关的落后观念都毫不在意，但某位已过了生育和可性交年龄的女士的胸部，却会让他们感到惊恐不安。与此同时，要挑战与道德观念联系在一起的外貌嘲讽是非常困难的，尤其是其中还夹杂着年龄歧视和性别歧视。虽然你可能认为你正在争论某一件特定的事情——年长女性因不再符合父权制下的美丽标准而被污名化，但外貌讨论已经与种族背景、性别认同、性取向、政治立场等其他要素紧密相连。因此，当你发声时，你所谓的"捍卫"就是在捍卫一系列观点。自诩进步人士的那些人可以后知后觉地说："好吧，妇女参政权运动者毕竟是站在历史上正确的一方，因此，那些明信片把她们画成长着獠牙和张着血盆大口的怪物显然是受到了厌女症的驱使。"但现在呢？同样的进步人士绝不会天真到相信仇恨真的会让女人变丑，或者认为因为心怀仇恨所有年长女性都很丑陋。因此，如果他这么说了，我们必须接受这只是一个隐喻、一种话语、一种文化基因，或者，正如有人在15年前可能会说的那样，只是一种玩笑。（无论如何，他可能会反驳，如果你最大的问题只是被人说长得丑，那你得有多大的特权？）

如果你要关注以道德评判为幌子的外貌歧视对于年龄稍大的女性的影响，就会产生令人难堪的结果——不只会引来更多针对你外貌的批评，仅仅是说出来，你的批评者就可能会说你证明了他们是对的。例如，在"凯伦"这个形象中，抱怨这一行为本身就与中年白人女性特有的丑相相关。2020年，化妆师杰森·阿德科克（Jason Adcock）甚至按照"凯伦"（代表怒气冲冲的中年白人妇女）的脸，制作了一个售价180美元的万圣节乳胶面具。我认为这件事意义颇深。小时候，我有一个以西方邪恶女巫的绿脸为原型的万圣节面具；作为一个（间歇性的）"愤怒的中年白人女性"，我现在被告知我不再需要做什么伪装了，因为我就是这个夸张的形象；如果我对此表示反对，我就更加符合这个形象。关于白人女性的特权与行为之间的关系，以及某些话术如何抓住这一点进行攻击，我们可以进行详细讨论（第七章将深入探讨"凯伦"的使用情况）。尽管如此，我们在此看到的是一个名叫阿德科克的男人制作了一个丑陋的面具（外加一个更加丑陋的"新冠病毒凯伦"变体），嘲笑一个女人在购物、接送孩子或者在不得已时提出完全合理的投诉甚至可能要求见经理时的面孔。阿德科克声称："'凯伦'是超越所有性别和身材的形象。她只是一个现代的暴君，任何邪恶的人都可能成为凯伦。"这是一派胡言，让人想起这样的说法：因为并非所有被当作女巫烧死的人都是中老年女性，所以厌女症和年龄歧视的交织并不是导致历史上女巫恐慌的重要因素。女巫和凯伦有着同一副面孔，就是一个不再具备生育力、女人味和性魅力的女性面孔——一个不再招人待见的女性面孔。那么，我们该如何解读针对这个话太多、自以为是、存在感太强的形象的指责？

年轻的白人女性并没有被当作现成的活生生的万圣节怪物。对于她们来说，女巫只是一种表演，一种选择。最近出版的一些书，如《成为危险人物》（Becoming Dangerous）和《女巫入门》（Basic Witches），都将女巫描述成自立的女英雄和酷炫的女权魔法师的结合体。美化的丑和丑化的美，这些可以用水晶和香熏购买的反叛，并不会对社会秩序形成挑战。克丽丝滕·J. 索莱在《女巫，荡妇，女性主义者》（Witches, Sluts, Feminists）中所提倡的"性积极"（sex positive）的女巫气质也是如此，从承认女性因性行为而被污名化，到假装当下的猎巫者是可以被拉拢的，只要给他们提供作为可售商品的年轻女性的肉体就行。索莱写道："女巫和荡妇身份的交汇点是性工作（sex work）。"我真的怀疑普通的父权主义者是否会因此感到恐惧。这种说法掏空了越轨行为所蕴含的意义，徒留表面的装饰。

我不知道凯蒂·霍普金斯和我本人是不是看起来都比我们的实际年龄大,这种讨论已经变得毫无意义。当记者说格洛丽亚·斯泰纳姆(Gloria Steinem)看起来不像40岁时,斯泰纳姆做出了著名的回应:"这就是40岁的样子——我们已经撒了这么久的谎,谁会知道呢?"这是一个机智的反驳,尽管半个世纪后,40岁的样貌又有所不同。当女性不再谎报年龄而是"整容"时,我们实际上是倒退了。

我们不愿承认正常情况下30多岁的女性看上去是要比实际年龄大,我们为符合"正确"年龄的期望外貌设立了标准,但很少有年长女性可以达到这个标准。2021年,当《欲望都市》(*Sex and the City*)的续集《就这样……》(*And Just Like That...*)上演时,人们关注的是剧中的这些中年角色的年龄虽然比1980年的情景喜剧《黄金女郎》(*The Golden Girls*)第一季中的角色年龄更大,但她们看起来却更年轻了。"我们现在对那个年纪的女性的看法有多么不同。"30岁出头的作家弗洛拉·吉尔(Flora Gill)发文说。所以说是我们现在的看法,或对中年女性的期待发生了变化吗?

拥有符合期待的外貌,始终是一个与时间、金钱和意愿相关的问题,然而"显得年轻"的外貌偏好的出现,让人们更愿意将其解读为一种美德、同情和关怀。如果你能说服自己,看起来像个中年女人是出于真心的选择,那么你就更容易为"外貌偏好"及相应的道德判断进行辩护。

"尽量显得年轻"如何成了"做真正的自己"

在我查阅的许多关于更年期、中年或"那个阶段"的指南中，封面上的女性——我的同龄人——看起来都跟我不一样：她们实际上比我年长几岁，但看起来比我年轻。我想这就是问题所在。她们并不年轻，但是光鲜亮丽，保养得宜。这无可非议，因为任何40岁以上的女性都有可能如此。她们在说："是的，我知道我已经跨越了那条线，但请不要对我过于苛刻。"我想，她们想要的不是被渴望，而是被原谅。

这些书并不自称为指南，教你如何假装25岁。它们都是教你如何利用你所有的原材料，辅以你能负担得起的其他东西，成为最好的自己。看上去这是一个人为了自己的利益而努力，可一旦深入挖掘，你会发现这其中还包含着一种道德义务。"对女性来说，新的可能性很快就变成了新的义务，"沃尔夫在《美貌的神话》中写道，"从'为了美丽可以无所不为'到'必须无所不为'只有一步之遥。"无论怎样评价作者在此之后的职业轨迹，这本书依然是一部杰作。只是沃尔夫在书中想要表达的意思被严重扭曲了，义务被重塑为自我表达，顺从被视为反叛。

对于我们这一代女性来说，《美貌的神话》是一本具有重要影响的著作。尽管关于厌食症的统计数据可能有些草率，并且说了一些前人已经说过的事情，但它提出的要点仍然是至关重要且真实的：对自己身体的憎恨是一种隐秘的困境；如果只有排斥和疏远这两个选项,那么我们所做的选择就不是真正自由的选择;整形手术会带来巨大的痛苦而且极其不合理;女性的身体可以改变的部分越多,女性所背负的期望也就越高;关于美貌的迷思促使年轻女性不认同年长女性。这些观点都没有被证伪,但是在《美貌的神话》出版后的这些年里,每一个观点都被带有厌女色彩的"女性主义"改写和削弱了:没有人应该被"困"在一个让她们感到不自在的身体中;没有人应该被剥夺解放自己的"选择";不做手术会带来巨大的精神痛苦并且极不合理;女性身体可以改变的部分越多,对这些改变的污名化程度应该会越低。年长女性不明白——她们怎么可能明白呢?她们还停留在1990年,也就是《美貌的神话》出版的那一年。

根据英国美容整形外科医师协会(British Association of Aesthetic Plastic Surgeons, BAAPS)2019年的审计报告:"在有记录的所有整形手术中,女性接受的整形手术占比92%。"好像"女性是最需要修复的"这一观点是合理的。在沃尔夫指出整形手术可能被重新包装为进步行为后,近30年过去了,BAAPS宣称:女性越来越倾向于对身体动刀,部分原因是"像简·方达(Jane Fonda)这样的名人公开承认,在几十年间不断接受手术以提升颜值和延长职业生涯"。这意味着认可如果你是一个女性,而且你有经济能力,那么你需要接受手术来保住饭碗的观点,对此我感到非常震惊。然而,主流的女性主义几乎没有对此表现出什么愤怒。美国全国妇女组织(US National Organization for Women)在2009年确实对一宗提案表示关切,该提案建议,选择性美容整形手术应额外征税,以资助全民医疗保健,理由是这会惩罚那些因变老而采取行动的女性。这是真实且合乎逻辑的，最初这只是一种临时措施，是一种应对不公正而非终结不公正的方式；但很快临时措施变成了"就该如此"，甚至是"这就是女性追求的"。这反过来又使整形手术的常态化被重新解读为越来越"开放"，让女性能够"承认"接受治疗，好像问题的症结所在从来不是针对女性的偏见，而是针对拉皮手术本身的偏见。

当一位女性被迫按照别人的规则玩游戏，没有人愿意因此羞辱她所做的选择，但批评规则很容易与批评当事人混为一谈。这种伎俩可以施加到女性做出选择的多个领域，从传统的家务劳作到性工作。当我们指出女性是因受到了限制或伤害才做出决策时，我们却被认为是在否定女性自身，这源自我们对儿童、性或甚至硅胶有一种无法解释的内在不适与恐惧。除了男性愤怒这种最明显的表达之外，我们几乎无法质疑任何其他事物，以免犯下"否认能动性"的罪行。所有事情都归结为做你自己，比起 X 世代对女性朝面部注射毒素这种分裂性阶级政治所带来的痛苦，做你自己的权利更为神圣。

在 2011 年出版的《如何做女人》一书中，凯特琳·莫兰——另一位 1975 年出生的女性——对"整容"的想法进行了批评。她描述了自己在 35 岁时观察到那些"看起来都一样"的年长的富裕女性："当经过几十年的发展——从 20 多岁快乐无忧的女孩子，到 40 岁、50 岁、60 岁的贵妇人——整容室里的这些女性看起来越来越害怕。她们享有特权和保障，但仍然要经历如此痛苦、昂贵的手术，这使房间里充满了恐惧——身为女性的恐惧。"莫兰对不同年龄阶段从无忧无虑到充满恐惧的排序，让我想起杰梅茵·格里尔的《女太监》（*The Female Eunuch*）中的一句话："年轻漂亮的女人可能会自欺欺人，认为女性遭受的虐待不多；只要她们保持年轻漂亮，就能逃脱大部分虐待。"虽然我不认为这完全正确，年轻女性也有很多问题要应对。但这两句话说明，作为男性凝视的对象，女性的生命周期被强加了一种每况愈下的叙事；在这种叙事中，我们不断地失败，任何抵抗行为只会更加凸显我们作为失败者的地位。

在《如何做女人》出版 10 年之后，莫兰在《不只做女人》一书中撤回了关于"整容"的观点，因为她自己也注射了肉毒杆菌。她的理由有两个：这种治疗和比 10 年前比痕迹更加隐蔽，效果更加显著。她的目的不是为了显得更年轻貌美，而是为了减轻"苦相"程度，从而拥有一张能够反映她内心感受的面容。我与 49 岁的劳拉交谈，她也因为类似的理由注射了肉毒杆菌："当你的嘴角朝下时，看起来好像很不开心。每个人都有不同形状的嘴巴，但我可以看出我的嘴巴会随着年龄增长而下垂。我必须更多地微笑，才能更准确地反映我的内心感受。"

也许对我来说也是如此。也许在当前的环境中，从解读女性面部表情的角度来看，我看上去就比较不开心。然而，女性到了一定年龄之后就转向肉毒杆菌以便让自己"看起来不那么丧气"，这件事使我想起，这么多年来我们不得不忍受男人要求我们向他们微笑。无论内心情感如何，在任何年龄，我们的面孔都应该让别人感到舒适；我们并没有看到同等数量的中年男子去注射肉毒杆菌从而让他们的外表看起来不那么乖戾、凶恶或愁苦。肉毒杆菌可能使我们中的一些人避免加入中年巫婆的行列，因为中年巫婆都被认为"因为面部下垂而对世界充满愤怒"，但问题难道不是我们对所有女性——无论她们多大年纪——的情绪范围进行了限制吗？如果我们无法在女性眉间纹变深或下巴开始下垂时判断她是高兴还是难过，那么可能我们需要调整对女性情绪感知的敏感度。正如菲比·马尔茨·博维（Phoebe Maltz Bovy）所写的那样："随着年龄变化自然发生的面部特征变化，在女性身上会被解读为愤怒。"这可能表明问题不在于女性的自然面貌，而在于她们不自然的低下地位。

在过去的30年中，我们从根本上攻击整容行业，发展到如今假装自己可以神奇地区分出我们为了显得年轻漂亮（虚荣且自欺欺人！）、为了保持真实的自我形象（某种程度上可接受！）以及为了避免被边缘化和解雇（可以理解，但也令人愤怒！）而进行的"抗衰老"行为。这些都没有使显老变得更加可接受。相反，这为诺拉·艾芙隆讽刺地称为"维护"的工作增加了一种道德上的花样翻新。只要你能够提供符合理性或经济的理由，你就"被允许"参与那些曾被视为女性受压迫的象征的行为。与此同时，不参与这些行为将会招致比以前更严厉的批评，因为社会已经达成共识，整容行为本身不再具有压迫性。

我理解那种突然被人提醒你并不像你脑海中想象的那个人时所产生的疏离感。我理解试图重塑"更真实"的自我形象为何会让人感到像是一种赋权行为，仿佛是在与时光流逝进行一场属于人类的抗争。然而，为了与时间的摧残作斗争而寻找"真实自我"的理由，似乎总是与一种更加隐匿的东西相关：一种厌女的暗示，即一个有价值的女人不会长得像你这样。

美丽是你的职责：女性气质与女性本质

> 保持年轻美丽
>
> 美丽是你的职责，
>
> 保持年轻美丽
>
> 如果你想被爱。
>
> 阿尔·迪宾（Al Dubin），
《保持年轻美丽》（"Keep Young and Beautiful"）

心理学家安·盖里克（Ann E. Gerike）指出："女性在保持年轻外貌方面所花费的时间、金钱和努力远远超过男性。"这可以被视为一种"情感照护"，对年长的女性来说，"保养"不只是为了保持自己作为一块上等肉品的地位，同时还强化了男性对自己作为上等肉品的看法。美，就像性别一样，是相对的；女性被迫永远保持年轻，以便男性可以自欺欺人地认为自己并没有变老。正如弗吉尼亚·伍尔夫（Virginia Woolf）在《一间自己的房间》（*A Room of One's Own*）中所写的，女性一直充当着"拥有魔法和美妙力量的镜子，这面镜子能够将男人的自然形象放大两倍",同时我们这些中年女性也被迫映照着男性同龄人,显出他们自然年龄减半的年轻形象。

美丽和年轻被视为一项重要的职责。在1971年3月6日伦敦的第一次妇女解放游行中,女性主义者选择用留声机播放于1933年发表的名为《保持年轻美丽》的歌曲,以一种尖锐而幽默的方式展示一个事实:对女性来说,遵从不断变化的女性气质和性魅力标准并不是一种选择、自我表达和欲望的问题;这是一种道德义务,而且永远与女性的经济、身体和社会现实相悖。女性永远无法获胜,但不这么做就会被看作是可悲的,冒犯他人的,不配被重视,也不配被爱。

1971年游行之后的半个世纪里,这个观点却被扭曲了。更重要的是:对男性凝视的"责任"已被重新塑造成对所谓被围困的女性气质的"责任",而这种责任得到了新女性主义的支持。结果是一样的:未能"保持年轻美丽"的女人是一面失效的镜子,但她坚持认为自己仍然作为一个女人存在着,这就使其他人定义自我的标准受到了质疑。这在当下尤其棘手,因为对妇女的攻击和对女性气质的攻击被混杂在一种听起来像是女性主义的言辞中,这造成了一种印象,即老一代女性主义者从未进行过严肃的权力分析,只是认为口红和拉皮手术有点愚蠢还会显得低人一等。

在2020年美国总统大选前夕,亚历山德里娅·奥卡西奥-科尔特斯(Alexandria Ocasio-Cortez)发布了一条备受赞誉的视频,视频中的她在涂护肤品和化妆品,同时显然也在抨击父权制。她一边涂维生素C精华液,一边说:"有这样一个非常错误的想法,如果你关心化妆,或者你的兴趣在于美容和时尚,就会显得你很轻浮。"她是对的,我们应该对此质疑。对化妆的痴迷并不仅仅是对化妆的痴迷,就像对足球的痴迷不仅仅是对脚和球的痴迷一样。这两者都具有重要的政治意义。然而,她随后声称,"分享这些东西如此重要"是因为"女性气质具有力量;在政治中,对于女性和女性人群如何展现自己有太多的批评和挑剔"。这是一个耐人寻味的双重争论:女性气质确实具有力量,但是谁在行使这种力量,她们又控制着谁?

奥卡西奥-科尔特斯提出的观点颠覆了原始女性主义对女性气质的批判:在这个新版本中,你并不是因为被逼进女性化的角落而被标记为低等,而是因为你的女性化才被认为低等。这是试图重新夺回将女性气质"作为一种自我表达形式"的尝试,然而这种努力并未区分那些被强迫接受女性气质的人与那些被剥夺女性气质的人之间的差异,或两者之间不平等的权力分配。也许当你自己还年轻漂亮的时候,参与这样的"夺回"比较容易。但这真的是在挑战压迫性的规范吗?还是在扭曲论点,以避免为那些你能够从中获益的状况负责?

在这个节点上,定义什么是女性气质当然是有用的,但也几乎是不可能的。女性气质是一套刻板印象吗?还是对某些特定品质的天生倾向?或者是性别光谱中偏向"芭比粉"的一端?抑或只是"女性特质"或"女人味"的同义词,基于生殖生物学毫无关系的假设?对许多人而言,我感觉他们想要的是与女性或女孩相关的暂时性、文化束缚下的刻板印象，而将其他因素抛在脑后。高跟鞋是女性化的，而无偿的家务劳动则不是（尽管服务确实是女性化的，因此穿高跟鞋做家务可能会被当成例外）。年轻是女性化的，中年和老年则不是。如果女性气质是脆弱的、被误解的、被污名化的，那么对这些特点造成最大破坏的就是年长女性。比起其他任何人，我们更能打破"女人味"的本质概念，超越女性在生物学上的卑劣性。我们并非有意为之，这只是我们本来的样子。

旧式的、不女性化的女性主义提出，女性气质的功能是为了在人与人之间创造任意的性别区别，从而使男性能够将女性作为生育和性资源进行剥削。正如珍妮特·拉德克利夫·理查兹（Janet Radcliffe Richards）所说："对女性气质的所有争论（以及一小部分对男性气质争论）显然不是关于性别之间的固有差异的。它必定……是关于人们认为性别应该是什么样的，以及为了实现这种目标需要采取什么措施。"在这种观点中，对男性气质和女性气质的看法与个人偏好和自我表达无关，而是为证明和强化相对于男性而言女性的低下地位是合理的。因此，一个合乎逻辑的推论是：将女性气质的概念与女性身份脱钩之后，女性气质就不再是一个有意义的概念。这应该成为女性主义的目标，然而，这并不是所有人都认同的目标。

我们这一代，即第二次女性主义浪潮之后出生的一代人，被教导要质疑旧式女性主义对女性气质的批评。它呈现给我们的，不是对性别刻板印象和作为社会等级制度的性别的政治性攻击，而是对无害的生活方式选择的随意攻击。娜塔莎·沃尔特（Natasha Walter）在 1999 年的《新女性主义》(*The New Feminism*)中宣称："新女性主义者是一位自信的女性，她既接受又超越了女性气质的旧观念。她可能在着装上具有女性气质，或者在对婚姻和孩子的渴望上具有女性气质，但她在追求平等方面是女性主义者。"不知怎的，我觉得这似乎变成了一个新的挑战：我们的先辈们曾为打扮自己而感到焦虑，现在，我们要克服这种被误导的焦躁情绪。这种观念已经在主流女性主义中根深蒂固，即使那些最初接受它的人已经超越了它。在 2007 年的《替罪女孩》(*Whipping Girl*)一书中，跨性别作家朱莉娅·塞拉诺（Julia Serano）谴责了早期女性主义把女性气质当作"替罪羊"的做法，指责早期的女性主义者"接受了传统性别歧视观念，认为女性气质是人为的、矫揉造作的和无关紧要的"。2020 年的一本文集以《女性主义者不穿粉色（以及其他谎言）》(*Feminists Don't Wear Pink [and Other Lies]*)为题，将关于强制性、表演和共谋的复杂分析简化为粗俗的戏仿。性别研究教授阿斯特丽德·亨利（Astrid Henry）在她 2004 年的书《我不是我妈妈的姐妹》(*Not My Mother's Sister*)中，引用了一篇 1992 年文章："在那些狂热的日子里，我们这些女孩太容易将年长的女同性恋女性主义者贬低为身体松垮、性格凶残的老妇。"娜塔莎·沃尔特对此表示赞同，她写道："关于女性主义者的古老传说，是她们都穿工装裤，都是女同性恋或那些在资本主义社会里声称自己是社会主义者的人，必须彻底埋葬。"女性主义对女性特质的原始、扎实的批判——早在 1792 年的

《女权辩护》中就已出现——几乎被遗忘了，打破社会等级制度的决心被"超越二元性"的含糊承诺取代。（但也没有彻底摆脱二元性。要小心哦。）

所有这一切都导致主流的女性主义陷入了一种分析上的无逻辑状态。一方面，玩具和营销中的性别刻板印象比以往任何时候都要严重；这个问题，还有产前性别揭秘派对这种怪异的仪式，受到了女性主义者的广泛谴责。与此同时，女性气质本身却又奇怪地成了神圣不可侵犯的存在。与我交谈的几位中年女性坦言，在她们还年轻时就感觉到对男孩的刻板印象已经放宽，对女孩的刻板印象却在收紧："这是一个令人瞩目的历史变化，我认为女孩在过去有更广阔的天地……在某些方面，女孩拥有的自由比从前少了，而男孩的自由却更多了。""我女儿的学校里，所有女孩都必须留长发。如果不留长发，她们就不是女孩了。回顾我的学生时代，我们可以随意理发。"

我认为，如果不与自称性别上更开明的2020年以来所体现的紧张关系联系起来，我们就无法理解人们对中年女性，特别是对她们外貌的反感程度。长期以来，女性的中年以及更年期一直与在视觉上"去女性化"相关联。正如在导言中讨论的，精神病学家大卫·鲁本认为更年期后的女性"无限接近于男性"，罗伯特·威尔逊（Robert Wilson）则将更年期后的女性描述为"被阉割"的群体，而宫颈抹片检查似乎回答了"女性面临的最关键的问题之一——它能表明她的身体是仍然具有女性特质，还是逐渐变得中性化了"。正如哲学家杰奎琳·N. 齐塔（Jacquelyn N. Zita）指出的那样："从这个角度来看……更年期偏离了真正女性气质的性别规范。"半个世纪后，这种偏离并没有被当作对性别二元论的大胆抗拒而获得赞同。相反，它比以往任何时候都更遭人厌恶。中年女性不是性别反叛者，而是揭露整个性别舞台假象的扫兴者。2022年初，J. K. 罗琳被拍到与一群中年女性主义活动人士共进午餐，社交媒体上对此照片的回应之一是："跟她们相比，跨性别女性更像女人。"

通过慢慢蜕变为看起来没那么"像女人"的生物——我们的面部毛发增多，腰围变粗，皮肤变糙，行为更加独立——当今的中年女性（再次）暴露了女性气质模板的不适用性。要让它适用于所有女人，"女性气质"才能完全恢复并被视为一种"力量"，这正是我们这种中年女性形象的意义所在。一些年长女性对于在新的性别环境中犯下如此可怕的错误表达了歉意。"在更年期，女性气质变得紧绷，在缝隙处裂开，曾经看似自然的东西现在不得不进行重新建构。"达尔塞·施泰因克在《潮热日记》中提到。她不认为这是女性气质本身的问题，而是试着将问题定位为对朱迪斯·巴特勒（Judith Butler）关于性别不稳定观点的认可，"一个在时间中勉强建构的身份"。这有点像给你一件娃娃穿的连衣裙，你必须穿一辈子，并认为全部的问题都是你的身体太过庞大。事实上，这条女性化的连衣裙从来没有合身过。作为一个随着时间而改变的真实、活生生的女人，你不去宣告它是一件无法容纳不断变化的自我的无用衣服，却责怪自己的身体撑裂它。

只要一个"进步"的性别愿景崇尚女性气质，女性的老去就会被视为严重的"失败"，因为作为父权制的镜子，她们没有尽到"责任"。身体松松垮垮、毫无情欲意味的年长女性的存在，破坏了盛装上阵、无拘无束、毫无羞愧、维生素 C 精华滋养的女性力量。在我因年轻而没有成为攻击目标的时代，那些有性别歧视的无耻男人嘲笑年长女性，称她们为面露凶相的战斧。现在的攻击则更多来自自由派的男性——甚至"女性主义"阵营，其理由是这不是在攻击女性本身，而是在修复那些被"污名化"了的女性应该如何的观念。不要因为一个女人符合年轻男性梦中情人的形象而批判她；应该批判年长女性，她们皱巴巴的嘴（装作一本正经）和（拒人于千里之外的）发型破坏了梦幻女郎的形象。

格里尔在《变革》中写道："有关诱惑的神话里总有美丽的少女，她们变成了来自地狱的巫婆。没有什么比年龄的自然增长更可怕的事情。"我们到现在也没有多少进步。我们只是将美少女改称为女性主义者；巫婆则由保守的扫兴者组成，她们固守过去，占据着女性身份不肯挪窝，尽管女性身份这个位置是为年轻漂亮、娇柔温婉的淑女预留的。但我们还能去哪里呢？在写到中年女性的隐形时，多尔特·诺尔斯（Dorthe Nors）回忆起她曾经问过一位年长的女性主义者，作为一个上了年纪的女人她遭遇过的最奇怪的事是什么，这位年长者回答说："女人？！我不再是一个女人了。"然后她笑得前仰后合，因为除此之外你还能做什么呢。

"某种邪恶的咒语"

在《镜中的陌生人》一书中，简·希林写到，当她还是一个十几岁的少女时，她拿着母亲在同样年纪时的照片与她眼前这个四十多岁的妇人进行比较：

> 早期照片中的稚嫩消失了……看起来……相册中的金发少女，小猫、小狗以及漂亮的法国笔友，好像都被施加了一种邪恶的咒语，就像有一个充满恶意的魔术师把她关在了由肥厚的肢体和斑驳的皮肤组成的躯壳中，只有她那双贝蒂·戴维斯（Bette Davis）般的眼睛，透过她宽大的眼镜镜片望出来，虽然近视但依稀可辨。无论统计数据怎么说，无论照片上的证据如何，我相当确定，同样的咒语不会施加到我身上。

希林十几岁的自我在努力理解"为什么老成我母亲那样的人，还能每天早上起床，面对镜中的自己，甚至还在呼吸"。

一个持续推崇女性的青春和美丽的文化，以表达自我为由，通过各种扭曲的方式来捍卫外貌歧视，将可见的衰老与政治上的丑陋联系起来，这是一种男性可以对女性分而治之的文化。它让年轻女性害怕并责怪地位下降的年长女性；让我们逃避未来的自己，不愿承认将我们连接在一起的女性纽带。我们告诉自己"同样的咒语不会施加到我身上"，直到我们发现白雪公主也变成了邪恶的王后。正如哲学家克莱尔·钱伯斯（Clare Chambers）所写的："美丽是一种破坏女性团结的方式，这种团结本可以发展为意识的觉醒和抵抗。它……提供了一种方式，使妇女的权力随着年纪的增长而削弱，但年龄增长的过程本可以强化她们的权力和地位。"

从政治的角度来说，我们知道外表很重要。巫术历史学家安妮·卢埃林·巴斯托（Anne Llewellyn Barstow）谈到现代早期时写道："在一个崇拜外在美并将其等同于内在美的时代，一个丑陋的老妇人被视为是邪恶的，因此也被看作是女巫。"然而我们的时代要复杂得多。在一个同样痴迷于美貌并控制女性的时代，赤裸裸的厌女症被认为是丑陋的，因此需要一种更为曲折的方法来规训逐渐老去的女性。显然，如果因为女性未能保持年轻美丽而宣称她们是女巫，那就太过赤裸和粗鲁。具有同等效果的是，我们提出了各种假定的关联——比如皮肤松弛与怨恨，或者糟糕的发型与自以为是之间的关系——尽管我们从未明确声称这些外表特征与女性实际的性格之间存在因果关系（"凯伦面具"可以代表"任何人"）。然而，此处有一个转折，看起来显老和持有不招人待见的与众不同的观念——主流文化不接受的观念——之间确实存在因果关系。

一方面，确实因为看起来不再年轻，中年女性的内心生活经常被误解。另一方面，不再属于"生育力、女人味和性魅力"这一分类的中年女性，与这个世界的关系，以及在社会中的位置都已经发生改变，中年女性确实在以不同的方式看待这个世界。正因如此，对于那些希望维持现状的人来说,利用美貌使女性彼此不信任就变得尤为重要。这样一来,年轻女性就不会倾听年长女性因身处"白雪公主"和"邪恶皇后"分界线的另一端而可能获得的真知灼见。相反,这种视角的改变被用来对付我们。

有一个例子:2021年夏天,报纸急于报道"最大的网络喷子群体"是中年女性。但事实并非如此。正如你所预料的,在一个容纳了为了报复而曝光私密视频、玩家门(Gamergate)①和4Chan②的虚拟世界中,像我这样的女性的表现堪称温婉。事实证明,我们可能只是对社交媒体上的某些生活博主更加刻薄。然而,这并没有阻止一系列文章的出现;这些文章认为,中年女性猖獗的网暴行为是因为不满自己美丽的消逝。《每日电讯报》引用了退休心理治疗师谢里·雅各布森(Sheri Jacobson)博士的话:"在某些时刻,中年女性会意识到她们的青春一去不回。因此,当博主宣传一种非常难以实现的生活方式时,就会引发嫉恨。"埃丝特·沃克(Esther Walker)在《i》报发表了一篇包含自我分析的文章:"当然,我年轻的时候也对其他人有恶意,但我心里有底,那就是我还年轻,有紧致的皮肤和如水的双眸……关键是要理解坏情绪来自内心,而不是外部……你的愤

---

① 玩家门(Gamergate):2014年8月,一个名叫佐伊·奎因(Zoe Quinn)的女游戏开发者的性隐私被前男友曝光,进而遭受网暴。由此引发了游戏业更多的争议,尤其是游戏界的性别歧视问题。
② 4Chan:是一个匿名实时消息论坛,由美国人克里斯托弗·波尔(Christopher Poole)于2003年模仿日本著名论坛2chan(双叶频道)创办,开始以讨论动漫为主,后来内容范围逐渐扩大,充斥着大量色情内容。

怒只是你渴求逆向生长到青春期的副作用。"这里传递出的信息和《白雪公主与猎人》非常相似。明白了吗，女士们？不要成为镜子前计划谋害克里斯汀·斯图尔特的巫婆！

和传统童话故事一样，社交媒体上流传着一种观念，认为中年女性被赶出"父权肉铺"后，她们所作的回应就是变成心怀怨恨的女巫，一心要摧毁年轻女性。要是我们这些"该死的嫉妒"老女人能闭嘴，"安心享受我们下垂的乳房和更年期"就好了。这种将一切归结为"嫉妒"的表现，故意忽略了不再被当作上等货品的连带结果：从根本上不再把自己视为"肉"。半生以来，人们都在告诉你，当你的"价值"下降的那一刻你可能会不复存在，结果你发现，你和以前一样真实地存在着。正如埃丝特·沃克所写，这个过渡很艰难，但它也揭示了一个女人的本质：在虚假的表象之下，她是一个完整的人，无论她被如何忽视，都不会消失。女性在失去"市场价值"后所面临的歧视的另一面是，如果拒绝按照市场规则行事，也不会有任何损失。从最重视这些规则的人的角度来看，这使中年女性显得更加危险，因为她们有能力引导年轻女性走上"歧途"。

"你知道你变得不那么有吸引力了，"已经50岁的朋友朱丽叶告诉我，"你已经失去了那种价值。我一度有一点伤心，然后有了一种解放感，因为我想到了我曾经感受到的压力。从前，我必须维持某种形象，必须努力装模作样好让自己显得更有吸引力。我在跑步机上边跑边思考，这就是我的价值所在，也是人们对我的期待。然后，这种价值观开始消退，现在我觉得与此直接相关的是我重视的东西。

因为我的价值更多地取决于我是谁,而不是人们看到我的时候看到的东西;我迫切需要更加尊重自己。不管别人如何看待我,与我二三十岁甚至四十岁初期时相比,现在尊重自己更为重要。自然界厌恶真空,对吧?所以当容颜不再,会有什么来填补它的位置呢?"

虽然人们常常谈到哀怨和嫉妒,但对外貌感觉最糟的并不是中年女性,而是那些还没到中年的人。就像简·希林曾经感受到的,她们无法想象自己有朝一日看起来一脸老相却能每天若无其事地起床的场景。年长女性对自己外貌的厌恶程度被夸大了,我们因年长而被社会和经济边缘化的合理愤怒,被歪曲成了对自己不再具有性吸引力而产生的愚蠢的愤怒。我对自己的境遇感到愤懑,但原因并不是男性认为的那样。如果我们能向年轻女性解释这一点,可能就会改变她们对我们的戒备心和对自己身体的态度吧?这又会对女性团结和个人自信会产生什么影响呢?

2020年妇女和平等委员会(Women and Equalities Committee)的身体形象调查表明,年轻人对自己身体的不满程度超过了年长者,女性的不满程度也比男性更高。这对我来说一点儿也不意外。主流女性主义已经花费几十年时间去要求美丽标准变得"更具包容性";然而,如果翻阅杂志或者走过购物中心,比起我在讨厌自己身体的少年时期看到的女性身体,现在广告中的女性身体显得更年轻、更苗条、更标准。将"年轻"与"进步"混为一谈仿佛创造了一个漏洞,使未成年、吃不饱、脱毛过度的身体获得了正当性,以显得与那些陈旧而退步的理想有所不同。更重要的是,总有一个术语——

通常以"羞辱"结尾——使年长女性对美容、整容或色情产业表达关切的声音听起来像是出于邪恶王后的怨恨。只要女性精心打扮这件事被解读为拥有力量，那些仍然期望有一天可能会看起来"足够好"的人就会被说服，从而认为不再有机会的年长女性只是不希望她们变得强大。我们这样的年长女性，该如何才能告诉她们这种"力量"是虚幻的？我们怎样才能让她们相信我们这些女巫呢？

以负面态度看待中年女性的外表，其实对年轻女性的伤害更深，因为我们最糟糕的时刻已经过去。恶毒的魔法师施下咒语，我们第二天早上起来，一切依然如故。如果年轻女性知道一切将一直如此，会怎样呢？如果关于美貌和嫉妒的传说不再阻断沟通的纽带，年轻女性能够将精力集中在真正的敌人身上而不是未来的自己身上，会怎样呢？

无论如何称呼我们的女巫，只要我们被困在同一个童话故事中，朝着从白雪公主到邪恶王后的顿悟前行，女性就会一直彼此疏离，远离自我反思。想象一下，如果货架上摆满承诺"治愈"女性衰老的魔法药水被视为荒谬而非正常，如果我们可以自由地在每个人生阶段都对自己怀有同情，而不是退缩到幻想中，世界会是什么样子？正如朱丽叶所说："随着时间的流逝，外貌变得不再那么重要，因为它们已经消逝了，那么真空中有什么呢？是更多的同理心，我们绝对没有时间去讲故事了。"

第 2 章

带来恐惧的女巫

自然的身体,被定义的恐惧

> 你们可以尽情地谴责我,但你们无法否认我的毕生所为——以某种方式活在这个女性身体里。你们无法否认它。因为这就是真实。
>
> 苏珊娜·穆尔(Suzanne Moore),
> 《为何我不得不离开〈卫报〉》("Why I Had to Leave The Guardian")

> ……强加给女性身体的传统地位无处不在:她们的身体不是作为她们人性的生理表达,而是由一堆肉组成的不可饶恕的不便之物。
>
> 埃米尔·麦克布赖德(Eimear McBride),
> 《格格不入》(*Something Out of Place*)

我早年把女性主义理解为一种逃离时的良径。在你被迫进入生理决定论、尊崇和顺从、怀孕待产的囚牢之前,找到时机,逃,逃,逃。我并没有在女性主义者身边长大,但我知道女性主义的存在,随时准备拯救我,使我摆脱周围那些没有女性意识的女人的命运,她们的沉默,她们的"嗯,她这么唠叨他,她到底指望什么?"永远不会发生在我身上。我永远不会成为一个"非男性"、一面镜子、一个影子;我会成为一个与她们不同的女人。

我从来没觉得这是对女性的憎恶。相反,我爱她们,我知道我们的潜力,我们可以成为怎样的人,而不是过去和已有的样子。这种思维造成了沉重的心理负担。感受到埋在你内心深处的威胁是痛苦的,那种致命的弱点,那种骇人的可能性:如果不小心,你也会成为"她们"之一。如何最彻底地摧毁那个老女人,"我们内在的那个受害者、那个不自由的女人、那个殉道者"?对她不闻不问,不理不睬,否定她的身份,列举她的每一项罪过,然后把她驱除。然而,除非以最极端的方式让时间停止——我所认识的严重厌食症患者没有一个活过 35 岁,即使活到这个年龄,她们看起来也像是古老的木乃伊——否则你也会沦为老巫婆。

像许多年轻女性一样,我在青少年时期自我逃避,遮蔽自己的每一个女性特征,逐个切断那些联结:我不会成为那个,或那个,或那个。正如玛丽亚·霍恩巴赫(Marya Hornbacher)在她的回忆录《消逝》(*Wasted*)中所说:"我厌烦我的身体。我希望它消失,这样我就可以成为一个纯粹的心灵,一个行走的大脑。"什么都行,就是不想要这个女性有机体。几十年后,当我想到我的身体,我即我身,我好像看到年少的自己,很难相信她除了对我从优雅年轻堕落成中年妇女感到厌恶之外,还能有其他感受。事实证明,我从未打算永远形而上地活在书本、黑咖啡和空气之中。相反,我变复杂了,心态也有所改变,我允许自我与他者之间的界限不再那么壁垒森严。

唯一能够体现中年和女性双重身份的真实性的,就是中年女性的身体。这是一个一眼看去就会削弱她的可信度的身体。衰败、依赖别人、生育能力的终结——这些年长女性的身体被赋予的意义，挑战了那些倡导自我定义、自给自足和自由选择的政治叙事，不管这些叙事是源于自由女性主义还是父权制下的个人主义。拥有女性经历的身体既违背了保守派的"性别中立"观念——将男性的身体和生命周期视为中立的默认值——也违背了将社会和政治身份与生物性别脱钩的进步尝试。当"生物本质主义者（biological essentialist）"成为觉醒运动中的终极侮辱词时，正如莫琳·弗里利（Maureen Freely）苦笑着描述的那样："如果你认为所有女性都有哪怕仅仅是一个共同特征，那你就是生物本质主义者。"还有什么比女性身体的生理老化更具生物本质主义，更像是在进步面前承认失败的呢？

活在女性身体里的经验是以不稳定和变化为标志的：月经、妊娠、哺乳期、更年期，你总会有若干年处于这些阶段中的某种状态，并且状态会突然改变。活在男性身体里则不然。女性身体的意义是被外界强加的（乳房"意味"着什么？它们是"为"谁而存在的？）。女性可能会遭遇的自我厌恶，又很难与其他潜在的对身体的厌恶（年长/年轻、胖/瘦、能生育/不能生育）进行区分。我们对自己的身体做了什么，我们如何谈论身体，会将其他女性与我们联系在一起，反之亦然；如果抵制成长是自我表达的一种方式，那么自然成长的自我对你来说又意味着什么呢？允许自己的身体的所为是否也意味着同意对这个身体的施为？女性的身体是深层次的政治问题，对身体的逃离同样也是。一个人没有办法完全置身事外，它与我们对衰老的感受息息相关，因为女性的身体是随时间而变化的。

如今，对中年女性的敌意之所以集中在身体上，有其特定原因。更年期——这个向所有人宣告"你的好日子所剩无几了"的闪亮大招牌——就是其中一个明显的原因。男性和女性生殖周期的差异造成了一种错觉，仿佛只有女性才会"真正"衰老，男性则只有生死之别，与此同时，更年期可能使我们中的许多人更加关注自己身体的历程，去了解它如何塑造我们的生活。可惜，21世纪20年代可能不是这么做的最佳时机。

在这一章中，我将探讨人类与身体相关的三种基本恐惧——对劣势的恐惧、对变化的恐惧、对死亡的恐惧——如何影响我们对待年长女性的方式。与年龄歧视交织的厌女症为这些恐惧提供了暂时的"解决方案"，即年老的巫婆被视为阻碍平等、稳定和超越的肉身障碍。通过这种方式，对巫婆的憎恨在心理上和现实中都发挥了重要作用，在缓解焦虑的同时消除了对自己和他人身体负责的必要。由此产生的长远影响是，女性被剥夺了用来讲述自己身体故事的概念框架和叙事结构，也被解除了在政治上组织起来改变自身处境的手段。

对劣势的恐惧

2009年，丹碧丝（Tampax）推出了一项以"智胜大自然母亲"为主题的广告活动。在电视广告和海报中，扮演大自然母亲的女演员穿着20世纪50年代风格的服装,"她憔悴的脸上透出一丝阴险";她试图通过月经给年轻女性设置障碍,却被到来的丹碧丝卫生棉条挫败。一张海报上写着"粉碎大自然母亲!",画面则是一个年长女性即将被超大号卫生用品压扁。

刺激和戳中女性的焦虑情绪——关于外貌、母亲身份、衰老、地位脆弱的人——是广告商的一种有效策略。女性的生理特征,包括所有的麻烦和不便,很容易在营销中被包装成一种过时的理念,那些过于老旧、固执,或者过于愚蠢的人没有意识到这些不便已经被推销给你的产品克服了,仍然坚守着旧习惯。丹碧丝的广告宣传很巧妙,仿佛售卖的不只是一个插入阴道来吸收血液的物品,更是一种制胜感。大自然母亲所代表的不是新生命和创造力,而是身体的(小声说,女性的)局限性。担心"大自然母亲"会像它对待你的母亲一样来欺凌你吗?那就用一个巨大的塑料包装的导管式卫生棉条来压扁你眼前的老女人吧。

我们轻易就会落入"拥有女性身体必然使你处于劣势"的思维陷阱中。"身体,"艾德丽安·里奇写道,"对女性来说是如此棘手的问题,以至于甩掉它,以无实体的灵魂形式游荡于人间要容易得多。"《女人所生》(*Of Woman Born*)于1976年出版,但里奇所写的内容今天同样适用。她捕捉到的焦虑,驱使"许多知识分子和有创造力的女性坚称自己首先是'人类',只是偶然才是女性"。我很熟悉这种20世纪90年代的言论,但我在当下的年轻女性身上也感受到了这种焦虑,就像我当时一样,认为"任何肉体的吸引都是对心灵的否定"。这种观点在某种程度上被视为一种女性主义,与卡罗琳·克里亚多·佩雷斯(Caroline Criado Perez)的《看不见的女性》(*Invisible Women*)中的合理论证并列,后者认为,我们当前的社会、经济和政治结构将男性身体作为默认的标准。我们很容易从认识到"世界是为男性身体设计的"滑落到认为"女性身体并不适合这个世界"。

如此说来,大自然母亲的确是一个大恶妇,要毁掉你脱离肉体的乐趣。卡米拉·帕格利亚(Camille Paglia)在1992年出版的《性、艺术和美国文化》(*Sex, Art, and American Culture*)中写道:"女性主义一直错误地假装女性本可以拥有一切;是大自然母亲,而不是男性社会,给女性施加了最沉重的负担。"劳拉·基普尼斯(Laura Kipnis)在她2015年的文章《母性本能》("Maternal Instincts")中提出:"如果由天性决定的话,女性会全心投入到物种繁衍的事业中,顺从地充当延续生命的工具,并对自己的社会性需求保持缄默。只是因为现代技术压倒了自然天性……才为女性提供了一些自主权。"当然,让女性了解激素变化、计划生育、减轻疼痛或避免分娩死亡的进步无可厚非。然而,我们并不总是清楚这一点与一种信念之间的区别,那种信念就是:由男性善意推动的进步,是为了帮助女性应对她们没生对性别这一悲剧性的失败。

在我的成长过程中,女性特征让我感到尴尬。它让女性变得更脆弱、更迟钝、更不像人、更像动物。它让我们更容易被殴打,更容易被强奸,更容易被摧毁。我不想去思考卡米拉·帕格利亚等女性的观点,我害怕她们可能是对的。相反,我陷入了羞耻之中。埃米尔·麦克布赖德写道:"感到羞耻意味着意识到自己内在的缺陷。这是一种不合时宜、不可接受的自我的元素,你不能只表示歉意然后置之不理,而应该不惜一切代价加以掩盖和否认;正因如此,羞耻成了一种内在的武器。"对我来说,这种"自我的元素"就是身为女性这个事实。我知道,如果我被发现自己是"她们中的一员"——一个像我母亲那样的女性,为了让自己与众不同而全力投入——我就完了。

朱莉·宾德尔在 2021 年的《给女人的女性主义》(*Feminism for Women*)一书中写道:"长期以来,女性主义者们一直避免强调男女之间的生理差异,因为她们知道这些差异将被用来攻击我们,将我们归类为劣等。"在这样做的过程中,我们也把自己逼到了困境之中,继续接受这样的政治观点,即把有着男性身体的人默认为人类代表,而弱化了有着女性身体的人同样重要的体验。我们成了包庇父权制的受害者,他们承诺我们有权被视为比行走的子宫更重要的东西,以换取我们否认自己作为一个性别阶级的存在;就像他们承诺我们享有性自主权和生育选择权,以换取我们不反对日益增长的色情片和性交易。在这两种情况下,男性都得到了他们想要的,却没有履行承诺,但我们仍在痴痴等待。我们不想制造麻烦,因为这样只会引火烧身,毕竟我们仍然是女性。这是一种用礼貌的谎言构想的性别平等:男性同意忽略我们明显的女性劣势,作为回报,我们放松了与实际性别差异有关的要求。正如埃莉莎·艾伯特(Elisa

Albert）2015 年出版的小说《分娩之后》（*After Birth*）的主人公所说："天啊，女性的身体跟男人的身体不同这事儿可别是真的……因为，什么？我们可能会因此而失去选举权？我们可能会因此而被迫蒙上面纱、被囚禁？最好否认它，否认它，入主白宫，赢，赢，赢。"然而，正如我们所知，2016 年我们终究还是没能入主白宫。

对那些希望控制女性的人来说，推动对女性生理身份的污名化是一个重要手段。这实现了一石多鸟的效果：离间女性与女性的身体，以及女性之间的联系；将剥削女性的罪责从男性转嫁到女性自身；重新将特定的女性能力定义为负担；剥夺了我们对女性受压迫的深入分析；切断了连接几代女性的纽带；阻止我们基于性别建立政治组织；它告诉我们，我们身体的故事——将个体贯穿一生的女性体验，置于有意义的个人和政治背景中的叙事——是无关紧要的。在所有这一切中，年长女性的身影隐约可见，大自然母亲赋予的天性必须被打败。年轻女性可以否认，但她们知道，随着岁月的流逝，她们暴露天性的风险也会越来越大。与此同时，年长的母亲、更年期的女性，以及那些有着长长背景故事的人，不愿意假装性别差异无关紧要，也不会保持缄默。你在女性身体里生活的时间越长，就越难否认它对你在世界上的地位产生的影响。我们被鼓动去相信，任何对性别差异及其重要性的认可——尤其是对女性具备、男性所缺乏的品质的认可——都会遭到反噬。可是一旦我们审视女性身体在其生命周期中所起的作用，女性身体在社会构建中的低下地位与其实际价值之间的差异将变得更加清晰。衰老可能意味着从"如果我过分认同我（令人羞耻）的女性身体所能做的事情，我将受到不良对待"转变为"我（了不起）的女性身体创下这么多丰功伟绩，但他们仍然这样对待我？"

事实上，地球上没有一个人的存在不是因为某个女性经历了受孕、妊娠和分娩的所有阶段。苏珊·莫沙特（Susan Maushart）写道："母性之所以令人生畏，是因为它如此强大，它的创造性，使其他所有涉及创造的人类努力都黯然失色。在创造的竞赛中，母性就是顶级联赛，而其他一切——艺术、科学、技术——都是草台班子。"然而，女性夸耀自己的生育能力被认为是一种不得体的倒退，因为妊娠是一个自然过程，因为女性自古以来就一直在生孩子，因为并不是所有女性都能生或愿意生孩子，因为关注自己的子宫只会让你失业或被禁止堕胎。因为，因为，因为，但最重要的是因为那些精子生产者们，那些伟大的使人受孕的人无法生出孩子。

古代和现代的父权制文化都崇尚创世神话。在神话中，男性神灵创造了世界、生物和所有人类生命。雅典娜从宙斯的脑袋里蹦出来；上帝创造了亚当，随后顺手创造了夏娃；马利亚尽职尽责地承载着植入她体内的完全成形的圣子。古往今来的科学家和哲学家都试图将只有卵子八万分之一的雄性种子置于生殖过程的核心地位。亚里士多德认为，雌性仅仅提供了物质，形成人类要靠富有生命力的雄性成分；17世纪的科学家们发誓，他们可以在人类精子中看到一个微型小人，正等待着在被动的雌性容器中展现自己。弗洛伊德认为——人们也确实相信他——小女孩羡慕小男孩的阴茎，而不是男人羡慕女人的生殖能力（然而，他们试图通过婚姻、强制异性恋、强制绝育、禁止堕胎、强奸、限制避孕等手段来控制女人的生殖权利）。最近，以性别中立的语言来描述怀孕和分娩的趋势被标榜为具有包容性，但实际上这是再次拒绝具体指出是谁在创造新的人类这一事实。面对任何能够表明女性可能拥有塑造世界的经验的迹象时，无法企及这些创造经验的父权者们就会说："这对我来说是陌生的，因此无关紧要。"

我明白打破"不要提及子宫"这一禁忌所带来的风险。保守的右翼分子会悄悄偷走我的生育权，理由是：如果为自己是造就人类的性阶层中的一员而略感自豪，就等同于宣布自己和全人类女性都是用于繁育的母马。然而，我并不是因为自己不会再怀孕才愿意发声的。到了我这个年龄（45岁以上），大多数女性（81%）都已经有了孩子，但因为人类繁衍的天性以及男性对此的反应，那些没有孩子的女性会认为自己是有缺陷的。我之所以愿意在生殖问题上喋喋不休，好像生殖问题很重要一样，并且冒着被称为"20世纪50年代回潮者、母系社会复辟者、精英主义者、民族中心主义者"，还有最糟的"生物本质主义者"的风险，是因为我已不再感到羞愧。我不能再为生为女性感到难堪，好像这是一件应该轻描淡写或必须赎罪的事情。我到了这个年纪，曾经做过那么多妥协，如今我要有自己的故事，一个与其他像我一样有缺陷、做出妥协的人彼此相随的故事。

教导年轻女性不要相信自己的身体，与教导她们不要相信年长女性相辅相成。作为一个生活在20世纪90年代和21世纪初的年轻女性，我从未接触过第二次浪潮下关于母性、生育或性别差异的女性主义思想，但我大概了解其观点。参与第二次浪潮的女性主义者在某些方面做得很好，但她们过于关注女性的身体和儿童照护，因为她们中的许多人都是生活单调的家庭主妇。我对她们的看法就像今天许多年轻女性看待妈咪网（Mumsnet）上的女人：她们关注女性身体，因为她们已经失去了超越肉体的潜力。这些女人曾经试图智胜大自然母亲，但失败了，如今她们试图把其他人也拉下水。女性在家庭中受剥削的景象——我母亲那个年代女性的生活，我都看在眼里——代表的不是女性生命周期中累积起来的共同压迫，而是展现出当你过于女性化，把过多的精力放在女性身体而不是中性（男性）心智上时，你会面临什么情境。

"生理并不决定命运"曾经意味着，你的性别不应该决定你在社会中的等级。现在它被扭曲为"任何对生殖学的承认都注定了你会保持从属地位"。否认连接你和年长女性的生理纽带可能看似是一种解放。近年来，否认性别差异的各种主义甚嚣尘上，在谴责"生理性别迷思"的主流文章之中经常能看到相关的表达，并且年轻人否定女性的性别认同的同时却不否定男性的性别认同，从性别认同诊所转诊人数的变化情况就可以看出这一点。这种现象似乎是一种进步，因为它在字面意义上呈现了一个艾德丽安·里奇在半个世纪前所描述的"根治手术"：

> 成千上万的女儿们认为，母亲教给她们的是妥协和自

我厌恶，她们正在努力摆脱这种束缚和贬低……母亲代表着我们内心的受害者、不自由的女人、殉道者。我们的人格似乎危险地与母亲的人格混淆和重叠；为了知道母亲和女儿之间的分界线在哪里，我们不顾一切地进行了根治手术。

但是，无论是真实的还是隐喻的手术，都无法解决问题，因为女性本身并不是问题所在。正如里奇本人和后来的女性主义者卡罗琳·克里亚多·佩雷斯指出的那样，问题在于世界是以满足男性身体的需求而建立的，这使成年女性对自己的身体感到羞耻，而少女对自己未来将变成的身体感到羞耻。

对变化的恐惧

我在听一场关于养老金的演讲（我的生活就是这么有趣）时，有人提到女性员工的养老金往往较少，因为她们更有可能"歇上一段时间"。没有人对此提出异议；这是事实，不是吗？女性中断了职业上的重要工作，离开"经济"领域去生育和照顾孩子。我们的年龄越大，需要中断工作的次数就越多。随着岁月流逝，我们与男性同龄人之间的价值差距越来越大，因为我们这些非默认设置的人类不按计划行事。

如果自己的性别被视为默认性别，你就会倾向于相信生理性别无关紧要。如果你的生活没有经历一系列极为不便的停顿、重启、节外生枝和打断：月经、生物钟、产假、潮热、事业与生育的权衡，那么你也会倾向于忽视身体、生命阶段与社会地位之间的联系。当女性的身体偏离了按男性身体设定的路径，这仍然被视为是因为没有生为男性而产生的设计缺陷，而不是表明我们需要以不同的方式开展教育、工作和人际关系，以满足女性的专有需求。工作场所的适应措施被视为"特殊待遇"；教育和职业发展的前期正好处于女性可能会怀孕的人生阶段，却不能对此置疑。如果你的养老金少得可怜，那是你的不幸，因为你一出生就被标记为"其他"类别。凯特琳·马萨尔（Katrine Marçal）写道："一位女性雇员接收到的信息是，不要把自己的身体看作是人的一部分，而要将它视为一颗引爆时间设定在升职时刻的生育炸弹。然后，她就会暴露出她的本来面目：一个女人。"

怀孕的风险和现实是一回事，但女性身体的最后背叛来得更晚，那就是更年期，它的到来被视作是在将女性从以"生育力、女人味和性魅力"为主旨建立的市场中驱逐出去。这不只是一个父权社会的实际问题，还是一个父权的心理问题。与男性身体不同，女性身体前后不一致，不可信赖，除非你能找到方法将其固定在某个位置。"一个男性只要活着，就是个男人，"罗伯特·威尔逊在《永葆女人味》中写道："……没有突然的危机需要面对，一个男人的生活平稳连贯，他的自我感觉不会被打断。"然而，对女性来说情况并非如此："尽管现代饮食、化妆品和时装使她的外表看起来甚至比她的丈夫更年轻，但她的身体最终会背叛她。她的女性特质在年富力强时被摧毁。在她最有能力并渴望享受成就的时刻，她的女性特质——她自我身份的基础——会崩塌成废墟。"真有意思。

如今很少有人会像威尔逊那样公然性别歧视，但我们一直接受着女性生命周期中日益加剧的不平等现象，这是因为我们假设女性的人生道路是反常的。女性在地位和物质资源的获取方面越来越落后于男性，是因为我们的生活无法"平稳连贯"。女性更年期这个无法逃避的事实加强了一种印象，即女性并不是被刻意排除在"仕途经济"世界之外的，而是她们生来就会定期发生故障。与男性不同的是，我们"做不到"保持不变——至少无法维持不变的假象——这意味着我们就是不合适的。

今天的中年女性，在20世纪90年代经常面对的是她们自己定制的披着"后女性主义"外衣的威尔逊那套谬见，即"更年期是女性身体的背叛"。即使你从未看过《甜心俏佳人》(*Ally McBeal*)，也没读过《BJ单身日记》(*Bridget Jones's Diary*)，没关系，你依然会耳濡目染，甚至会吸收比它们更低级、更夸张的版本所传达的信息。我们这些在第二次女性主义浪潮之后长大的人得到教导是，所有那些女性主义的成果可能都很好，但女性身体最终会背叛我们，就在我们"最有能力并渴望享受女性主义成就"的时候。我们会"忘记"生孩子的事；我们的生育能力会在35岁时"断崖式下降"；我们可能会在伦敦或纽约的一套昂贵公寓里孤独终老，从事一份不必疲于奔命的工作，但我们不会幸福，因为我们自我的基础正在崩塌。

在这个时代,"年轻女性不应该和男性有同样的职业道路,年长女性一无是处"的表述已不合时宜,但对生物钟的不断警告却成了一种社会控制手段。显然,女性的生育能力会随着年龄的增长而下降,直到中年时完全失去,但"警告模式"显然是一种糟糕的做法,我们需要重构对默认生命周期的理解,以便与自然阶段相适应,而不是与之对抗。生物钟恐慌给女性强行加上了一个"保质期",无视个人选择,并让我们认为自己的生产力从根本上不如跟我们对标的男性(女性冻卵流行的背后原因是她们无法冷冻自己)。这是一种羞辱,无论你自己有什么打算,即便你已经有了孩子。无论如何,更年期的到来让你成了一个失去选择的人。时钟滴答作响,看,现在警报已经响起,当你步入 50 岁的时候,此时男女薪酬的差距最大,女性照顾家庭的责任增多,工作场所的歧视加剧。这时候进行指责多方便啊,在你被剥削得最厉害的时候,别人却把你视作一个蠢笨之人,指责你浪费了本应该有所作为的时间。

与其他方面一样,抹杀女性劳动的实用说辞与对女性差异的本能厌恶正好吻合。这就是厌女症赖以存在的前拉后推之力。将女性的生命周期视为根本上的缺陷,并将其与为男性所设的社会和经济模式对立起来,这可能看起来很奇怪,但考虑到这种缺陷与"修复"女性特质的心理需求相关时,就没那么奇怪了。更年期对男本位思维构成了一种存在性挑战。男本位思维认为,身体和心智在进入成年期后会保持不变,直到年纪很大的时候才会慢慢衰减。而且男性对进步和变化的默认理解也受到了挑战,他们的理解是:一个人失去生殖能力被视为某种形式的死亡。

在《潮热日记》中，达尔塞·施泰因克将人类社会对待更年期的方式与虎鲸群（虎鲸是已知的有更年期的动物之一）的行为进行了比较："没有人将雌鲸称为路边横尸或枯槁恶妇……在她们创建的母系社会中，孩子们终身与母亲在一起，处于更年期的雌性会进入领导角色，过了生育期的年长雌性则培训年幼雄鲸的性技巧……它们让我明白了一个道理，人类女性为何没能做到这一点：问题不在于更年期，而在于父权制社会下经历的更年期。"虽然我很好奇是不是年轻的虎鲸其实也会咒骂老奶奶，只是我们不知道而已，但我认为更年期——就像艾德丽安·里奇描述的母性一样——既是一种经历，也是一种社会构建。对它的叙事是一种选择。特定女性经验的中断应被视为负面事件，要付出巨大的社会和经济代价，但这并非不可避免。事实上，如果我们在处理生理性别和社会构建性别之间的关系时，能够真正具有想象力和开放的心态，我们或许会更愿意接纳与更年期相关的变化、中断、转变和进化的隐喻，而不是将所有年过 40 岁的女性都排除在创造力和变革的范畴之外（并要求她们在其他人结束一天的"打破性别二元对立"活动后回去收拾残局）。

除非你致力于挑战那些无法撼动的东西，否则你无法实现真正的改变。讽刺的是，更年期打破了当代人的一种僵化观念，即认为摒弃有关生物现实的"旧观念"本身就是一种进步。如果正如贾尼丝·特纳（Janice Turner）所写的那样："越来越多的女性主义者被告知，生理性别是无聊的、过时的、简单粗暴的，而'性别认同'是现代的和进步的。"那么更年期本身当然可以被肤浅地构建为反进步的。难道身体不是我们想怎样说就怎样说的吗？如果是这样，那么年长女性们到底在做什么？很容易想象，当其他人都可以随心所欲地塑造自己的身份时，那些无法生育的干瘪老巫婆却潜伏在角落里，如同宴会上的死神。但是，除非我们深入探讨欲望、肉体和时间流动之间的关系，除非我们放下琐碎、固化的执念，将自己视为某个时间点上一个独特的人，否则我们所做的一切不过是在书写新版本的威尔逊谬见，即以标准的男本位思维将人类经验理解为静态的，"没有突发危机"，只有"平稳连贯"。因为这样更容易，也让我们更有安全感。

正如玛莎·努斯鲍姆（Martha Nussbaum）20多年前谈到朱迪斯·巴特勒时所写的："女性主义需要的是细致深入地研究身体差异与文化建构之间的相互作用（有时已经做到了）。"而不是草率地坚信，否认差异本身具有破坏或改写文化建构的力量。但我认为，当更年期女性谈论这个问题时——甚至当我们只是以更年期身体的形式存在时——就好像我们在剥夺他人享有更大灵活性的权利，因为我们自己没有或从未想要这种权利。我又变回了年轻时的自己，仔细审视着有朝一日我的身体将变成的模样，不愿意相信这可能成为现实。我曾经觉得自己被定格在了时间里，仿佛12岁、14岁、16岁时的我能捕捉到永远不变的独特自我，现在我觉得这是一种理解自由的奇怪方式。我以为自己永远不会改变，不这么认为的人就是固执僵化、拒绝认可本质自我的人。我怀疑，在内心某处潜藏着一种对前景的恐惧，害怕成为一个更不稳定的实体——一个确实不知道二三十年后的自己会有什么感受的人。

这就是更年期传达出的信息：你不会定格在某一处。你无从得知。无论你想进行什么实验，无论你踏上哪种追寻真我之旅，你都在不断变动，永远无法捕捉到那个完美、真实、永恒的自我。而男性的身体，无论以何种方式呈现，比如展现暴力，比如真正威胁到我们，却都不对规范造成挑战。女性的身体却会，尤其是年长女性的身体。

我的朋友玛丽娜说："老年妇女不是我们应该成为的样子。我们不符合社会对女性的形而上学设想。这就像一辆无法发动的汽车。你进入更年期，或者到了45岁还没有孩子，就像是汽车开始说人话了。这个物体不再具有应有的作用，但软件仍在运行。这太离奇了。这就是为什么我们被隐形。这是一种防御机制。"这段话直指核心。正如我在引言中所探讨的，年长女性实际上并不是隐形的；我们被忽视的原因之一是人们无法面对打破他们固有思维的事物，这些固有思维包括对女性的定义和被认定的用途。过了更年期还继续活着——人生的一半时间是在更年期之后——被归为一种功能性故障。面对这种故障，一个人可以修正自己的认识，承认女性在其生命的每个阶段都是完全的人类和完全的女性，无论这是否符合男性的期待；或者，一个人会对这种根本性的、颠覆性别规范的想法感到恐慌。大多数人都会恐慌，恐慌到无法正视和承认年长女性非常规的身体。

当我们想到非常规的身体，想到扰乱了社会秩序、越过了规范界限的身体，我们想起的往往不是午餐桌上的更年期女士，也不是人力资源部门的中年同事珍妮特，或是在超市购买妇女用品的50多岁的顾客。我们想到的是光鲜亮丽的迷人身体，是在玩装扮游戏的身体，是经过医美改造的身体，这样的身体在告诉它们的主人："你和别人不一样，灰头土脸身不由己的旧社会苦楚不属于你。你的身体你做主。"然而，这些都是标准的痴心妄想，继承了千百年来父权制形成的自命不凡。虽然不喜欢中年女性通过强调肉体的重要性和衰老的必然性来扰乱我们的心神，不过，如果我们花点时间思考一下自己在人生的每个阶段对年长女性的反应，也许我们会有所感悟。

对死亡的恐惧

与许多中年人一样，我也时不时陷入对自己会死这个重大危机的恐惧之中。并不是我之前没意识到这一点，而是到了40多岁，时间加速流逝，对死亡的恐慌来得猝不及防。一想到自己将不复存在，我就感到恐惧和愤怒，不知所措。有些人的应对方式是提醒自己，在宏大叙事中自己有多么渺小；而我则倾向于退守到一种幻想中，即在生命的各个阶段，我其实一直都活着，可能是以量子形态，虽然还没弄明白是怎么回事，但我还是感到了很大安慰。

如果你深入思考，会感到身为肉体凡胎非常可怕。你我的未来都会面临疾病、不能自理、疼痛，然后一切归零；在此期间，即便我们自己没有遭受病痛，也会目睹他人受苦受难。我们都需要找到一种方法，将这种恐慌转嫁出去，比如其他人或某种低阶生物，再或是找到一种方法，不去面对我们生理状态的真相。传统的方法包括信奉宗教、责怪女性，或者将两者结合起来。现代社会则需要更复杂的方法。

在《忘了自己是动物的人类》(*How to Be Animal*)一书中，梅拉妮·查林杰(Melanie Challenger)描述了我们是怎样通过坚持人类的独特性的信念，来应对我们的肉身所带来的威胁和尴尬。过去，宗教让我们相信人不只是卑微的、会腐烂的物质；如今"科技和工业的进步使我们与动物本性越来越疏远，并且越来越多地从医学角度看待我们动物性的一面，这就导致一些人将身体视为自身一个有故障的部件"。我们是纯精神性的，身体只是"皮囊"，这样的错觉源于一种执念，即相信科学的力量可以克服衰老过程和人类繁衍的不便，而越来越多的网络社交生活也助长了这种错觉。苏茜·奥巴赫(Susie Orbach)写道："把我们的身体仅仅理解为受限的生物机体已经不合时宜。我们被引领着走向一种非实体化的存在，届时我们所理解的关于生活的一切……几乎都将发生在思想领域，无须凡俗的肉身。"网络游戏使人们有可能在醒着的大部分时间里以某种身份体验世界，与其他角色互动，以人类自身基本形态所不允许的方式在空间和时间中移动。这样的生活方式可以让人自以为是在高度参与政治，甚至可能比那些困在肉身世界中的人更有参与感。然而，正如查林杰指出的，我们所面临的最重要的问题——饥饿、疾病、环境崩溃——仍然根植于肉身世界。否认这一点固然让人感到安慰，但并非长久之计。总得有些东西要让步，总得有人承担现实的纷扰，你才能潜心修仙，而那个人通常是你的妈妈。

我是认真的。也许不是你的亲生母亲，我指的是这一类人——你在十几岁和刚成年时注意到的一批年长女性，她们代表着你永远不想承担的任务，你永远不会活成的样子，你希望有人能去做但从来不想亲自去做的工作。这些女人让你意识到你自己的脆弱性和依赖性，以及肉体限制带来的恐慌和屈辱。上一秒你还在考虑将来要把真实的自己加载到超级计算机里，以便永生不死；下一秒她就出现在你面前，给你端来一杯茶和一块饼干，捡起你的内裤，用眼神告诉你：不，你并未处于超人永生的前沿。她实际上是在剥夺你以超凡的方式生存的权利。我想，这就是为什么年长女性被认为既具有威胁性又显得卑微可怜，她们的形象就是在杂货店货架间尖声聒噪的更年期老巫婆。人类面临的最可怕的事情——我们自己的身体需求和限制——看起来是那么可笑，那么不思进取，那么庸常和凡俗。

凯特林·马萨尔写道："作为人类，就是让肉体从属于心智……女人成了'肉体'，男人才能成为'心智'。她被越来越紧地束缚在肉体现实中，而男人则可以从肉体现实中解放出来。"对死亡的恐惧与对女性的恐惧之间的关系，根植于一种信念，即女性在某种意义上是肉体，而男性不是，在一个假装中性的男本位世界中，这种信念每时每刻都在被强化。娜奥米·沃尔夫在《误解》

（*Misconceptions*）中提到，她在怀孕期间参加了水中有氧操课，她发现身边都是"中老年女性"：

> 我感觉自己好像滑倒了。我掉进了无差别的后生育期的女性原汤里……我，一个女人，也第一次体验到了厌女的感觉，理解了为什么对女性的恐惧源于对死亡的恐惧。

对衰老女性身体的反应，既有对人体局限的道德恐慌，也有对糟老太婆如此无趣和缺乏想象力的世俗恼怒。

引用记者玛丽·哈灵顿（Mary Harrington）的话，当进步政治将超越身体局限作为"公民权利和社会正义问题"时，这一点尤为明显。哈灵顿认为："新兴的数字和生物技术，从冷冻卵子和商业代孕到网络性服务，再到跨性别医学领域的迅猛扩张，都是当今进步人士大力倡导的——因为它们推进了获取个人自由的进程。"任何阻碍这一进程的人都是反进步的，就像控制欲极强的父母，不让你做自己。然而，我们女性仍然会来月经，仍然在孕育人类，仍然在经历更年期，仍然作为有着明确线性生命周期的人类而存在，就好像我们从未收到过解放通知一样。

梅拉妮·查林杰写道：

> 女人，因为她们在生殖中的天然角色，有力地提醒着我们，人类是动物。心理学家克里斯蒂娜·罗伊兰斯

（Christina Roylance）在反复研究人们对女性的态度后得出结论，相信"人类是独特而优越的物种"可能会让人对自我的存在感到自豪，但这种信念可能会以贬低女性为代价……在理解我们的时代时，值得记住的是，无论是有意还是无意，许多人都不喜欢被提醒我们是动物，以至于我们可能会不自觉地反抗任何看似要将我们归为动物的事物。

年长女性要知道她们必须"更新"在生物学方面的理解，因为她们的理解"停留在过去"。其实这里真正要说的是另外一件事：不要讲述你的身体故事，因为它会破坏我们已经把那些乱七八糟的事情抛在脑后的幻觉。

这种思想特别令人不安的地方在于，它不仅复现了一种它自己声称要摒弃的宗教模式，还在宣扬解放的同时进一步加剧了剥削。对于年轻人、健康的人、富人和男性来说，脱离肉体的幻想是一种奢华享受。正如扎迪·史密斯（Zadie Smith）所言，死亡"真是与人类的追求相抵触"。心智与肉体、人类与动物的等级结构之上，叠加了男性与女性、富有与贫穷、年轻与年老、健康与疾病。如果你和大多数人一样，不想从事"卑贱"的工作，那么这种叠加在心理上是有用的，至少在你也变得贫穷、多病、年老或者被迫提醒世人你的女性身份之前是有用的。与此同时，你需要一个替罪羊来应对现实的侵扰，尤其是当你意识到社会和经济的不平等程度取决于这样一个事实：少数人，其中大多数是女性，在花时间清理其他人的屎尿、血迹、呕吐物和垃圾。

杰奎琳·N.齐塔认为,"性别歧视中的年龄歧视这一意识形态,加剧了对经历了更年期的女性的经济压迫,这种意识形态将老年女性的身体视作疾病、残疾和医疗依赖的代名词,从而使人们质疑,随着年龄的增长,女性获得国家认可的公共权力的权利。""基于女性身体的年龄歧视变本加厉",这种做法与维护父权制度有关:污名化承担大部分无偿护理工作的中年女性,这样就不必重视她们;将需要做大量护理的老年女性归类为"没有工作过",因此没有资格进入有效的社会保健系统;利用年轻女性对衰老和剥削的恐惧,使她们相信摒弃身体就意味着摒弃类似命运,从而疏远这两个群体。与"美之迷思"一样,"身体否定论"也使女性相互疏远,使她们无法理解自己身体的存在对她们造成的影响。

中年女性的身体,以及她们帮忙照护他人身体时所做的工作,都遭到贬低和贬损。因为这些工作提醒着我们,我们是什么,我们将成为什么;也提醒我们,妈妈或是大自然母亲,不管我们怎么称呼她,都无法拯救我们,尽管她自己也做出了牺牲。50多岁的学者露西谈到,年轻同事和学生对年长女性的年龄歧视与存在主义恐慌相关,尤其是面对气候变化的状况时。她说:"这是将生命的无常归咎于年长女性的典型心态之一。这是一种'我们讨厌你,你也没照顾我们'的情绪。可是没人期望男人这样做。"

每个人都要面临年老、病弱和死亡,但老年女性却成了人生苦短的替罪羊。我们都会死,但先怪你妈妈吧。

身体故事的重要性

西蒙娜·德·波伏娃（Simone de Beauvoir）写道：

> 女人有卵巢和子宫……这些特殊性禁锢了她的主观性，将她限制在自己的天性范围内……男人完全忽视了这样一个事实，即他的解剖结构还包括睾丸等腺体，它们分泌激素。他认为自己的身体与世界有着直接而正常的联系，他相信自己能够客观地认识这个世界，却把女人的身体视为障碍和牢笼，被其所特有的一切拖累了。

你可能注意到了，现在人们很少引用《第二性》（*The Second Sex*）中的这一部分。他们更热衷于引用《第二性》第二卷的开头，即波伏娃宣称："女人不是天生的，而是后天形成的。"如果不费心去读后面的句子，你就可以知道原因，人们假装波伏娃在暗示生理性别无关紧要，而不是说"人类女性在社会中的形象"是"整个文明"的产物。她认为，将男性定位为"主体"，将女性定位为"他者"，否定了女性有权拥有独立存在的身体故事这一事实。男性对自己身体的认识是不可动摇的：他们的身体是默认的，或是唯一重要的，或是身外之物。而女性则必须在"逃避""否认"和"抱歉"之间不断挣扎，直到忍无可忍。

"你知道作为一个女人，不可能到了40多岁还没遇到过一些相当现实的问题,"记者海伦·乔伊斯(Helen Joyce)说,"当你知道自己已经成了这样的动物,就很难再保持某种'机器中的幽灵'的想法。"男人也会变老,但自给自足和"平稳连贯"的双重幻觉——通过将身体的社会、经济和心理成本转嫁给女性——使他们仍可以保持主体的"第一性",而不是成为"他者"。因此他们会将一个人需要身体叙事的想法视为自我限制、恋物癖,甚至是故意让人不安的手段。在女性生命周期的特定阶段,男性或许可以勉强与女性产生共鸣,但是要让他们理解女性生命的全貌,将过往经历和当下联系起来,则要困难得多。

如果说青春期是一种冲击,某些年轻女性用它来对抗她们所处时代的叙事方式——拼命想办法"退缩、保留和保持自我,摆脱性和情感纠葛"——那么更年期的冲击则是另一个层面的。此时,你往往知道错不在自己。你已经发现这个游戏是被操控的,它首先迫使你否认自己的差异,好像承认自己的差异本身才是差异产生的原因,然后又因为这种差异对你进行评判,剥夺了你为自己辩护的语言和分析工具。

语言很重要,因为使用性别中立的语言来描述女性的身体经历——将女性简化为怀孕者、有月经者、生育者、哺乳者等——对年长女性有特殊的影响。当你年轻时,更倾向于把歧视看作一个个孤立事件,将它们归类为"发生在女性身上的事情"。对我们中的许多人来说,只有年纪大了之后,事件之间的联系才变得更加清晰。基于性别的歧视与身体的故事有关,是关于多个身体的多个故事,每个身体都是不同的,但会一年一年变得越来越厚重,越来越有实质。它不仅关乎别人在此刻对你的身体做了什么,也不仅关乎你是有月经者还是生育者。确实,即使生育能力减弱,女性身体所处位置的影响是随时间增加的,无论她在做什么、做过什么,或未来要做什么。绝经后的女性不再具备生育能力,被评价为没有性价值,也不属于自由女性主义者高呼的"处于风险中的女性身体"类别,然而她们却为曾经面临的一切可能性付出了代价,甚至还不止这些。她们直到老年还仍将为此付出代价,无论她们的身体已经在多大程度上被认为"去女性化"了。"所有性别方面的身体问题都只与当下有关"是一个没有经历过产后子宫脱垂和养老金削减的人的奢侈信仰。"我们做过的事情就是我们的所有。"一位受访者说,"我们在父权制的市场上没有机会。所有年长女性最后剩下的只有她们的女性身份。"这种女性身份不是一系列随意的片段,而是连续的。

苏珊娜·穆尔写道:"我一直在思考生物学与对待女性的方式之间的联系。我也希望有一种药物可以让我切断这种联系。谁不希望如此呢?"也许对一些人来说,更年期就是那种药物,能让像我和苏珊娜·穆尔这样年龄的女性,从女性身体遭受的多重创伤中获得解脱。我们没有经历生殖控制的闹剧,那么我们有什么好抱怨的呢?只有那些多年来累积起来的乏味而明显的事情:创伤、贫困、日益加重的家庭责任和压力。这些问题需要最激烈、最广泛的变革来解决,但这些事很没意思。你无法实时看到它们的发生。很难解释发生在20岁时的一次强奸或堕胎为什么在50多岁时仍然会改变你的生活,也很难解释这与多年来你的身体受到排挤的其他方式有什么联系。关于跨性别为何不同于跨种族的一个常见论点是，种族不平等会在几代人之间积累，而性别不平等则不会。是这样的。性别不平等在生命周期中积累。这就是不认同年长女性如此有吸引力的原因。你认为这样就可以快速走上正途并拒绝自我传承。

如果青年女性不认同代代相传的共同脉络——因为她们被告知这是"本质主义"的观点——这自然有利于那些不希望将性别不平等理解为一种累积过程的人。其中不乏男性，他们中的许多人还自称女性主义者，热衷于支持年轻女性与中年巫婆割席。这些男性对于谴责"生物本质主义"（而不是谴责养老金不平等、家务劳动不平等或母职惩罚）表现出的热情令人瞩目。只是因为提到了我们的身体，我们就可能被指责为残酷、排他、殖民主义、传统主义、种族主义和厌女症。我们并非生活在"一个我们都能自主创造自己身体的世界"中，这不是中年女性的错，但就像我们曾因庄稼歉收、牛奶变酸、被逐出伊甸园以及不能长生不老而被指责一样，女性现在也要为此受到指责。当生物学因素导致女性无法被归为"有性交价值"或"有生育价值"时，否定性别的重要性与对女性的厌恶结合在一起，这种情形颇为滑稽。不管他们的意识形态是根植于宗教信仰还是后现代理论，那些不想让你分享关于性别生命周期的政治知识的男性，都对女性生命周期里的生理阶段有着超乎寻常的了解。但问题在于，不能简单认为是男性独自在这样做，还有一些女性在为他们欢呼。我想我曾经也是其中一员。

身体的各个生命阶段，是作为一个人的本质所在。从语言和政治上否定女性身体，就是否定女性的文化、社会、经济、种族和阶级历史。这种否定剥夺了女性对彼此之间差异的认可，阻止我们识别出连接我们的那个事物。这种否定表达的是，"你们之间没有任何共同之处，绝对没有"。过去被摧毁没有原因，而你也不知女性是如何到了现在所处的境地，当然这也与年长女性也没有任何关联：因为她们不是你未来的样子，永远不会是。

曾经，我只知道我不想成为什么样的人，我一度认为，我可以在自己的人生故事定型之前对它进行编辑；在剧本中，我的人生不会有失落，不会被中断，也不会有伤悲。我不愿意写身体的故事，因为作为女性，这种类型的故事最终会让我扮演失败者。这种生活是可怕的，每一种感觉都在提醒你，你让自己落入了陷阱。我想成为"一个纯粹的思想，一个行走的大脑"，但讽刺的是，并不是否定肉身就能够达到目的。肉体与思想是一体的，而贫乏的思想和狭隘的视野，无法应对肉体、时间、传承之间的关系，只会把一切割裂。

女性主义不是一个逃离路径。如果你想要逃避，那么就选择宗教，选择那些我认识的没活过35岁的女性所走的道路。无论如何，正如厄休拉·K. 勒古恩（Ursula K. Le Guin）在谈到更年期时所写的："遗憾的是，我们本来有一种内在的成年礼，而我们却躲避它，逃避它，假装一切都没有改变。这似乎是一种遗憾，是在躲避和回避自己的女性身份，假装自己像男性一样。然而，男性一旦成年，就再也没有第二次机会，他们再也不会改变。那是他们的损失，不是我们的。我们为什么要问道于盲？"

第 3 章

拿着扫帚的女巫

无偿劳动,以及那些被忽视的付出

> 事实上，如果没有无权无势的老年女性，就不会有青年文化。若不是有人默默负重，就不会有休闲精英消费阶层。年长女性比不上年轻女性，后者更有权力，并迫使年长女性为她们服务。
>
> 芭芭拉·麦克唐纳（Barbara MacDonald），
> 《直视我的眼睛》（*Look Me in the Eye*）

> #要善良。
>
> 佚名

当人们问我在写什么时，我很想避免尴尬，既是为了他们，也是为了我自己。

"哦，就是写中年女性。"我说，一想到突然暴露了自己就是其中之一，我就有些慌张，有些可笑。

"中年女性怎么了？"他们中比较愚钝的人会问。

"哦，你知道的。"我说，摆了摆突然显得很中年的手。

"接着说。"

说什么好呢？我不想提到美貌，或是更年期。绝对不可以提性和暴力,性别更不能谈。

"家务劳动,"我回答,"无偿劳动、照护危机、养老金不平等,英国脱欧和新冠疫情对男女薪酬差距的影响,因为这关系到最早经历这些问题的那一批女性……"

很明显,到这个时候,与我交谈的人已经心不在焉了。真是可惜,因为这些话题实际上很值得探讨也非常重要,虽然听起来非常无趣。它们属于女性主义的昨日问题,至今尚未解决,但我们已经转向更闪亮、更耀眼的事物,更具争议性的话题,那些可能会让你在社交媒体上收到死亡威胁的东西。关于家务事,你在网上最可能看到的是一些表演性的特权争夺,争论谁可以花钱请人做清洁。除此之外,我们都在静静地看着灰尘积聚,希望轮到我们跪到地上时没人会注意。

然而,在我看来,有关妇女和无偿劳动的话题涉及方方面面。它与人生阶段、代际差异和身份认同紧密相连。它涉及政治意识形态、性别刻板印象、"天然的"角色以及将剥削重塑为美德的多种方式。它与母性有关,无论你是不是一个母亲。然而,最重要的是,它关乎由谁来做那些没有人愿做的工作,以及我们怎么看待这些人和这些工作。

和我这一代的许多女性一样,我从没想过我到中年的时候,家务劳动、照顾孩子和老人的重担会一边倒地压在女性身上。早在1963年,贝蒂·弗里丹(Betty Friedan)就分辨出这个"没有名字的问题",指出了这种不公正的现象。我曾深信,对更平等地分配家务劳动的抵制仅限于某一类人。媒体对所谓"妈咪战争"的报道，使这场斗争看起来像是老一辈的传统主义者与年轻的进步派之间的对抗，前者想要女性相夫教子，后者则认为我们应该有与男性一样的选择权。我从未想过，与我年纪相仿的男性，最终也想要一个没有全职主妇之名却要承担类似义务的妻子。我曾以为这个没有名字的问题已经因为被命名而取得了胜利。

对我这个 X 世代的人来说，关于杂乱的政治学——污秽、灰尘、身体分泌物——本身就是一片杂乱，上一代女性本应把一切处理好，省去我和我的姐妹们的麻烦。我没有意识到女性主义就像家务一样，像所有女性的工作一样，需要年复一年地例行检查，不断维护。我没有意识到，我对年长女性（普遍存在的母亲阶级）所持的偏见在多大程度上影响了我对自己未来不切实际的期望。我简单地认为，这些年长女性会不知不觉间把家务平等的事情悄悄解决好，就像洗干净的内裤出现在内衣抽屉里一样。我当然不会说谢谢。我只会注意到那些不对劲的地方。

所以现在我注意到了，就像那个粗鲁的丈夫躺在沙发上，而他的妻子在打扫，偶尔指点她"那里有点儿没扫干净"。嘿！贝蒂！我心里想。这不是你所希望的乌托邦！只可惜贝蒂已经不在了，现在轮到我们这一代成为"那个"问题的受害者和象征。我们成了那些之前不应该存在的女性，那些在童话里背叛我们美德的女主人公。

当我们拿起扫帚那一刻，我们成了女巫。

滴水穿石效应

根据《四十而惑：新世代女性的中年危机》(*Why We Can't Sleep: Women's New Midlife Crisis*)一书的作者艾达·卡尔霍恩（Ada Calhoun）的说法，用"三明治一代"这个词描述中年女性照顾一家老小的经历"感觉太过温和"："我觉得最好把这件事想象成被绑在刑架上，手腕和脚踝被绑在两端，两头的拉力不断加强。"情况本不该如此。

自《女性的奥秘》(*The Feminine Mystique*)出版已经过去了半个多世纪，距离"有偿家务劳动"运动已有40年了，应该没有人会对家务不平等对女性生活的影响一无所知。这是一种窃取行为，将闲暇时间、机会和物质资源从一个性别阶层转移到另一性别阶层。它的影响在一生中逐渐累积，最终体现在诸如"与男性相比，女性可能面临10万英镑的养老金缺口，并且需要工作更长时间"，"由于疫情原因，在未来140年内女性退休时会比男性更贫困"等新闻标题上。女性在生命早期阶段被逐步剥削，在生命的最后阶段受到惩罚。是受到惩罚，而不是得到补偿。为什么我们要继续容忍如此恶劣而明显的欺诈？

妇女预算组织2020年的报告《不平等的螺旋》(Spirals of Inequality)指出，平均而言，女性进行的无偿劳动比男性多60%。女性在无偿烹饪、育儿和家务方面花费的时间约为男性的两倍，只有在交通领域，男性的无偿工作量才超过女性。大多数女性在生育第一个孩子的前后，这种差距会进一步扩大，并且还会受到生理周期状况的进一步影响。在45岁至54岁的人群中，相比于男性，女性放弃工作照顾家庭的可能性是男性的两倍以上，出于照管责任而减少工作时间的可能性是男性的四倍以上。正如琳达·斯科特（Linda Scott）在《双X经济》（*The Double X Economy*）中指出的："当孩子出生时，几乎总是女性辞职或转为兼职工作……女性在家庭中的'责任'逐渐导致薪酬降低和晋升机会减少。"

重要的是，不能只从"传统主义"或单一明确的性别歧视事件来理解这一点，而是将它理解为一个在不同生活阶段中逐渐展开的故事，但它又往往是无形的。联合国开发计划署的《解决社会规范问题》（*Tackling Social Norms*）报告中写道："老年女性面临的挑战是在一生中不断累积形成的……在此过程中，社会规范和路径依赖——今天的结果如何影响明天的结果——相互作用，形成了一种高度复杂的结构性的性别鸿沟。"这种不平等是累积的，也是不易察觉的，这意味着，尚未受到影响或仅受到轻微影响的女性仍然比男性更容易受到剥削。

我们是一种免费的备用资源，当灾难发生时，我们被置于待命状态。近年来，由于保守党的紧缩政策、英国脱欧和新冠疫情的影响，这一点变得尤为明显。每个因素不断累加，产生了滴水穿石效应，将女性推到经济生活的边缘。在《看不见的女性》一书中，卡罗琳·克里亚多·佩雷斯指出，2008年金融危机后，英国对公共服务的削减"并未节省多少开支，而只是将成本从公共部门转嫁给女性，因为照护工作仍然需要女性来完成"。英国财政研究所调查发现，在2020年的封锁期间，无论夫妻双方的相对收入如何，女性在家办公时会更多地被家务和照护工作打断。英国卫生部发出的警告："如果脱欧后，来自欧盟的护理人员的供应中断，女性将被迫辞去工作照顾生病或年迈的亲属。"这可能会成为现实。

联合国极端贫困问题特别报告员菲利普·奥尔斯顿（Philip Alston），在谈到保守党的福利改革对妇女的影响时评论道："如果你把一群厌女者聚到一起，然后问他们，兄弟们，我们怎样才能让这个系统对男人有利而对女人不利，他们想出来的主意可能跟现有的安排没多大差别。"也许从来没有真正召开过这样的会议，但我们仍然面临一系列选择，无论这些选择有多么随便，多么不经意，最终都会从女性那里夺取资源，并交给男性。这种情况发生得越多，将责任转嫁给女性就变得越重要。

要实现这一点有多种方法。从历史的角度来看，男性为了说服女性付出了惊人的努力：让她们相信女性在道德上和生理上都是被预先设定好的，于是只能关起门来从事枯燥的、重复性的工作而得不到任何报酬（其实如果他们自己把碗洗了会更省力）。*这是你作为基督徒的责任！不，等等，这只是对你的主人的道义责任！等等，这与科学有关，科学发现母亲的缺席会毁了孩子的心理健康！抱歉，最新的说法：家里需要你，因为核心家庭的瓦解导致药物成瘾和犯罪猖獗……突发：男子气概危机！你要在灶台后就位，免得你的丈夫失去自我，像铁血约翰一样遁入山林！不，现在我们回到科学上*

来。事实证明，磁共振扫描显示，你天生就适合承担所有无偿的家务破事儿，即使你并不觉得自己有这样的命定基因（你如果对此科学结论持有异议，恰恰证明了你缺乏理工男般的科学素养）……揭穿这一点就像一个永无止境的打地鼠游戏：又是一项本不需要的女性待办事项。

在20世纪90年代和21世纪初，书名为《男人来自火星，女人来自金星》(*Men Are from Mars, Women Are from Venus*)、《本质区别》(*The Essential Difference*)、《为什么男人不会熨衣服，女人不会看地图》(*Why Men Can't Iron and Women Can't Read Maps*)以及《女人命定洗内裤，男人生而治天下》*。科迪莉亚·法恩（Cordelia Fine）和德博拉·卡梅伦（Deborah Cameron）等学者的研究可能已经（再次）揭穿了女性喜欢打扫卫生只是因为不懂科学所以不自知的鬼话，但必须有其他说法取而代之。劳动剥削会随着时间的推移而增加，在女性中年时达到顶峰，而男女的薪酬差距也达到最大，这使得污名化年长女性成为一种特别有诱惑力的选择。

如今的"三明治一代"女性发现自己陷入了困境，不仅夹在对年长和年轻一代的责任之间，还要在旧式的——即便现在不能明说——对仆役的期望和更"开明"的拒绝"家庭妇女"身份之间挣扎。从这个意义上说，无论我们谈论了多少照护危机或薪酬差距，这个问题仍然没有被命名。当代政治中的几个趋势——将家务劳动

---

* 最后这个书名是我杜撰的，不过我能肯定某个人在某地考虑过这个标题。

与保守主义联系在一起；对家庭"重塑"却忽视性别歧视的顽固性；坚持认为大多数女性认同社会赋予她们的性别角色；再加上在分析不平等现象时，将身份凌驾于阶级之上，将特定人群凌驾于生命周期之上——共同使无偿劳动成为一个理论上的政治问题，但受影响最大的那一群人却成了政治弃儿。没有人可以否认年长女性被剥削的事实，但是，他们可以将"被剥削的年长女性"塑造成一个不值得同情的形象。

以不同的方式做家务——或者不做

第二次女性主义浪潮解构了家庭主妇，但并没有摆脱家务劳动。如果像朱迪斯·巴特勒所说的"性别是在时间尺度上勉强构建的身份，通过一系列风格化的重复行为在外部空间中建立起来"，那么这对每天依然进行着无偿家务劳动的年长女性来说意味着什么？如果在进行权力分析时不把擦屁股和清洁马桶考虑在内，当代性别政治可能会将这样的女性视为过时的产物，认为她们之所以会那样，是因为每天她们都在演绎她们的本色。

"当我怀头胎时，"妇女预算组织的玛丽-安·斯蒂芬森（Mary-Ann Stephenson）回忆道，"我妈妈对我说：'你必须意识到，没有人会因为做出了一个决定就陷入绝境。他们会做出一系列在当时看来都是正确的个人决定。'"一个女人在 40 岁、50 岁、60 岁时所处的境地，并不是她的政治、欲望或内心的直接表达，而是一系列交织和转折的结果：工作、人际关系、怀孕、生病的亲人、洗碗、扫尘。这或是出于意外，或是因为妥协，或是被胁迫的结果。这是一笔糊涂账，不符合赞赏自我定义、自治和自由的女性主义的理念。在焦虑的青少年、生病的父母和应对自己的更年期之间来回挣扎，这样的女性形象并不令人向往。在你自己成为她之前，看到这样一个女人你会想到斯蒂芬森所说的："我永远不会让自己陷入那种境地。我们总是会觉得自己不会那么愚蠢，不是吗？"

艾德丽安·里奇写道，看着自己的母亲，她想："我也会结婚，生孩子，但不是像她那样。我得找到一种完全不同的方式来做这一切。"然而，当要做的事堆积如山，你也总是处于睡眠不足的状态，义务和天性之间的区别变得模糊不清，你的革命初心可能就会被抛到九霄云外。"你知道，"49岁的埃丝特·帕里（Esther Parry）说，"你的孩子必须有人接送，孩子要吃饭，房子要打扫。女人做这些事不是因为喜欢，她们不会因为在超市的冷冻货架上找到喜欢的冻肉而兴高采烈。她们做这些事是因为这些事不得不做。"然而，需要做的事情越多，你就越明显地陷入一个需求罗网中，将你与你曾经试图摆脱的身份和角色捆绑在一起。

两极分化的政治环境将人们分为好人和坏人——那些顺应历史的赢家和那些被钉上耻辱柱的人，再加上一套鼓吹女性肤浅的越轨行为而不重视劳动再分配的性别政治。在这种环境下，根本无法理解一个50多岁的家庭主妇会沦落到在妈咪网上发牢骚的行为——如果她一开始并不是这样的人。这种政治不允许你有余地去理解共谋和胁迫的微妙之处，也不允许你去理解衰老不仅是一个失去的过程，也是一个积累的过程。随着年龄的增长，相比于男性，女性会失去时间、地位和经济权力，但同时也会积累人际关系、社会义务，以及最关键的——妥协。仅从身份政治的角度来看，这可能会被视为对"传统"价值观的顺从，就好像一个人的真实自我，一个从未真正想要"以不同方式行事"的人，终于显露出来了。这创造了一种新的伪进步的方式，将女性与家庭奴役之间的关系本质化。如果中年女性的所作所为是对我们是谁的一种不断重复和重新表达，那么我们又有什么好抱怨的呢？事实上，如果我们所做的事情让我们倒退回一个穿着拖鞋抽着烟斗的传统时代，那我们是不是反而成了敌人？

由于女性主义对女性潜力的论述与我们生活中发生的事情之间存在反差，在第二次女性主义浪潮之后成长起来的这一代女性时常有手脚被束缚的感受。年轻女性可以安慰自己，认为并不是年长女性的错，导致她们无法超越厨房水槽的束缚——我们的大脑被重复的、无偿的劳动麻木了，使得她们对我们处境的分析完全没有帮助。而她们，凭借她们聪明敏锐的头脑，永远不会陷入我们所处的境地。我已经数不清有多少次看到年长女性被说愚蠢了，因为她们没能"训练"身边的人来分担"均等份额"的无偿劳动。"均等份额"的说法在20世纪90年代就已经传播开了，不是吗？她们怎么会错过这个信息呢？事实上，这些女性的选择日渐受到限制，既直接受到社会和家庭压力、暴力、经济需要和性别刻板印象的影响，也间接受到男本位社会和经济结构的影响，但这一点完全被忽视了。正如斯蒂芬森所说，我们被认为是"愚蠢"的。我们并没有像早期的女性那样受到结构性的压迫，只是在分配无偿劳动方面无能为力。

虽然未能重新分配无偿劳动是我们的错（出于某种原因，重新分配就像记住生日一样，是"我们"的工作），而那些双手没有被家务劳动玷污的人，却可以自封为法官和陪审团，来评判我们女性主义的失误。

海伦·刘易斯在一篇题为《是的，男人可以为女性主义做出一个伟大贡献：拿起拖把》("Yes, there is one great contribution men can make to feminism: pick up a mop"）的文章中，提到了她参加女性主义活动时，男人们问她，他们能为女性主义做些什么，于是她告诉他们：

"洗碗或者洗衣服都可以。或者在孩子小的时候不要全职工作。"这时，他们眼中的光芒渐渐熄灭。原来，当他们说希望男性参与女性主义运动时，他们的意思其实是"有人能听他们如何指点女性主义者目前行事的错误"，而不是去做大量枯燥的无偿劳动，还换不来只言片语的赞美。

那些想要"打破二元性别"的人对枯燥的家务劳动没什么兴趣，大概是因为目前从事枯燥家务劳动的人已经被认定为性别规范的执行者而非受害者。流行歌手哈里·斯泰尔斯（Harry Styles）在社交媒体上大胆表示,他希望"消除二元存在的迷思"。与那些会在没有男性允许的情况下表达自己观点的女人不同,吉娅·米利诺维奇(Gia Milinovich)回应道:"你知道男人可以做些什么来'打破二元存在的迷思'吗?洗衣服、洗碗、做饭……在家庭中贡献一些情绪劳动……这才是革命。"

一个拒绝洗衣服的女人,或者要求你替她接一次孩子的女人,很少会被视作勇敢的性别差异挑战者。相反,她只是一个对家务事喋喋不休的家庭妇女,执着于一些鸡毛蒜皮的琐事而不关注真正有重要意义的事情。与此同时,一个任劳任怨的女人,却被认为完全适应她所拥有的生活。我们现在欠缺的是承认性别与权力之间关系,这种关系会随着时间的推移和生命阶段的变化而发展。一旦承认,就有可能会破坏我们对年长女性、保守主义和家务劳动的预设——我们用这种预设来回避因剥削妈妈而产生的内疚,同时也不必正视我们可能成为下一个被剥削者的事实。相信我们可以"以不同方式做事",这取决于我们怎样看待我们不想成为的那种女人,是将她们视为没有内心世界的人,还是相信她的故事本来也可能有不同的结局。

家务事中的共谋

当代对中年女性以及与她们相关的"保守"或"有害"政治立场的许多批评,都会拿家务作比。这并不是说因为年长女性的地盘是家庭，所以在政治上才没有地位——这都什么时代了！而是因为这些陷于家庭生活的女性，代表着一种从根本上过时的政治。在嘲笑愚蠢的"脸书（Facebook）白人大妈"和全盘否定"放弃事业的郊区中产妈妈"的文章中，暗示着那些纠结于人际关系及具体生活细节的妇女——谁开车送家中长辈去做结肠镜检查，下一次家长会是什么时候，谁来解决冰箱后面的异味问题——没有意识到外面有一个流动的美丽新世界。性别歧视的典型角色，如"鸡娃虎妈"和邋遢的中年疫苗反对者，将中年女性在家庭中的角色与退步以及对进步的恐惧联系起来。跨性别活动家格雷斯·拉弗里（Grace Lavery）将陈旧的、排外的、憎恨享乐的女权主义与"漏奶的乳房和接送孩子"联系在一起。这是一种对受害者的责难，确保批评者可以越过"中年女性的存在是为了服侍我"这种低劣、反动的观念，从而站上批评的制高点，但他们却从未真正拒绝过被服务这件事。无偿照顾他人、上有老下有小的中年妇女实际上并不是一个真正的人；她是一个象征，是进化过程中发生变异的生物。

然而……尽管我很想声称，关于中年、中产阶级家庭主妇及其倒退观点的刻板印象没什么真实性，但家庭琐事、女性主义、保守主义和特权之间的关系是复杂的。女性承担的无偿劳动加深了女性之间的分歧，一些群体在短期个人利益和长期全球不平等之间进行着微妙的权衡。要处理这个混乱的政治问题，我们必须先承认它有多么混乱。

女性的无偿劳动是一个交叉性问题，我并不是说它"又是一个借口,告诉中产阶级白人中年妇女,她们有那么多特权,所以应该闭嘴,不要再为偶尔需要做一点清洁工作而抱怨"。我的意思是,虽然基本事实是男性正在逐步从女性那里窃取时间和金钱,但我们需要区分是哪些男性、哪些女性。如果我提到养老金贫困或在职场上落后,那我所指的是绝对损失还是相对损失?作为一个中产阶级白人女性,我的本能反应是将自己与中产阶级白人男性进行比较,忽视了我现在的生活是从没那么多特权的男性和女性那里攫取的。我在这台我对其制造过程知之甚少的笔记本电脑上写下这些文字,并不是为了得意地彰显我的特权,只是事实就是如此。正如妇女预算小组报告所述,白人女性最不可能被归为"不从事经济活动的人",而巴基斯坦、孟加拉国和非洲裔女性与英国白人男性相比薪酬差距最大。

当讨论长期以来形成的性别不平等时,很难声称是"他们(男性)"在对"我们(女性)"施加这种不平等,而不承认我们的个人生活与周围男性的生活其实紧密相连。特别是在异性伴侣关系的背景下,家务事需要一定程度的共谋,这对种族和社会经济阶级都产生了影响。根据在种族、性别、阶级这三个特权轴线上的位置,一个人所承担的无偿劳动可能是一种屈从行为,在自己的亲密圈子里重新定义自己的劣势;但也可能是为了保持相对于外人的优势而达成的交易。这两者之间的区别可能会让人深感不安,因为某一类女性被赋予了或高贵或低下的地位,导致其无法成为"真正"的受害者。

在《犹太人不算数》(*Jews Don't Count*)一书中,大卫·巴迪尔

（David Baddiel）描述了反犹主义是如何利用"高低二元性"的："犹太人的形象……总是那么软弱可鄙，但从来不是受害者。在这种双重仇恨中，犹太人的低劣之处在于他们面目可憎、令人厌烦，但这只是犹太人存在的客观状态，并不是强加给他们的。"虽然这些压迫的形式各不相同，每种压迫本身都值得单独考虑，但与此同时，我们也可以在对"特权"妇女的反应中看到相似之处，这些妇女被深深地绑定在主流群体的家庭结构中，因此剥削和胁迫问题便不再适用。一个异性恋中产阶级白人女性，如果在自己的家庭中被边缘化了，就会更容易被视为一个失败者，而不是受害者。这不仅是她自己的问题，也是那些将家庭生活当作避难所以躲避在公共空间中遭受交织的压迫的妇女们的问题。

年轻的白人（主要是中产阶级）女性主义者急于避免被"妈咪网博主""脸书大妈"和"郊区中产妈妈"们的妥协玷污，她们冒险重蹈白人女性主义者由来已久的覆辙，去赞同女性做家务的必要性。贝尔·胡克斯（bell hooks）在《革命性养育》（"Revolutionary Parenting"）一文中写道："历史上，黑人女性将家庭劳作视为人性化的劳动，这种劳作体现了她们作为女性的身份，也从中展现了人类的关怀和爱意，而这些正是白人至上主义意识形态声称的黑人无法表达的人性姿态。"这不仅与弗里丹对20世纪50年代白人家庭主妇的狭隘排斥形成鲜明对比，也与当前第三次女性主义浪潮对废除家庭的执念形成鲜明对比。

家庭是人性化的源泉还是特权强化的源泉，在很大程度上取决于一个人在家庭之外的世界中的地位。萨拉·鲁迪克（Sara Ruddick）和艾德丽安·里奇等第二次女性主义浪潮中的白人女性主义者曾写道，（中产阶级白人）母亲身份给（中产阶级白人）女性强加了妥协的条件，而她们又因此受到指责（就像现在的妈咪网博主们普遍做的那样）。鲁迪克认为："一位母亲通常的成功标准是培养出一个能够被她所属的群体接受的年轻人……她主要负责训练子女服从社会的方式和愿望。这可能意味着要把女儿培养得柔弱，把儿子培养得好战，并且都要在毫无人性的工厂、企业和职业生涯中做苦役。"我常常感到，许多享有特权的理想主义年轻女性，就是在这样的背景下对上一代的中产阶级妈妈们怒目而视。里奇写道："父权制依赖于（特权阶层的白人）母亲们，由她们充当保守势力的卫道士，给未来的成年人灌输父权价值观。"她这样做可能是因为她相信这些价值观，也可能是因为她认为这是保护孩子的唯一方法，甚至她可能无法区分两者。我认为，享有特权的年轻女性对年长女性的愤怒，有一部分来自这种不言而喻的意识：她们的相对安全可能源自她们母亲的"恶"。她们的手也是"脏"的，把妈妈当作牺牲品献祭给社会正义之神并不足以让自己变得"干净"。

莫琳·弗里利写道：

> 女性主义理论很难处理与母亲这一角色相关的问题，因为传承问题很难处理。因为女性理论很难承认自己从这种传承中有所受益，也很难承认哪怕再不情愿，也会对这

一传承产生影响，甚至在竭力反其道而行之的同时也在延续这一传承。如果你不愿意接受这样一个残酷的事实——是文化传承造就了现在的你；如果你不愿意接受，无论你喜欢与否，你传给下一代的版本充其量只是稍微好一点——那么你就会不可避免地认为母亲是无可救赎的。你只要看到一位妈妈，就会感到这个思想问题如影随形。

弗里利写这篇文章的时间是1995年，但我认为这些观点在今天比以往任何时候都更有意义，因为对年轻的中产阶级女性来说，母亲角色越来越推迟，越来越与代际特权以及更"传统"的观点联系在一起。认为自己会"以不同的方式对待家务事"的信念不仅适用于育儿实践和劳动再分配，也适用于种族和阶级特权的传承。如果有人认定，当自己最终繁衍后代时，可以通过纯粹的意志力避免传递白人至上的资本主义父权制，那么那些已经繁衍后代的人就一定是"无可救赎"的。

用简化的方式厘清混乱并不是一种诚实之举。通过对享有特权的中年妈妈进行夸张描绘，使得我们更容易接受对中年无偿照护者的忽视，但这种夸张描绘的基础，建立在特权的现实性上，即它是如何嵌入社会群体，以及如何在社会群体内传递的。我们可以把这一切都归咎于妈妈——要处理的都是她带来的混乱——仿佛其他人都没有身体，也没有把局面搞乱。但这样做，问题将会永久存在。不认同自己的身份只是一种自我麻痹，而不是解决办法。要想解决问题，我们需要意识到依赖和自由同样重要。

我恨你，妈妈：年长女性作为依赖恐慌的替罪羊

2019年，英国在线杂志《UnHerd》发表了贾尔斯·弗雷泽（Giles Fraser）的专栏文章，他在文章中讲述了一位男性医生朋友的经历，他接到一位绝望的50多岁的女性打来的电话：她年迈而糊涂的父亲便溺失禁，她想知道诊所是否能派人过来给他清理。我的朋友问她："你有孩子吗？"她回答有。他接着说："他们小时候，你有向政府求助让他们来给孩子换尿布吗？"她沉默了。哎呀，问到点子上了。

问得太对了。值得庆幸的是，弗雷泽得出的结论是，英国脱离欧盟将迫使这些推卸责任的人更多地承担起照护自己亲人的责任，因为没有人会帮忙了。依赖是件好事，只要依赖的是中年女性，而不是有偿服务、政府、其他国家、任何涉及金钱的或正式认可的服务。如果那样，依赖就是一件坏事了。这可真滑稽。

弗雷泽的论点并没有明确涉及性别，也确实不必。诊所医生的反驳是基于连续性原则。请假照顾婴儿的人更有可能请假照顾年长的亲属，尤其是因为她此前的职业中断，只能做兼职工作，这也意味着她的收入低于她的男性伴侣或兄弟。间接差别导致了进一步的间接歧视。不管怎么说，如果一个已经花了多年时间提供此类服务的女性突然说不，难道不是她太计较了吗？

但事实并非如此简单。用"传统主义"去解释女性个体在非正式、无偿的基础上从事护理工作的期望,是一种障眼法。人们想要的东西通常是相同的——自我决定、主权、摆脱我们都是由其他人决定并依赖于其他人的可怕认知——但人们使用不同的政治框架来为自己的愿望辩护并予以实践。传统婚姻为希望获取女性生育、性和家务劳动的男性提供了一个"打包"交易;而那些更喜欢定制服务的人,可以宣称自己是反传统主义者。他们付费给一名女性让她给自己生孩子,付费给另一名女性让她做清洁,还有付费给别的女性为他提供性服务,他们甚至宣称自己是呼吁代孕改革和维护性工作者权益的女性主义者。但这与传统主义者的区别往往是表面的,"传统主义者"只是仍在使用上一代的营销话术从女性身上榨取他想要的东西,而不是最新、最紧跟潮流的手段。

弗雷泽的论点并不是对中年女性本身的看法,而是假设某些形式的交换——比如,付费给一名来自欧盟国家的护理人员——是一种社会建构,一笔政治账。而另外一些形式的交换——中年女性为年长的亲属提供护理——则是"自然而然"的。这两种交换,前者是有成本的,可能会被认为要价过高;后者则是用爱发电,因此是无成本的。在这种模式下,要创建一个更美好、更有爱的社会,就必须引导人们选择无成本的方案,而这种方案的存在超出了道德和政治妥协的范畴。如果可以消除对不完善的制度或社会结构的依赖,代之以一个以美德为基础的体系,那么就好像一个人的个人债务被一笔勾销了。这项劳动本身并没有消失,但将它重新归类却能减轻受益者的良心负担——在人生的某个阶段我们每个人都有此经历。

讽刺的是，对于已经陷入无偿劳动的女性来说，有些女性主义观点实际上加重了她们的负担，尽管这些观点其实是为了达成相反的目的。以索菲·刘易斯（Sophie Lewis）的《全面代孕》（*Full Surrogacy Now!*）为代表的废除家庭的新热潮，同样以再分配为名义提出了对女性劳动进行重新分类的观点。在这种观点中，不完善的制度不是欧盟或保姆式政府，而是家庭本身，并且同样寄希望于用美德来挽回局面，这种美德可能没那么古板，看起来更新潮。这完全是为了解决自主权的困境，假装如果我们找到了正确的组织方式——家庭？非家庭？反家庭？——我们就能够超越人类的局限性。但这是不可能的，我们的脆弱和对他人的依赖，他人对我们的依赖，以及由此产生的妥协是无法消除的。谁会告诉世人这一点呢？谁来告诉贾尔斯·弗雷泽"不，家庭纽带并不足以阻止我濒临崩溃"？谁会告诉索菲·刘易斯"不，反家庭革命无法让我从给人擦鼻涕、擦屁股的需求中解放出来"？

显然是妈妈。可能是在某个没什么价值的妈咪网帖子中，她本该只吐槽学校的招生范围和邻居家的树篱。

提醒他人，指出人类不可避免的依赖性最终总是会成为"女性的工作"，又是一份吃力不讨好的枯燥工作，而其他人享受的那些有趣的休闲活动——看《爱情岛》（*Love Island*）真人秀，撕毁人权条约，假装自己是一个真正的赛博人——都依赖于这份工作。我曾经认为这与家务劳动类似，现在我确信这两者其实合二为一了。做着苦差事的女人含蓄地提醒你，苦差事是存在的，而事实上，你无法在不向他人强加不合理要求的情况下独立地定义自我。芭芭拉·麦克唐纳在1984年写道："事实上，没有弱势的年长女性，就没有青年文化……年长女性是年轻女性要超越的人。"这才是真正的关键所在：沉闷且身不由己的"三明治"女性并不只是从事为他人（保守的男人、革命的年轻人）创造理想主义空间的活动；她被视为低人一等，因为她让人们意识到了那些不理想和卑微的事物，因为她没有更安静地处理事情，因为她提醒人们他们的"无代价"政治实际上是有代价的。

玛丽-安·斯蒂芬森认为，年长女性所遭受的厌女经历，部分是因为人们要转移罪恶感：

> 因为尽管人们对这种剥削视而不见，但他们心里清楚。如果承认这一点，就等于承认自己是不平等现象的同谋，尤其是如果你是一个有着既得利益的好人。那么找一个理由来证明这些女性实际上是邪恶的女巫，因此你不必听她们的，这简直太方便了。因为这样做从来不会迫使你质疑自己的行为。

这是父权制的"第二十二条军规"之一（为女性设下的两难陷阱），即使是最狂热的女性主义者也不得不为之鼓掌。要不是因为她们是反派，你会支持那些被束缚在家庭领域中的女性群体；而她们之所以是反派，恰恰是因为她们与家庭领域的捆绑关系。

凯特琳·马萨尔写道："我们正是通过性别、身体、社会地位以及我们所拥有的背景和经历，体验到作为一个人的感觉，此外别无他法。但我们却认为这些恰恰是我们必须否认的。"按自己的心意做人其实绝无可能实现，父权思维却将其塑造为做人的必然选择，这超越了左派和右派表面上的分歧。对一些人来说，一切都关乎自给自足、个人奋斗、摆脱福利国家；对另一些人来说，这关乎自我认同、自主性、摆脱保守（固定）规范的束缚。不同的流行词，相同的目标。这是一种"夺回控制权"的渴望，仿佛单纯凭借意志力，我们就能摆脱对他人和他们不牢靠的身体的并不舒适的依赖。如果真能做到这一点，我们就会是安全的（孤独，不那么人性化，但是安全）。

我想这也解释了在关于性别和英国脱欧的辩论中，尤其是在社交媒体上，为什么会爆发一些愤怒情绪。当人们想象自己即将实现某种渴望已久的自我实现，却遭到一些受现实束缚、反对"恐惧计划"[①]的人横加干涉时，他们会感到自己真的受到了非常个人化的攻击。很难相信那些坚持认为你具有依赖性的人不是出于恶意。这就像你的妈妈吼你，让你整理房间一样。不，换个说法：这就是你的妈

---

① 恐惧计划（Project Fear）：英国政坛流行词，指改变政治现状的计划。在两次公投（苏格兰独立和脱欧）前后的政治宣传中用来描述经济和社会政治危险。

妈吼你，让你收拾房间，但她却不知道你根本看不到哪里脏乱。因为脏乱不过是一种随意定义的社会建构，只是为了强化纯净与不纯净之间法西斯式的区别而创造的，几乎可以肯定，在欧洲殖民者发明它之前这种概念并不存在。认了吧，妈妈。

对依赖的恐慌，并且将其归咎于年长女性，这是对将"无形"的照料工作转嫁给年龄渐长的女性的一种反应。这也是对女性生育角色的反应。怀孕的现实破坏了人们自以为独立自主、自我决定的认知；正如马萨尔所说，无论超声图像显示了什么，胎儿都不是"一个独立的宇航员，只凭一条脐带将它与周围的世界连接起来"。我们可以否认自己是依赖者，甚至否认自己的女性身份，但我们都是某个人所生的，这个人在我们刚刚成年并确定自己的政治立场时，就已步入中年。你可能爱她，但也鄙视这群女性所代表的东西。玛莎·艾伯森·法恩曼（Martha Albertson Fineman）写道："母亲代表了依赖性，同时她又受困于对他人的依赖性……在一个个人解放和个体自主被视为成熟和必要的时代，她所承受的义务和亲密关系的负荷让她遭受损害。"唉，她无法指望从女儿的女性主义观念中得到任何同情；相反，按照性别规范的形式，她所能做的只能是给予，给予，给予。

善良陷阱

小说家亨利·詹姆斯（Henry James）有一句名言，人生中有三件很重要的事:"第一是善良,第二是善良,第三是善良。"你可能会问,谁会反对这句话呢?只有邪恶的巫婆。

如今,宣扬自己的善良非常流行。"要善良"这句口号被印在了T恤衫、手袋甚至女孩的内衣上。在社交媒体上,用苏珊娜·穆尔的话说,我们正经历着"#要善良"标签的泛滥。乍一看,这是好事。

善良文化超越了人类身体的麻烦和依赖性。它简单明了,而且表面上不分性别。此外,当人们——也许是女性,也许是年长女性,也许是(呃!)妈妈们——提出生活是复杂的,人类相互依赖的本质导致了权利和价值观的相互竞争时,她们就会被规劝"善良一点!"。对于那些没有被现实责任这种过时的东西束缚的人来说,命令别人要善良可能是一种极为有效的同情心外包的方式。

虽然善良是符合人性的价值观,"行善"却被视为女性的职责。简·卡洛(Jane Caro)写道,在这个世界上,我们仍然面临着"女性的存在主要是为了方便他人这种根深蒂固的观念",男性可以通过责备那些被认为不够善良的女性以表达他们对善良的赞赏。萨拉·迪图姆(Sarah Ditum)写道:

> 告诉他人要善良,本身就是一种善良的行为,尖刻的人可能会指出这只是口头上的方便,因为真正行善似乎要付出很多努力。女人应该是善良的,应该奉献自己,扮演普世价值下母亲的角色,给他人带来幸福。当一个女人拒绝与人为善,人们会觉得特别震惊;如果一个女人宣布她

付出的关爱已经到了极限,她不会再给予更多,那就是违背天性,会遭人厌弃。

激进的女性主义哲学家玛丽·戴利(Mary Daly)在1973年出版的《超越上帝圣父》(*Beyond God the Father*)一书中提出:

> 我们社会中的许多传统道德似乎都是男性对刻板男性过激行为的反应——也许是带有罪恶感的反应。一直以来,理论上总是单方面强调慈善、温顺、服从、谦卑、自我牺牲、奉献和服务。这种道德理念的部分问题在于,接受它的并非男性,而是女性,这种强化女性卑微处境的道德观很难对女性有所帮助……因此,从根本上说,我们文化中的传统道德观一直是"女性化"的,它伪善地将强加给被压迫者的某些品质理想化了。

男性创造了一个具有侵略性和破坏性的艰苦世界,然后利用世界本不应如此的事实来管束女性的行为——这个世界不是友善的,所以你必须代表我们双方做出补偿。世界越糟糕,女性就越被认为亏欠他人越多。"#要善良"这个标签并非与性别无关,但指出这一点是不友善的,也是不女性主义的。这也许就是为什么要让巫婆们来做这件事。

J. K. 罗琳提出,遭受男性暴力的弱势女性需要一些性别隔离空间，针对这一提议，演员鲁伯特·格林特（Rupert Grint，因饰演罗琳创作的一个角色而闻名）则为自己决定加入攻击罗琳的行列辩解说："我想表达出一些善意。"言下之意是，罗琳看到了提供空间资源时所面临的复杂性，而这种行为是不友善的。只字不提导致家庭暴力庇护所（无论是否有性别分隔）存在的那类人才是需要变得更善良的人。激进的女性主义者可能会提出这个观点，但又会被解读为仇视男人，又是"不友善"的表现。

表现出善意与做护理工作不同，后者需要不断妥协，劳累双手，不断提醒被照顾者他们的脆弱性和需要依赖他人而冒犯了他们。参与照护有破坏在他人心中地位的风险，而表现出善意只会提升地位。在对"不善良"的中年女性的污名化中，我们看到了一种完美的共生关系：她越是失去地位，你就越有机会提升自己的地位。她的手越"脏"，对比之下你的形象就越"纯洁"。照料他人要冒着身败名裂的风险，而不去冒这种险却是一种善良。

戴维·卡梅伦（David Cameron）领导的保守党提出"大社会（Big Society）"的概念，营造出一种"赋予"人们和社区掌控自己生活的氛围，许多人认为这是一种不良企图：通过推行小国寡民主义以达到削减政府开支的目的。今天的"#要善良"文化与此有异曲同工之妙，只是做得更聪明、更顺畅：那些有权力的人将善良、仁慈、慷慨和关爱等抽象价值外包给他人，同时假装这与自己展现这些价值观是同一回事。行善积德一直都是特权阶层委派给无名小卒的事情，而且还要宣扬其美德，但那些希望显得进步的人，将矛头对准永恒的母亲们，这种行为真是天才之举。口惠而实不至的仁慈比需要时间和金钱的照料更受推崇，如果我们都支持这种照料，可能需要进行相当程度的社会重组和财富再分配。我们知道，批评别人比清理呕吐物、搬扶衰弱的身体、直面痛苦和死亡的现实要容易得多。我们甚至可以告诉自己，在扮演批评者的角色时，我们是真正意义上的"照顾者"，我们坐在那里，怀着非常善意的想法，而蓬头垢面的年迈妈妈，在丈夫（如此异性恋！）、孩子（如此生物本质主义！）和年迈的父母（如此传统！）之间，满腹怨气地操劳不休，我们不仅在强化压迫性规范，而且愚蠢到甚至没有注意到自己正在这样做。

芭芭拉·埃伦赖希（Barbara Ehrenreich）和戴尔德丽·英格利希（Deirdre English）写道："长期以来，女性一直被视为'更原始版本的男性，这不是因为有明显的证据表明她的智力较低，而是因为她有爱和给予的天性，而这本身就被视为智力较低的证据'。"从婴幼儿时期起，社会就对女孩施加了束缚，要求她们默许天然的奴役表现：不要太聪明，不要抱怨，常常面带微笑。这样做会产生一体两面的问题：任何完美做到这些的女性都会被视为低人一等，但没有女性能完全做到这些。这是一个注定失败的局面。即使那些逐渐卷入家庭剥削的女性仍坚持自己的主张，也无法证明：没有女性是既邪恶又愚笨还恪守规范的柔顺娇妻。恰恰相反，人的第一大罪过是所谓的性别规范，而反抗这种性别规范，则成了第二大罪过。

事实上，有证据表明，50多岁的女性要比同龄的男性以及年轻或年长的男性和女性都更有同理心。考虑到这个年龄段的女性还承担了大量的无偿劳动，那些经常把她们描述为比年轻女性更不关爱他人、更缺乏包容性、更不关注需求和差异的人的说法，看起来就很荒谬了。玛丽-安·斯蒂芬森说：

> 中年女性的问题是，你的默认角色就是个友善的人，要把别人放在自己的前面，要更关心别人的需求而不是自己的需求。因此，当你做这些事时，甚至都没人注意到，只有你不再做这些事时人们才会意识到。年轻女性仍然面临一些压力，但内涵并不相同。对于她们来说，"这是到外面的世界去玩乐和冒险、见识一切的时候"，还没到"要牺牲一切"的时候。

当年长女性想要关爱自己时，又会面临另一层困境。苏珊·莫沙特写道："在我们的社会中，当小女孩成长为呵护者时，她们心里会接受这样的训诫：对她们来说，希望得到呵护是'不妥当的'。推此及彼，其他女性对呵护的需求也会遭到她们的怀疑。"巴巴·科珀认为，这种情势对年长女性更为不利，因为只有从她们那里年轻女性才能理直气壮地期望得到呵护："年长女性是唯一可以被其他人榨取劳动力的人。我们可以倾听他人的烦恼，却不诉说自己的烦恼。我们是别人可以自由卸货的垃圾场……我们受到与其他女性不同的荣誉准则的约束。"

凯特琳·莫兰在《不只做女人》一书中将年长女性的身份比喻为"珍妮特",即客户服务部门的"苏格兰中年女性",当其他人都在搪塞你的时候,她总是那个为你解决问题的人:

> 现在,你就是珍妮特,你是每个人生活中的珍妮特。如果有什么事情要解决,你就是那个必须行动的人。不再有混乱的夜生活,不再有自我发现的旅程。你将被要求维系社会的结构。没有报酬。这就是中年女性存在的意义。

成为这样的人有点令人欣慰——除非你有着自己的需求。在玛丽莲·弗伦奇(Marilyn French)1977年出版的小说《醒来的女性》(The Women's Room)中,有这样一个场景:主人公米拉在思考中年男女之间的区别:

> 不过想想看:没有任何一个男人被摧毁……我把他们的痛苦留给那些了解和理解他们的人,留给菲利普·罗斯、索尔·贝娄、约翰·厄普代克和可怜的没有子宫的诺曼·梅勒。我只知道那些人到中年穷困潦倒又苦苦挣扎的女人……我记得瓦莱丽曾经说过:"啊,难道你不明白这就是我们如此伟大的原因吗?我们知道什么是最重要的。我们不会被他们的游戏所困!"但在我看来,这个代价高得离谱。

我认为，20世纪70年代的愤怒叙事在这些年里已经演变成了一种嘲弄、认命，甚至让人觉得好笑的情绪，这很有趣，但并不是什么好事。我仍然赞同米拉的观点，"知道什么是重要的"固然很好，但剥削就是剥削。"#要善良"似乎是针对年长女性的一项再教育计划；当你步入中年，童年社会化的影响要消退时，就会被注入一剂加强针。

凯特·曼内认为，厌女症被用来对付那些"要求或试图拿走本属于她却被给了他的东西"的女性，这里的"东西"是指那些"带有女性编码的事物"，比如同理心和道德感。这样的女人并没有理解自己在父权制集团中的角色定位——只是一个雇员。男人们看着中年女性——"永恒的妈咪"部门，一边摇头一边嘀咕着找不到合适的员工。不过，至少年轻的见习生显得很有前途；似乎一旦我们这批人被逼提前退休，一切就会真的开始正常运转起来。现在，我们不断被指责在例行的"#要善良"检查中表现不佳，而我们的经理们——弗雷泽先生们和格林特先生们——却因为仅仅重申了下属的关键绩效目标而受到赞扬。稍后，这些人就会感叹，女性员工总是无法充分发挥自己的潜能，这是多么奇怪的事情，是成了妈妈的缘故吗？更年期的影响？培训，他们会得出这样的结论，她们只是需要更多的培训（*培训方法：诊所医生的嘲讽；社交媒体的威胁；如果下午6点钟我的晚饭还没有准时上桌，就打她的脸；要打印业绩证书？记下来，回头问问珍妮特*）。

卢梭认为："女人的全部教育都应该与男人相关。取悦他们，有益于他们，让自己受到他们的热爱和尊敬，在他们年幼时教育他们，在他们长大后照顾他们……这些都是女人在任何时候都应履行的职责，也应该从孩提时代就教给她们。"对表演性善意的推崇是在重申对女性专职劳动的需求，因此这在根本上是保守的。它的作用不仅是在短期内榨取妇女的劳动，而且将她们作为政治和社会的存在加以控制。这是一种性别政治，相当于企业的"觉醒洗白"[1]。

父权制集团喜欢羞辱年长女性，指责她们没能更具包容性、同理心和爱心，因为这样就可以让男性体现这些价值观，同时也作为一种手段持续且合理化地侵占女性的时间和劳动。更重要的是，父权制集团将继续如此对待下一代女性，也并不会减少对身体、年龄和对他人的要求。而且，情况可能会变得更糟。

谁给朱迪斯·巴特勒做晚餐

正如前一章所述，我们都会死去。不过，我们首先要面对的是一堆烂摊子。靠着人工智能、赛博人理想和"#要善良"的标签，也不可能有完全脱离实体存在的伟大未来。崩溃的环境和疯长的癌细胞，都不会在乎你的远大理想。

---

[1] 觉醒洗白（woke-washing）：指的是商业公司将"社会正义"作为一种营销手段来树立某种品牌特性。

照护工作本质上是人类的工作,无法外包给人工智能,也无法远程完成,它触及我们的核心。要消除与照护工作相关的不平等,唯一的办法就是在性别、种族和社会经济阶级这三个方面上对资源、回报和期望进行严肃的重新分配。那些认为自己在创新和擦屁股的分工中处在"有创造力"一方的人,我们不应低估他们不愿意这样做的意愿。对重新分配"女性工作"的反感盖过了其他政治分歧:首先,因为每个人都认为自己很特别,独一无二,不适合做苦力活,直到他们真的上手做了;其次,因为不同的群体使用不同的语义技巧,来假装他们所做的不只是把同样的烂摊子从房间的一边移到另一边。

朱迪斯·巴特勒在《卫报》上撰文抱怨道:

> 在新自由主义的影响下,社会服务的消失迫使传统家庭不得不承担照护工作,正如许多女性主义者都正确指出的那样。反过来,对某些人来说,面对社会服务的减少、无法偿还的债务和收入减少的状况,在家庭和国家内部强化父权规范已成为当务之急。正是在这种焦虑和恐惧的背景下,"性别"被描绘成一种破坏性的力量,一种侵入政治体制、破坏传统家庭稳定性的外来影响。

乍看之下,巴特勒的观点可能与保守党议员丹尼·克鲁格(Danny Kruger)针锋相对,她拒绝将"家庭"作为解决照护危机的主要方法。但问题从来都不是"传统家庭的压力",而是家庭中的女性成员,尤其是年长女性成员所面临的压力,性别正是施加这种压力的手段(这也是许多女性主义者"正确论证"了的问题)。巴特勒和克鲁格一样,攻击"传统家庭"(含糊其辞,不去区分家庭成员),为"性别"辩护(同样含糊其辞),沉溺于单调的道德说教,而不肯承认谁在剥削谁。与克鲁格一样,巴特勒提出的观点也不过是将社会层级(性别)重新包装为自由选择(性别认同),却完全没有挑战一个基本信念:生理意义上的女性,无论你如何称呼她们,都"天生"倾向于无偿为他人服务。

凯特琳·马萨尔在《谁为亚当·斯密做晚餐》(*Who Cooked Adam Smith's Dinner?*)一书中指出,正如存在"第二性"一样,也存在"第二经济":

> 传统上由男性从事的工作才是最重要的。这决定了经济世界观。女性的工作被视作"其他"。其他的一切他都不会去做,但是要依赖别人来做,这样他才能做他自己所做的事情。

马萨尔指出,亚当·斯密看到桌上的晚餐时,可能会考虑肉铺老板和面包师的自身利益,但不会考虑为他做饭的母亲。同样,传统的保守主义和学术理论也将女性的无偿劳动视为"其他"。没有人可以在"宣示主权"或"打破规范"时不依赖某人——那个人就是妈妈——在一旁收拾残局。朱迪斯·巴特勒有特权对"父权家庭"

（显而易见的）局限性进行思索，而无须考虑生理性别、权力和谁最终承担做饭责任之间的关系。因为在巴特勒的世界里，就像在亚当·斯密的世界里一样，晚餐永远摆在餐桌上，象牙塔的恒久洁净和闪亮都是由一些拿着最低工资、令人失望的非激进女性维持的。

2020年，新冠疫情的影响表明，在劳动力再分配方面取得的实际进步可以被迅速逆转。在英国和其他国家，学校和托儿所的关闭导致女性而非男性失去了时间、工作和晋升机会。正如安娜·齐吉·梅拉米德（Anna Ziggy Melamed）所写的那样："事实证明，无论女性如何认同自己——强大的女性、职业女性，甚至不再是女性，而是非二元人类——当事情被剥离出来时，带着年幼或青春期的孩子的人、在洗碗的人，都是你。"除非我们能够明确识别出当前的状况，否则就无法阻止事情变得更糟。

今天的中年女性会变成老年女性，也需要他人的照顾，这种需求可能令人懊恼。（正如疫情所展现的那样，在我们这个已然变得更为友善和仁慈的社会中，认为老年人只是其他人的负累的观念依然盛行。）今天的年轻女性会接替她们的三明治（或在烤架中的）位置。在放弃"变化会自然发生"的期望之前，我们无法改变方向，仿佛时间本身会让我们变成更好、更聪明、更有效率、更优秀的女性，不会做出愚蠢的决定，不会让自己成为社会繁衍黑暗面的同谋，而是会成功地将完全的自主与"善良"结合起来。（因为在某种程度上，对女性来说，自主与自我牺牲没有区别。家中的天使会又一次重塑自己，这是永恒的真理。）

对年长女性无偿劳动的剥削以及晚年的贫困问题,本应是引人羞愧的问题,然而,将故意无视、对依赖的恐慌,以及精心编织的关于年长女性的狭隘和卑鄙的故事结合到一起,我们便对此视而不见了。当女性照顾他人的一生即将结束时,官方却认为,她们对系统的贡献小于男性,因此她们本身也不值得照顾。这才是最终的打击。就资本主义而言,女性从寄生虫变成了彻头彻尾的负担,而男性则投入了金钱——可衡量的、整整齐齐、干干净净的金钱——所以他们理应得到应有的回报。

在童话故事里,年长的女性——寡妇、继母、女巫——这些没有性资源或生殖资源的女性,在只能任由男性摆布的文化中试图保有权力。这类故事好像在使一个眼色,既是警示和批判,也是对现状的辩护;它提醒我们,长期以来,女性一直意识到,以满足男性需求为核心的经济体系存在着内部的不平等;同时也意识到,长期以来,"巫婆"的塑造与对无偿劳动的内疚感之间存在联系。羞愧变成了愤怒和否认,进而变成了赤裸裸的污名化。毕竟,如果能够实现充分的组织化,女巫们会做些什么?她们能得到什么?如果我们彻底改变对进步、变革和依赖的理解,手里拿着扫帚的将会是谁?

第 4 章

站在历史对立面的女巫

在历史叙事中被刻意污名化的女性

在父权制文化中，承认女性有自己的创造力和智力是一件很难的事，女性还没有在这个方面取得任何进展。部分原因是因为对进步的信仰根深蒂固。这种信仰以资本主义的增长和扩张为前提，也来自进化论的正当化，以及将历史构建为人类不断进步、稳定前行的观念。任何对进步概念的质疑，都是无法理解的。

戴尔·斯彭德（Dale Spender），
《思想女性》（*Women of Ideas*）

真不敢相信，到现在我还得为这狗屁玩意抗议。
2016年10月波兰支持堕胎自由权示威活动的流行语

如果你正在读这本书，那么你很可能是个失败者。可能你还没意识到这一点，但别担心。正如格洛丽亚·斯泰纳姆的名言："真相会让你自由，但首先会让你恼怒。"公平地说，即使在让你自由之后，它可能仍然会让你愤怒，但失败者并没有什么选择。

我第一次发现自己是个失败者是在三十八九岁的时候，差不多也是在那个时候，我发现自己变成了一个巫婆。在那之前，我一直抱着一种老套的想法，认为我们这一代女性很特别。我们恰好生活在历史的转折点上：早生一代，我们就会错失作为完整的人发挥潜能的机会。我们出生在1967年《堕胎法》（Abortion Act）通过的8年后，此时距1975年颁布《性别歧视法》（Sex Discrimination Act）仅有5个月，这让我们感到幸运得不可思议。千百年来，女性一直受到压迫，因此无法取得任何成就，而我却在我们的时代来临前降生到这个世界，这是怎样的机缘巧合！

当然，我为那些生不逢时的女性感到难过，也就是说，为所有在这一独特时刻之前活过的女性感到难过。我尤其为那些在我出生时已然成熟的女性主义者们感到难过，我们这一代人要感谢她们，但她们已然过气，无法享用自己的斗争果实。她们曾经反对的性别歧视依然存在，但那只是残留，是旧时代的余孽，将与她们一起消亡。那些真正憎恨女性的男人已经过气，他们对我们感到愤怒，因为他们知道自己输了。那些本该与他们较量的女性，可以自由地以成熟、戏谑方式跟他们探讨性别问题。这是像我这样的女性的任务，成为她们永远无法成为的女性——有安全感、非对抗式、具有开放性思维，有什么比这更好的方式来纪念我们先辈的成就呢？

我为自己辩解一下，对于一个在成长过程中对女性历史一无所知的人来说，这些想法称不上不合理。我对女性主义的了解大多来自流行文化，它告诉我这个20世纪90年代的青少年，我所处的时代不仅是女性主义时代，甚至可能是后女性主义时代。作为一个概念，就像大多数以"后"开头的抽象名词组合一样，后女性主义听起来非常复杂，也绝不是我这样的人所能质疑的。我想，某个地方的某个人已经进行了大量的学术研究，证明我们的女性主义已经到了如此地步，简直已经过了头。不会有人编造这些事情，对吧？每当我觉得自己被更激进的观点吸引时——当我发现自己担心的是男性暴力——我都会斥责自己格局小和不成熟。当有人告诉你已经赢得了这场漫长的比赛，而你却发现自己仍处于劣势时，就会觉得很挫败。

更重要的是，20 世纪 90 年代初的男性似乎真的认为他们输掉了令人难堪的"性别之战"。市面上出现了一些书籍，标题为《性别战争不再有》(*No More Sex War*)、《无罪：为现代男性辩护》(*Not Guilty: In Defence of the Modern Man*)，还不时听到关于"男性危机"和"钟摆"已经"摆得太过"的抱怨。1993 年我刚上大学时，学校里的学生以男生为主，我记得自己坐在公共休息室里，注意到右翼媒体上有一连串关于男学生被诬告强奸而毁掉了人生的文章。这些文章让我感到不安，但也让我怀疑我为什么会感到不安。这些男人真的觉得自己受到了攻击，不是吗？这难道不是我们即将占据上风的征兆吗？即使是着重于诋毁强奸案原告的新闻报道，也传递出这样的信息：这不是你父辈那代的性别歧视了，这种事情正在逐渐消失。"是的，"他们说，"我们仍然不相信你，但你看，我们就快信了。迟早有一天，你用做过美甲的玉手打个响指，就可以把男人送进监狱。"猖獗的厌女情绪被重新诠释为一种预防措施，为了应对即将到来的女性权益洪流。

十几岁的我不可能知道，30 年后的头条新闻会常常警告说，由于定罪率低，强奸实际上已经非刑罪化。然而，如果对女性运动的历史有更好的了解，我本该猜到这一点。我就会明白，男子气概总是"危机四伏"，钟摆总是被认为"摆得太远"，正是通过这种偏执的叙事，男权才得以巩固；女性进化到你现在的地位，成为完全意义上的人类，不同于在你之前的那些半成品，这样的说法本身就是厌女套路；优秀到足以在智力、道德和身体上获得自由的女性，永远是明天的女性，而不是你。你可能真的相信自己是黄金一代（更聪明、更包容、更有价值），但这只是一个伎俩，用这种虚假的保证离间你们与已故的女性、年长的女性，以及她们的知识经验。没错，她们是受害者，但更重要的是，她们是失败者。

你可能需要目睹几次虚假的曙光才能完全明白，在父权制下，所有女性都是失败者。这就是我们的角色，它已经融入父权制对历史、进步、成功、失败、创造力、天才、什么真正重要、什么不重要的理解之中。坚持认为你们这批女性将最终粉碎父权制，而之前的女性则是父权制的最后阵地，这本身就是父权制的一部分。

我知道你在想什么：你会指责我就是个失败者。没错，我是一个"韶华已逝"的女人，集所有女性失败者形象之大成:浪费了潜力，轨迹被打断，抱有过时的政治观念。对年轻女性来说，认为自己生而不凡（无论是事业上成功还是道德上纯洁），都依赖于这样一种信念：年长女性从来都不配享有此等身份，你也永远不会成为她们。

我在此要告诉你，这一切都是个巨大的骗局。加入我这个失败者的阵营吧。承认吧，你从来都不喜欢这个愚蠢的游戏。

婆婆/丈母娘 3.0

坦诚地思考女性受压迫的整个历史，很难不感到绝望。在我写这篇文章的时候，我面前摆着一个咖啡杯，杯子上印着"改变世界的女性"。这样的女性一共有 35 位。天啊！虽然我很赞赏她们的成就，但一想到一共只有这么几个，我就深感绝望。然而，如果你转念一想，或许还有更多杰出的女性，那么你就不得不面对这样一个事实：仅仅成为杰出女性显然是不够的，否则我们就不会仍在为生育选择权、同工同酬以及尊重我们的身心边界等基本权利而奋斗。如果你想在有生之年实现平等，那么你就需要相信，像你这样的女性与你的前辈们有着本质的不同。

为达到这一目的而构建叙事的一种方法是，将年长女性以及所有过去女性的形象都描绘成偏执的和无知的。这种形象刻画可以使你免除关注她们所受压迫的责任，同时它又让你相信，受过高等教育并且拥有更复杂的道德视野，会使你避免她们的命运。这与历史主流观念"世界是稳步前进的"不谋而合。它表明，无论现状多么暗淡，你都不必过分担心，只要静观其变，不去说任何可能被理解为恐惧症的话语，一切好事都会降临到你身上。还有一个额外的好处就是，可以安抚那些真正的厌女者，给他们提供一个可以诋毁的女人——这依然符合女性主义——因为她的确不值得更多的东西。对巫婆的憎恨真的是一份取之不尽的天赐礼物。

在我的一生所处的社会环境中，最符合这一目的的年长女性形象是婆婆/丈母娘。简·卡洛写道："在我的年轻时代，婆婆/丈母娘的形象是女妖、恶龙和怪物。她丑陋、聒噪、爱管闲事、肥胖、衣冠不整，却又很强势。"任何上了年纪的女性都会记得，20世纪七八十年代是婆婆/丈母娘笑话的鼎盛时期。我们会看到男性喜剧演员长篇大论地声讨这些恶毒、刻薄的泼妇，然后眼看着男性亲属重复这些调侃，让妻子和女儿们心生恐惧。*亲爱的上帝，不要让我也成为这样的人*。这不是性别歧视，因为婆婆/丈母娘是家庭领域的暴君，不可能受到压迫。她才是压迫者。

后来，当这类喜剧被视为政治不正确时，一种改良后的新版本取而代之。在2003年至2007年间播出的喜剧电视节目《小不列颠》（*Little Britain*）中，主角玛姬·布莱克莫尔和朱迪·派克是来自妇女协会的中年白人女士。她们会在慈善活动中对食物挑三拣四，只要发现食物不是由白人或异性恋者制作的，玛姬就会吐得一塌糊涂。从表面上看，这是剧中嵌入的一个关于偏见的笑话，这部连续剧已因为恶意对待跨性别者、歧视残障人士、阶级歧视和种族歧视而臭名昭著。

这是一个将年长女性视为替罪羊的完美例子。

通过嘲笑玛姬的偏见，观众可以证明自己并不是有偏见之人，尽管几秒钟之前，观众可能还在为马特·卢卡斯涂黑的脸，或者大卫·威廉姆斯对变性妇女的嘲弄而开怀大笑。观众反而可以告诉自己，只有具备一定程度的修养，才能区分受过良好教育的白人男性的反讽式偏见（因为知道自己有偏见，所以偏见被消解了）和中年白人女性实实在在的偏见（就凭她只装着家务活的大脑，哪怕用洗碗布抽她的脸，她也不会理解讽刺是什么）。对于那些相信好笑的喜剧应该抨击有权势者而不是弱势群体的人来说（换句话说，热衷于打击别人的人），这就是以抨击有权势者为幌子打击弱势群体。当你抨击一个中年白人女性时，你可以告诉自己你是在鞭挞"男人"，而这个"男人"恰好长得像喜剧女演员海辛斯·巴克特（Hyacinth Bucket）和保守党议员安妮·维德科姆（Ann Widdecombe）的混合体。

卢卡斯和威廉姆斯后来为节目中的某些内容道了歉，卢卡斯说："跟那时相比，社会已经进步了很多。"然而，21世纪初并不是什么蛮荒时代，仿佛没人知道偏见是不妥的，不知道谁可能会成为攻击对象；在《小不列颠》里，把偏见的责任推到中年女性的头上，已经证明了这一点。*卢卡斯和威廉姆斯如今面临的问题是语境：将小短剧从更广泛的、操控情绪的框架中剥离出来后，他们会发现自己现在找不到任何替罪羊了，完全暴露无遗。

对男性来说，将年长女性塑造成具有攻击性和心胸狭窄的形象是非常方便的。将年长女性边缘化成了一种美德，同时也能使年轻女性放心，同样的事情不会发生在她们身上。

---

* 20世纪90年代末，我参加母乳喂养支持小组，清晰地记得组里气愤地讨论"吃咂咂"剧集（《小不列颠》的剧集，主人公是在公共场合吃母乳的成年男人）。但是，我们这些土气的哺乳妈妈又怎么知道什么是偏见呢？

因此就有这样的推断，一旦这群泼妇绝迹，女性就可以获得与男性并驾齐驱的合法地位，最终优雅而有尊严地站起来，而不是潜伏在一旁，紧抿着嘴，拿着擀面杖，随时准备出击。然而，一次又一次，下一代女性辜负了人们的期望。X 世代女性（1965 ~ 1980 年出生的人）可能曾经参与了杰梅茵·格里尔所说的"对更年期女性、婆婆 / 丈母娘和老太婆无休止的嘲讽"，如今她们发现自己也成了命定的输家。

婆婆 / 丈母娘笑话的最新版本延续了卢卡斯和威廉姆斯的路数，暗示如果你感到冒犯，那么你就是站在偏执者一边。2020 年的皮克斯电影《心灵奇旅》（*Soul*）中有个典型的例子，该片讲述了主人公乔掉进一个洞里，发现自己来到了"前世"，灵魂们在导师的帮助下准备迎接人世生活。他被误认为是导师，并被派去训练充满负能量的难缠灵魂"二十二号"。乔问"二十二号"为什么它尚未出生，就听起来"像个中年白人女性"。它回答说："我用这种声音是因为它惹人烦。"乔认为这"非常有效"。这只是一个随口的评论，一句一带而过的俏皮话，提到白人种族甚至给它增添了一点进步性。你必须岁数大到亲历了好几轮婆婆 / 丈母娘笑话才能意识到，这实际上有多么陈腐和令人厌烦。

在《心灵奇旅》的影评中，《卫报》的哈德利·弗里曼（Hadley Freeman）问道："《心灵奇旅》的导演（两个男性）和编剧（三个男性）认为观看这部电影的小女孩——她们可能有一个中年白人女性母亲，可能有一天自己也会成为中年白人女性——到底应该对这部电影暗示的'这是世界上最恼人的声音'怎么看？"她得出结论，孩子们接受的教导是："中年女性是最糟糕的，甚至她们的灵魂也是坏的！"问题并非只是"中年女性"，而是中年白人女性。在喜剧演绎中，中年女性的邪恶力量已经从婆婆/丈母娘的擀面杖（攻击的明显标志）转变为玛姬·布莱克莫尔的呕吐物（偏见的明显标志），再到《心灵奇旅》中"二十二号"灵魂的白人身份（不可动摇的特权和支配地位）。因为特权与边缘化状态的结合使得对年龄歧视的抨击和厌女色彩被削弱，因为对一个身份的肯定被视为对另一个身份的否定。观众有责任不将其解读为厌女或者年龄歧视，以证明自己的反种族歧视立场。

针对弗里曼这篇提到婆婆/丈母娘的刻板形象的文章，社交媒体上的评论不可避免地将作者称为"凯伦"，即一个自以为是的白人女性，当有人指责她的偏见时，她就做出受害者的样子。人们很少关注这样一个事实，即在反种族主义的掩护下，再次把不依不饶、啰里啰唆塑造成对女性的刻板印象；你对反种族主义没有任何贡献，就像你对玛姬·布莱克莫尔嗤之以鼻一样，你也没做任何事去对抗之前所嘲笑的种族主义和跨性别恐惧症。中年白人女性成了每个人偏见的投射对象，也成了不采取任何行动的借口。因此，那些坚信自己天生带有进步性，无须进行任何严肃的自我分析的人来说，中年女性就是必不可少的方便道具。

成为象征的婆婆/丈母娘，是年长女性被分配的又一个混乱而必要的角色，因为没有其他人愿意接受。就像处理家务，照顾老人，承认自己有一个性别化的身体；就像为性解放设定界限；就像承认自己终将死去。每个人都需要一个存放不良、有害、过时信仰的地方，以便为没有偏见的未来扫清道路。你，一个好人，一个年轻人，或者一个拥有复杂内心世界的男人，既然可以简单地把道德规范像打扫厕所的活计一样强加给别人，那又有何必要进行可能会改变你日常活动的深刻的自我审视呢？

我理解这种冲动。对"我们这一代人是个例外"的错误信念，再加上一点希冀，可能会导致我们对时间、进步和变化速度产生奇怪的认知。过往是另一个国度，国民都极端偏执。我们喜欢让自己相信有害的、根深蒂固的信念——这些信念同样支撑着我们的思维方式和社会交往，以及我们的公共机构——可以在一两代人的时间内得到化解。现在正是时候！邪恶是可以根除的。只要烧死女巫。

只是这一次，要选对女巫，一个真正的女巫，并且要出于高尚的原因。而事实证明，历史上烧死女巫的人也都是极端的偏执狂。

女人：即将推出道德纯洁的全新升级版

2020年11月，柯丝蒂·沃克（Kirsty Wark）在《新闻之夜》（*Newsnight*）节目中问苏珊娜·穆尔："你是否认为，有时候必须举手承认，'我代表着某种就要过时的东西，而新一代人有着更开明的态度？'"作为《卫报》的专栏作家，穆尔最近离职了，因为她撰文捍卫女性作为一个性别阶级进行组织的权利，也因此遭受数月抨击。

反对者言辞激烈，并组织了集会，一封抗议跨性别恐惧症的公开信（未提及穆尔的名字）流传开来，并且获得了三百多个签名。穆尔在为《UnHerd》撰写的一篇文章中讲述了她离职的原因，此前一位年轻的男同事告诉她，她只是"因新一代左翼人士掌控了公众的情绪而感到不安"。沃克的提问似乎是在逼迫穆尔承认这位同事是对的。

这是老生常谈的问题，那些坚持认为生理性别在政治上很重要的年长女性经常会被问到这个问题：你是不是落后于时代了？有人会反驳说，既然"肉体"一直被认为是过时的（女性的），而"思想"则被认为是前沿的（男性的），时代根本没有发生什么变化。问题是，这些信息以一种新颖的方式传递出来，使人们很容易将穆尔这样的人塑造成攻击婴儿潮一代的《辛普森一家》中的人物：她是对着云朵大喊大叫的老人，或者是自问"我是不是与时代脱节了？"，然后得出结论"不，是孩子们错了"的斯金纳校长（Principal Skinner）。无论你相信什么，被这样看待都很尴尬。"你不觉得你已经不酷了吗？"沃克说。这是在用一种愚蠢的、轻描淡写的方式去处理与竞争权相关的复杂讨论。1983年，埃莉萨·梅拉米德写道："变革、年轻和新奇反而是传统价值观的体现，真是讽刺。我们总是希望'跟上潮流'，从不管'潮流'是什么。"我们如今可能不会使用"潮流"这个词，但仍然被同样愚蠢的叙事吸引。

在这种叙事中，历史总是朝着正确的方向前进，由"更开明"的年轻人引领。这种叙事认为，就像时尚品位一样，一个人的政治素养会在特定的年龄固化，无法进一步发展，只能等待下一个人来接手和改进。这种叙事将知识和经验视为累赘，毫无必要地贬低理想主义。作为享有特权、破坏环境、掠夺财富和资产的老年人群体，无论什么种族、性别或阶级，都应该让位，承认他们为政治思想做出贡献的时代已经结束。讽刺的是，这是他们唯一可做的"很酷"的事。

奥利弗·伯克曼（Oliver Burkeman）指出，这种思维方式的问题不只在于它暗示"我们可以单纯期待，随着时间的推移，进步会自然而然地发生"。伯克曼写道："在历史上的许多时期，人们都曾赞同荒谬或可怕观点，但显然他们在当时并不这么认为。"坚持认为年轻等于"更开明"的观点也丢弃了对不同世代和同一世代内观点差异的交叉分析。资深工会成员、激进组织英国妇女之家（Woman's Place UK）的创始人基里·滕克斯（Kiri Tunks）说："年轻人是崭新的、纯净的，就像一张白纸，她们生来就开明，而我们则心力交瘁，遍体鳞伤。她们心明眼亮，你会想，是的，但她们没有经历过我这个年龄的人所经历的事情，所以谁知道她们30年后会是什么样子？"

社会科学家博比·达菲（Bobby Duffy）在2021年出版的《世代》（*Generations*）一书中，对"社会态度、信念和行为怎样随时间变化"提出了三种解释——年代效应、生命周期效应和同龄效应：

> 社会态度、信念和行为的每一次变化都可以用这三种效应中的一种或（更常见的）多种来解释。因此，这突显了大多数评论文章中关于世代"分析"的基本问题：假设

一个人的出生时间就能解释其所有态度和行为,这种假设只是基于同龄效应,而忽略了能更全面理解社会变革的其他两种力量。

我想说,这对女性来说具有特殊意义,与性别相关的生命周期事件(实际发生的或潜在的),如怀孕、分娩和更年期,塑造了女性的生活轨迹,与男性同龄人相比,这改变了她在社会和经济上的地位。达菲写道:"生命周期效应的重要性,在灌输给我们的代际叙事中很容易被忽视,但这对人们的态度和行为产生了非常强大的影响。"那些在刚成年时认为自己的性别并不重要的女性,可能会震惊地发现,性别其实非常重要。达菲的说法是"那些在开始时朝着与以往世代截然不同方向发展的同代人,往往会被拉回到一种俗套的人生道路上。"这对女性和男性并不是一回事,尽管假装两者没什么不同可能对男性有利。

比如说,2021年3月,《泰晤士报》的安德鲁·比伦(Andrew Billen)发表了一篇文章,解释"为什么是时候加入'觉醒世代'了",他在文章中将与他同代的 J. K. 罗琳的政治观点与他十几岁的女儿的观点进行了对比:

去年6月之前……没有人比我那十几岁的女儿更热爱《哈利·波特》系列了。然而,突然间,这本书的作者不再是她的英雄。J. K. 罗琳批评了"有月经的人"这个说法。

她在推特上写道:"如果性别不是真实的,那么全球女性的生命现实就被抹去了。"我说,罗琳有一定道理,但她曾经狂热的前粉丝——我的女儿,无法理解我为什么要为她辩护。"为什么,"她困惑地问,"你为什么对跨性别人士不友善?"

女儿的回答很奇怪,相当于对"苹果是存在的"这个言论的反应是"你为什么要对橙子这么不友善?"然而,这足以让比伦得出结论,他将"再也无法在与女儿的争论中取胜",而是选择代表他这一代人以及——虽然他没有承认——整个女性群体表示认输。他接着解释了他与其他同龄男性共同的顿悟。"今天那些要求我们感受他们痛苦的群体,正是那些直到最近还被忽视、声音还未被倾听的群体。"他写道,"他们呼吁人们关注他们的感受,因为现在的社会破天荒地愿意给予这种关注。"这些群体并不包括像罗琳这样的中年女性,他似乎相信她与自己一样享有特权地位,尽管她曾经遭受家庭暴力。

年长女性不能左右年轻女性的政治立场,反之亦然。至于生理性别在政治上的重要性,年轻女性的看法可能与年长女性不同,因为年轻女性接触过"更先进的"观点,但也有可能是因为她们的观点植根于更有限的实际体验,在这个人生阶段里,性别不平等的点滴积累才刚刚开始。有些男性也趁机前来,轻易断言这群女人是对的,那群女人是错的,他们只把年龄当作唯一重要的经验轴线,全然不顾年龄与性别的交集。这让我们看到,将年轻视为天然进步的标志是男性默认的人生叙事。

如果你是一个中产阶级中年白人男性，想让自己显得品德高尚思想进步，那么采取"共同面对"的态度来对待权力的代际转移则会大有裨益。它能让你把这一代人的资产负债表丢到一边，瞬间把自己的债务一笔勾销。你可以把虚拟的接力棒交给下一代，却从不允许处于弱势地位的同代人染指。在有关性别和性别认同的辩论中，这种情况尤其令人不快。年复一年，中年女性目睹她们的男性同龄人利用将女性身体视为一种不便的经济结构，使女性处于落后地位，现在他们又期望这些女人一起来证明生理性别无关紧要，而不是警告年轻女性生理性别仍然重要。

一个人可以轻松地宣布自己"韶华已逝"，只要你的"韶华"意味着已经从他人那里获取了充足的资源来供养余生。虽然 J. K. 罗琳可能不会面临养老金贫困的前景，但许多年长女性会，尤其是由于普遍不被考虑的生育和家务劳动，即那些与身体相关而非与身份相关的工作。把这些问题当作旧账一笔勾销真是打得一手好算盘。人们希望中年女性能够顺应时代，但又不会另外找人来干擦鼻涕、做三明治这种事儿，而是放弃任何政治分析，不去思考为什么她们会被贬为"传统"角色。对年长男性来说，"觉醒"的吸引力在于，他们从来不需要卷起袖子，承担一些他们认为应该由同代女性承担的工作；他们可以转头谴责无偿劳动的分配不公，并相信——慷慨地相信——下一代会解决这个问题。

在关于进步和革命的叙事中，将男性的人生阶段置于优先地位并不是什么新鲜事。1979年，格洛丽亚·斯泰纳姆为《女士》杂志撰写了《为什么年轻女性更保守》("Why Young Women Are More Conservative")*一文，在这篇文章中，她反驳了"学生时代的女性和学生时代的男性一样，比起她们的父母更有可能成为激进分子，更愿意接受变革"的观点，提出了"女性可能是随着年龄增长而变得更加激进的一个群体"。她说自己被"蒙蔽从而相信了适用于男性的刻板印象，认为青年时期就是'放荡不羁'的，'天然'追求自由和叛逆，这个撒野时期得以实现，其实是由今后的权力和安全来保证的"。叛逆而包容的男性之所以能叛逆和包容，其基础是，这一切不会在日后损害他们的地位和界限，而已经处于不平等地位的女性则没有这样的保证。年轻女性被迫优先考虑代际团结，而不是与同性团结，也不允许她们找到一种途径，承认一个人的代际经历是由其性别塑造的。斯泰纳姆认为：

> 年轻女性对母亲采取的最激进的行为（即作为女性相互连接，以帮助彼此获得一些权力），与年轻男性对父亲采取的最激进的行为（即打破父子关系，以获得独立身份或接管现有权力），并不相似。正是这种代际、国家层面上的父子冲突，给革命提供了传统定义；然而，这些冲突持续

---

* 原标题是《好消息是：这不是你人生中最美好的时光》("The Good News Is: These Are Not the Best Years of Your Life")，没那么针锋相对。

了几个世纪,却基本上没有改变世界另一半女性所承担的角色。

安德鲁·比伦在前面谈到的"觉醒世代",指的是"未觉醒"的老一代与"觉醒了"的年轻一代的对立,他所谈的其实是四分之一的世界。这种叙述不过是父子冲突的又一次重演,女性只有发出正确的回应,她们的声音才会被纳入考量。当然,这样似乎显得善良而仁慈:放弃本就不属于你的东西,以及你已经享受到的益处。安德鲁·比伦与喜剧演员弗兰克·斯金纳(Frank Skinner)对谈,斯金纳谈到为了"顾全大局"而扬弃一些性别歧视的段子时,说道:

政治正确是20世纪末21世纪初的伟大社会运动之一,因为它完全充满善意,并且富有同情心。

然而,就像卢卡斯和威廉姆斯就《小不列颠》做出的道歉一样,在二三十年前,并不是没有人注意到性别歧视笑话的问题。我们这一代(和更老的一代)女性为男性同龄人所创造的文化付出的代价最大,而这些男性同龄人现在却宣称自己站在了天使的那一边;男性同龄人那些已经不合时宜的幽默方式到现在还可以被"接受",而我们还没有这样的特权。没有人向我们道歉,更没有人会听取我们对性别歧视如何在性别关系中发挥作用的丰富知识,因为问题的关键不在于"减少性别歧视",而在于年长男性重新定位自己与年轻文化的关系。苏珊娜·穆尔和 J. K. 罗琳等女性非但没有被认为是受同时代男性性别歧视影响最深、时间最长的一代人,反而受到指责,因为她们没有放弃自己几十年来辛苦积累的对性别歧视的深刻理解,也没有将其替换为那些含混肤浅的东西。

除此之外,有一种假设认为,一个人越年轻,他们对性别和性取向的想法就越开放。调查结果并不支持这一观点。最近的研究表明,年轻男性对待女性和女性主义的态度,并没有自然进化到摆脱厌女和男性特权的窠臼。安德烈亚·S. 克雷默(Andrea S. Kramer)和奥尔顿·B. 哈里斯(Alton B. Harris)2016 年发表在《哈佛商业评论》(*Harvard Business Review*)的报告中写道,千禧一代的男性,尽管他们被认为"开创了开明人际关系的新时代",实际上却并没有那么进步。他们举出的例子包括:2016 年美国国立卫生研究院(National Institutes of Health)的一项研究显示,生物学专业的男生总是低估女生的智商;2014 年哈里斯民意调查(Harris poll)显示,年轻男性"比年长男性更不愿意接受女性担任领导者";2013 年皮尤调查(Pew survey)显示,千禧一代男性是最可能表示"已经做出了所有必要的改变"以实现性别平等的群体(而他们的女性同龄人则最不可能这么说)。这种趋势并不只限于美国或千禧一代。英国慈善信托机构"希望而非仇恨"(Hope Not Hate)在 2020 年的研究中显示,半数 Z 世代(指 1995～2009 年出生的人)男性赞成"女性主义已经矫枉过正,使男性更难取得成功"。2020 年的联合国人类发展报告《应对社会规范》(Tackling Social Norms)显示,"一些国家对性别平等的偏见有所增长"，一些调查显示"年轻男性对于平等的认同可能比他们的长辈还要低"。达菲写道："把所有年轻人都描绘成在为'社会正义'而战的人忽视了这样一个事实，即其中一部分人依然坚持较为'保守'的价值观。从某种程度上来说，代际分析本身就是问题的一部分，因为它可能给人们造成一种不可阻挡地朝着更开放的自由主义进发的印象。"我个人认为，这种歪曲事实的叙述既有利于那些没有公开反对女性主义的年轻男性，也有利于公开反对者。前者无须费心创建新的真正进步的男性行为模式，只需坐享这样一种假定，即他们的年轻自动使他们比他们的父亲更好，更不用说他们那没有受过教育、对性别问题一无所知的母亲了。

一旦你把压迫妇女变成一种"退步"活动，并将其嵌入其他"退步"活动的网络中，当你的"阵营"取得胜利，这些"退步"活动就会消亡，那么你就可以好整以暇，只需告诉女性等待属于她们的时机。在所谓的"进步"圈子里，这个问题由来已久。事实上，第二次女性主义浪潮的催化剂之一，就是左翼女性对自己在左翼政治中被边缘化感到不满，以及对"女性的解放将是男性解放顺理成章的结果"这一敷衍结论的不满。正如罗宾·摩根（Robin Morgan）在1970年发表的文章《告别这一切》（"Goodbye to All That"）中所言，她对以男性为主导的革命有着尖锐的反对意见："让那种认为女性或非白人会随着社会主义革命的到来自动获得自由的肤浅想法见鬼去吧。一派胡言！"艾德丽安·里奇的表达更谨慎一些："在社会主义或'自由'资本主义、新教、'人文主义'或任何现有的伦理道德下,只要女性对怎样使用自己的身体没有绝对的决定权,就无法保证自由主义政策不会变成压迫政策。"进步,即使以最闪亮、最新潮的面目出现,也不一定会带上女性。今天,我们看到全球性交易和商业代孕不断增长,由此导致了女性身体的商品化,而所谓的反资本主义者对这一情况无动于衷。同样让他们无动于衷的还有这样一种观点:年长女性从事的无报酬、被无视的劳动,可能会让她们对不平等现象产生更深刻的认识,而不是使她们成为被动的、缺乏思考的代表。只要任何一个青春已逝的女性还被当作倾倒身体焦虑和依赖性焦虑的情绪垃圾桶,年长女性就会作为反动分子被抹除。我们始终是输家,因为"进步者"不可能性别歧视,因为老人和女性身体不可能是"进步"的。并不是说她们不进步,而是她们根本不可能进步。更糟糕的是,并不只是男性默认的"进步"政治会以这种方式行事;现在又被拉了回主流阵营的许多后第二次女性主义也是这么做的。

玛格丽特·摩根罗斯·格莱特(Margaret Morganroth Gullette)在《老马识途》(*Agewise*)一书中指出,年龄歧视的兴起与年龄增长被定位为一种不可避免的衰退叙事相关联,它还与道德和政治进步叙事相对立。我认为女性也有类似的衰退叙事,因为随着年龄的增长,女性在性、生殖和经济方面都被认为比男性更没有价值。(还记得威尔逊所说的男性"平稳连贯"和女性"崩塌成废墟"的差别吗?)相比之下,主流女性主义是一种进步的叙事。代表女性的运动在向前发展,而实际的女性却在倒退,随着年龄的增长,她们离自由、先进的理想越来越远。因此，现代女性主义的特点正是怪异的时序错位和定义修订。人们常说的年轻的自由女性主义和年长的激进女性主义之间的紧张关系，往往意味着另一种情况：运动被认为比它所代表的人更有价值。女性主义是一个理念，而不是一个实体；它不会因为肉体、关系和妥协的积累而被拖累。这种思维的最终结果是，认为女性作为一个整体的观念是过时的。在为奈飞（Netflix）的特别节目《邪恶力量》（*SuperNature*）创作的一个脱口秀中，里基·热尔韦（Ricky Gervais）塑造了"老派女性，有子宫的人，那些丑恶的恐龙"与"新女性"之间的对立，以此戏仿跨性别活动家和女性主义者之间的紧张关系。许多人认为这个脱口秀粗俗，但我认为它捕捉到了真实存在并且由来已久的厌女症的一种表现形式。[例如，在塔妮娅·莫德莱斯基（Tania Modleski）1991年的电影评论著作《没有女性的女权主义》（*Feminism Without Women*）中，就探讨过这个话题。]

"你是否认为，有时候你就该举起双手承认，'我代表着某种就要成为明日黄花的东西'？"当沃克在《新闻之夜》上问穆尔这个问题时，她认为旧观念必须为新观念让路，而实际发生的是，垮塌的女性肉体被弃置一旁，取而代之的是新鲜而未经琢磨的肉身。衰老的必然性成了意识形态上的负担，没有办法绕过这一点。年长女性的知识价值更低，而不是更高——因为你背负的包袱使你变得没那么"开明"——这种设定是一个陷阱，所有女性最终都会掉进去。

穆尔在《卫报》上的文章原文着重于女性身体的实体性，她写道:"女性受到的压迫与我们的生殖能力息息相关。"这一观点容易被指控为有生物本质主义的嫌疑。这使她显得与乐于接受变化的"年轻"思维格格不入。然而,那些声称支持变化的人似乎并不是真心喜欢变化,或者更确切地说,他们喜欢的变化只是让年轻女性取代见多识广的大妈。女性在不同生活阶段经历的变化并不吸引人。随着生活阅历的增加,对事物产生不同的看法是不可避免的,但这也令人不安,特别是如果你对当下的政治充满激情。就像你承认依赖他人一样,承认你的观点是有局限性的、暂时的和有条件的也会让人感到不安。这意味着你现在的想法可能并不正确,意味着你可能永远都不会知道在生命的哪个阶段所持的信念是最"正确"的。*把不同年代的人划分为好人和坏人要容易得多,这些人的思想,不是由复杂的个人经历组合而成的,也不受特定时间点上特定的结构性特权和劣势的影响,而是由他们在20岁时读到的新闻所塑造的。《卫报》专栏作家欧文·琼斯(Owen Jones)曾在社交媒体上发文称:"当你剥开许多英国政治话语的外衣,你会发现右翼婴儿潮一代和中间派X世代对千禧一代和Z世代的恐惧和厌恶在媒体中占据了主导地位。"仔细想想,这是一种怪异的世界观。难道所有人到了中年都会变成中间派吗?到了领取养老金的时候就会变成右翼吗?还是Z世代和千禧一代会一直保持纯粹?

---

* 我现在所写的,10年后再看可能会觉得一无是处,这本身就构成了一个悖论。

X世代女性主义者的命运或许能够提供一些线索。如果研究一下使用浪潮的隐喻来描述女性主义的方式，你会注意到一个奇怪的现象。尽管偶尔会有关于第四次甚至第五次的传闻，但在第三次之后实际上并没有出现另一次浪潮；相反，曾经被视为第三次浪潮的女性沿着一个传送带向后行进，然后被赋予第二次浪潮的地位。严格按时间顺序来看，第二次激进主义运动起源于20世纪60年代，第三次起源于20世纪90年代［1992年，丽贝卡·沃克（Rebecca Walker）发表了《成为第三次浪潮》］，这意味着我和其他接近50岁的女性是第三代女性主义者。然而，正如阿斯特丽德·亨利在《我不是我妈妈的姐妹》中指出的，"X世代的人在变老，第三次运动浪潮仍然年轻，这破坏了这两个术语之间的联系。这样看来，'第三次'似乎意味着一种特定的政治概念，是年轻人的专属领域"。

因年纪的增长而变为"第二代女性主义者"是不是一种荣耀，取决于你自己如何看待这个问题。我虽然什么也没做，不过设想一下，能够把我的"女孩力量（Girl Power）"T恤扔进抽屉，并且无功受禄，宣称对与我毫无干系的立法负责，倒是也很有意思。对于其他人来说，比如（截至撰写本文时）有八万七千人点赞的一条推文，宣称女性主义和新冠疫情都是"问题重重的第二波"，这可能不是什么恭维话。对待本意是对她们进行羞辱的言辞，年长女性经常不当回事（我很欣赏一位相当知名的性别认同政治作家对我的谴责，他将我称为"行走的妈咪网垃圾帖文"）。无论如何，我不是第二次浪潮下的女性主义者。我只是一个不再被允许成为第三次女性主义浪潮的人，因为经历改变了我的身体和观点。

柯丝蒂·沃克本可以这样问苏珊娜·穆尔："你认为，有时候你是不是必须举手承认，自己代表的是某种历史可能会或不会认可的东西，而 20 年后你也可能会或不会同意这个观点，甚至你永远都不会得到一个最终、明确的结论？"如果你的终极目标是站在历史的正确一边，这个问题就更为相关了。不过，这笔账算起来太混乱；为让你的政治立场保持整齐划一，你必须抹去现实中的人——也包括未来的你自己。

为什么女性历史很重要以及过去的女性为何"一事无成"

2020 年 11 月，也就是沃克请穆尔在节目上承认她自己过时的同一个月，玛吉·汉布林（Maggi Hambling）为玛丽·沃斯通克拉夫特所塑的雕像，在其故居纽因顿格林（Newington Green）举行了在线直播揭幕仪式。经过"格林的玛丽（Mary on the Green）"组织 10 年的奔走，《女权辩护》的作者终于得到了她应得的认可。不过这个雕像看起来一点也不像沃斯通克拉夫特。展现在世人面前的是一个全裸的小小身躯，胸部挺拔，腹肌紧致，立在一堆形状不明的物质上。用玛丽娜·斯特林科夫斯基（Marina Strinkovsky）的话说，这"让人联想到一个从堆积如山的不明物质中走出的贝茨娃娃（Bratz doll）"。但这没关系，原本就没打算让它像有血有肉的沃斯通克拉夫特。塑像表现的是"天下女人（Everywoman）"，用来纪念沃斯通克拉夫特代表所有女性所做的努力。虽然"天下女人"的形象是一个赤裸的芭比娃娃，但这并没有什么深意。

或者，根据汉布林自己为这个作品所做的辩护，雕塑人物不穿衣服是绝对必要的："她必须赤身裸体，因为衣服会定义一个人。我们都知道，衣服会限制人。"至于雕塑的消瘦，"她的身材差不多是我们都想要的样子。"那她下面那一大坨东西呢？根据"格林的玛丽"组织的说法，这是"女性形态的结合体，她们相互交融，如同一个整体，共同升腾，最终形成了一个自由站立的女性形象"。她是完美的女战士，从旧时代那些乌七八糟、行尸走肉的女性淖泥中崛起，或者说在向这些女性致敬，这取决于你想如何诠释。她不像一个来自不堪的旧时代的人，一个具体的人，一个必须盖棺论定的人。她看起来也不像一个年近40岁的人，也不可能会遭遇最有女性特点的死亡——产后感染。与因自己有一个不完美、非男性的身体而懊恼的沃斯通克拉夫特本人不同，"天下女人"是纯贞的。

有趣的是，这个解放了的女人所表现的绽放姿态，看起来却像那些被剥夺了所有阅历的女人：没有皱纹，没有下垂，没有疤痕。身体的衰朽和政治的妥协都没有损害她。如果不去深究，就有可能从塑像身上以及从她身下代表"交融和升腾"的不明形状中看到，男本位历史观的另一版本。女性并没有被过去僵化的形象束缚。我们并没有站在巨人的肩膀上，而是站在虚空之上；你可能会被蒙骗，相信其中有某种自由。长久以来，女性主义一直被"生育自我"这一概念吸引，即使这意味着要杀死我们有一天也会成为的母亲。玛丽·沃斯通克拉夫特自己不足以代表她笔下的每一位女性。她太真实了，太凡俗了，她因生育而死，虽然生下了另一位天才女性玛丽·雪莱（Mary Shelley），但她终究还是死了。聚光灯转向了一个尚未存在的女性，她正处于形成的过程中，从某种"形态"而不是从像人体一样有缺陷的东西中诞生。*

有一种羞耻感驱使着这种冲动：总是将女性描绘成永远都处在变得更好、更强大、更闪亮的边缘，所有污垢也将褪尽。这就混淆了女性作为被压迫阶级的一员，因而在选择和机会方面受到限制的经历，与真正的低人一等之间的区别。凯特琳·莫兰的《如何做女人》就是一个典型的例子，这本书在为女性助威方面表现出色，但也声称"过去十万年来，女性基本上一事无成"：

> 算了，承认吧。我们不要再煞费苦心地假装，女性有着与男性势均力敌取得胜利并创下功勋的平行历史，只是被"统治者"彻底掩盖了。事实并非如此……我不认为女性被视为低人一等是一种基于男性的仇女偏见。回顾历史，这是基于简单事实的偏见。

---

* 要是有人——最好是离沃斯通克拉夫特的年代相距不远的人——能够以哥特式小说为媒介，解构那种父权的、弑母的、自负的、不需要女性的生育冲动，那该有多好。

相比于玛吉·汉布林的雕像作品，这个论点更甚，我们也很容易看出其吸引力所在。如果我们承认"迄今为止，几乎所有东西都是男人创造的"，我们就可以着手改变世界，从雕像脚下的烂泥中升起。否则，莫兰认为，"女人在开始之前就已经完结。而事实是，我们根本就没有开始过"。

失败者的耻辱令人痛苦。在短期内，只要把女性可悲的失败者身份塞进一个贴着"过去"标签的盒子里，这种耻辱感就能得到缓解。将它和所有其他耻辱的来源捆绑在一起：她的劳役、她的姑息、她那有缺陷的凡俗女性肉体。把它藏起来，把它忘掉；从今往后，它与你再无关系。如果女性才刚开始学着处理成为一个完整的人要面对的复杂事务，那么你甚至不需要尝试改造那些未能达到标准的人。她们身上没有你值得学的东西。你最好和她们保持距离，以免别人认为你也是个失败者。

在我们对待前一代人的态度上不难看出，这种"抛弃过去"的冲动是如何在我们身边上演的。联合国妇女署的推特账号在2021年国际妇女节宣布："女性不再甘居次席，期待平等。"真了不起！考虑到我们有数千年的时间来制定这个计划，竟然没有人能更早想到这一点！同一个月，记者埃莉诺·米尔斯（Eleanor Mills）发表了一篇文章，宣布面向中年女性的网站"正午（the Noon）"上线，文中对20世纪90年代成长起来的一代女性大加赞赏："我们肆意狂欢，我们打破壁垒，直面性别歧视、种族主义和职场偏见，我们开辟了属于自己的道路。我们不想要母亲那样的中年生活和更年期，我们拒绝礼貌地淡出。"虽然这很不错,但我敢肯定,我们的母亲当年也并不甘愿礼貌地淡出。有那么一刻,我们很难继续认为此时此地的这批女性天生比她们的上一代更值得拥有平等地位,同时不产生一种诡异的感觉:一切只是角色扮演。总有一天,会轮到你来扮演那个坐在后排、期待平等,最后礼貌地淡出并且一事无成的女人。你可能知道这不是你的真实自我,但想象中女性未来的成功,取决于你所扮演的替罪羊。你基本上就是女性大蜕变中"蜕变前"的照片,之前有人告诉过你,总有一天你会变成"蜕变后"的样子。("蜕变后"的照片是玛吉·汉布林纤瘦的"天下女人"塑像;你,一个凡人,怎么会认为自己能配得上呢?)

只要女性的失败者身份等同于技不如人,就会有两种同样令人不快的选择:要么从过去的事例中寻找"我们"根本没有失败的"证据",要么让自己感到羞耻,为了消除这种羞耻,只能与上一辈女性划清界限。在《如何做女人》一书中,像对待男性历史一样认真对待女性历史的努力被视为一种特殊的恳求,就好像女性主义历史学家一直在要求对过去的历史进行视频辅助裁判(VAR)。妄图发现,事实上那里犯规了,这里应该红牌罚下;如果比赛进行点球大战,女队和男队将会打成平局。这不该是我们对待这个问题的方式。真正赞赏女性历史的做法是融入一种阶级意识。这可以消解政治上和心理上的踌躇——当我们为自己的女性遗产感到羞耻,宁愿否认自己拥有任何遗产时所感受到的深深的不适。

"我们需要了解父权制是如何运作的,"戴尔·斯彭德在1982年的《思想女性》中写道,"我们需要了解女性是如何消失的,为什么我们会被带入这种女性没有在历史中留下痕迹的文化,以及如果我们还原真实历史,让痕迹显现,又将会如何。"当我第一次翻开斯彭德的书时,过长的篇幅让我感到困扰:八百页,太长了,不可能只是关于为什么女性需要历史的总结。我担心它是在尝试讲述所有曾经取得过重要成就的女性的事迹,那么八百页实在是太短了。好在这不是这本书的意图。斯彭德以特定女性详细的生平事迹作为以小见大的例证,这就好像女性个体的重要性跟男人一样足以代表更伟大的人类真相。书中的一个例子写的是美国女性参政权斗士、原住民权利活动家和废奴主义者玛蒂尔达·乔斯琳·盖奇。我发现她的故事特别发人深省,作为一个生活在19世纪的女性,她看透了这个模式:女性的历史将永远属于明天的女性,因此永远不会真正存在,直到你把历史还给过去的女性。

1852年,盖奇在锡拉丘兹国民大会(the Syracuse National Convention)上发表演讲,列出了一些女性榜样,她认为这些女性展示了"通过天赋、劳动、精力和毅力相结合所能取得的成就"。斯彭德写道,她这样做不是为了从历史中挑选个例让女性看起来比实际上更重要;她在挑战一种信念,即"历史是一个逐步完善的过程,总是向着更高、更文明的目标进化,而现在已经到了女性迈出步伐,成为文明社会的正式成员的时候了"。换句话说,盖奇是在挑战从身下混杂得难以辨认的"女性形态"中升起的"天下女人"的神话:

在男性占主导地位的社会中，女性必须先打破障碍才能开始参与社会的组织和文化活动，持有这样观点的女性——现在仍然有这样的女性——认为女性群体"缺乏作为"，而这种状况会在最后一批歧视性障碍消除后终结。盖奇的演说对她们来说是一场启示……她的演说成为力量、自豪感和自信心的源泉；它驳斥了女性的"低劣性"，并提出了女性是如何知道和相信她们所作所为的问题——是谁告诉她们的？

初读这本书时，我并没有发现它给了我力量、自豪感和自信心；相反，想到盖奇在我出生的 123 年前就发表了这样的观点，而斯彭德在我 7 岁时就写下了这样的文章，我感到非常悲哀。如果女性的时代不在某种奇迹般的"当下"，那么也许"永远"不会到来。然而，一旦你从最初的震惊中走出来，这其中传递的内涵还是会给人以信心。女性并不是一直在等待进化。现在的我们，身上并没有任何要让我们比前辈（包括自己的母亲）做得更好的压力。我们没有必要为女性的身体感到羞耻，据说正是身体这个可怕的负担让我们被排斥在思想的世界之外。我们现在和过去都足够好。我们无须削足适履，重塑自身。厌女症和年龄歧视的终极结合，就是声称最好的女人、唯一的好女人是那些尚未出生的女人。

"许多女性抵制女性主义，"安德烈娅·德沃金（Andrea Dworkin）说，"因为充分意识到文化、社会和所有个人关系中都充斥着残酷的厌女症是一种痛苦。"我认为，这也是为什么许多女性能无视女性自身作为输家的历史而接受女性主义。自己的失败者身份并不能归因于其他女性是怎样的人、她们做了什么或没做什么，这是一个痛苦的发现。但如果没有这种痛苦，我们就会不断地逃避自我接纳——其中必定包括了对我们的女性身体和未来的老年自我的接纳——而我们并不比男性低劣的认知正是建立在这种自我接纳的基础之上。大多数女性都会说，她们并不认为自己不如男性，但我不确定她们是否真的这么想。要真切地感受到这一点，你就必须不耻于把自己与年长女性和早已逝去的女性联系在一起。

第 5 章

性冷淡的女巫

代际冲突中女性经验的失落

> 但是，我们肯定不希望新世界将由那些早就忘记了性为何物，或者从未经历过强烈的性欲情感，并把这些情感视为粗俗或堕落标志的女人来建立。
>
> 斯特拉·布朗（Stella Browne），
> 《女性之间的性多样性和变异性》
> ("The Sexual Variety and Variability among Women")

> 女性知道得太多。我完全赞成女孩应该不谙世事。
>
> 吉米·萨维尔（Jimmy Savile）

想象一下，如果我们生活在这样一个时代：没有色情网站，没有擦边成人网站，没有色情报复，没有超大型妓院，没有女学生为筹集大学学费而卖淫的常态化，没有将扼颈和殴打当作"标准"性爱的组成部分，没有为"粗暴性行为"进行的辩护，没有网上出售的儿童性爱玩偶，没有校园性侵案件的激增，没有把女性本质定义为"张开的嘴巴、期待的肛门、空空洞洞的眼睛"。想象一下，如果这一切没有发生在现在，而是发生在20世纪90年代。

回首往事，你会不会觉得，哇，那真是性解放的黄金时代啊！

可惜被那些假道学给毁了！或者，你会觉得，哇，那听起来就像一个异性恋父权资本主义地狱！可惜那时的女性们不知道如何为自己发声！当性剥削被正常化——唯一有变化的是所采取的形式——你就不可能知道事后才会被注意到的问题。

20世纪90年代算不上是女性主义的乌托邦，但那个时代也有其优点：女性不剃阴毛仍然是正当的；仍然可以提到阴蒂，即便只是《南方公园：电影版》(*South Park: The Movie*)中的一个搞笑梗；性别双重标准依然存在，但男性至少还会在称呼你为荡妇时是假装在调侃；在性爱过程中被勒死还没有被视为是一种生活方式的选择。

性方面的环境远非完美，但当时我们许多人以为，一切真的似乎只会变得更好。自由化势不可挡，而且只会朝好的方向发展。20世纪80年代的"性战争"——支持和反对色情制品的第二次女性主义浪潮者之间的冲突——已经结束，色情制品或者说性（取决于你如何看待它）被宣告为赢家。

像大多数在那个时代成年的女性一样，我对支持还是反对色情制品和卖淫的政治或哲学争论不甚了解。我只知道，如果女性主义无论在政治上还是道德上都是未来的趋势，那么错误的一方在这场战斗中获胜是不可想象的。我轻率地将这场性战争中失败的反色情女性主义者与保守的家庭主妇、多数派卫道士、婚前禁欲主义者归为一类——这些人只是不明白，终结物化女性的唯一途径是提升她们作为性主体的地位，而提升自己作为性主体地位的唯一途径，是以一种反讽的、明知故犯的自我物化方式——向小伙子展示自己的胸部。这在当时完全说得通。

30年后的今天，我却不那么确定了（这不是因为我的胸部已经不受小伙子的青睐了）。剥夺女性性自由的方式不止一种。一种可能是告诉她，她没有性别身份，她的欲望是可耻的，她在性生活中的唯一角色是被动的生育者。另一种可能是说服她不要把自己定义为性的存在，而是把自己定义为另一个负面的恶人形象——冷淡、被阉割的卫道士。没有人愿意做一个无性别的恶婆娘，就像阿里尔·利维（Ariel Levy）在2005年出版的《女性沙文主义的猪》（*Female Chauvinist Pigs*）中所说的那样，成为一个"房间角落的老姑娘，过气女人的幽灵"。于是你接纳了一种性身份，这种身份不是基于你的欲望，而是基于你被告知的其他女性不希望你拥有什么、做什么或成为什么。这可能与男人一直以来对你的要求完全重合，好的，这真是纯属巧合。

本书的一个重要主题是，女性被鼓励按照与我们终会成为的年长女性相反的模式塑造自我，以及这种方式在人身及政治上对我们造成的伤害如何助长并延续了对女性阶层的剥削。在讨论男性的性权利和女性的性欲时，这一点或许最为明显。无欲无求且无人问津的年长女性的幽灵，面对自由放任的性欲会感到困惑、羡慕或厌恶。这种形象与一种传说相吻合，即如果男性能够理解这一点：女性会积极地体验欲望，我们不只是空洞的存在（或者，如果我们是空洞的存在，那是因为我们喜欢如此），那么所有由强奸文化和性虐待带来的丑恶和仇恨都会在一瞬间消失。很多时候，阻碍这种理解的人往往并不是男性（如果是才可怕），而是我们母亲那一代的女性（这显然没那么可怕）。男性不需要改变；女性需要以不同的方式展现自己，这样男性可能会以不同的方式渴求我们。这样的愿景到今天都没有实现，这又被归为是我们前辈女性的过错导致的。

在 1985 年出版的《老处女和她的敌人们》(*The Spinster and Her Enemies*) 中，希拉·杰弗里斯 (Sheila Jeffreys) 描述了 20 世纪 20 年代的"性改革活动家"是如何击败"批评男性性行为对男性快感所构成的威胁"的："人们大肆宣扬的性风尚的变革并没有改变男性的预期行为，而是改变了女性的预期，通过一场大规模的运动来招募女性热情加入与男性的性交。"20 世纪 90 年代，我作为一个年轻姑娘，没听说过杰弗里斯的著作。如果有人向我介绍杰弗里斯的作品，我会认为我没有必要阅读来自落败者——性消极女性主义者——的任何作品。我准备读的书包括娜塔莎·沃尔特于 1999 年出版的被视为第三次女性主义浪潮号角的《新女性主义》。这本书里问道："一个女人打扮得像个时装模特同时还能是女性主义者吗？有强奸幻想的女人能成为女性主义者吗？身穿白色婚纱举行传统婚礼的女人也能成为女性主义者吗？她买色情产品的同时还能是女性主义者吗？她可以既是妓女又是女性主义者吗？她可以是保守党选民，同时还是女性主义者吗？她能既是百万富翁又是女性主义者吗？"所有这些问题的答案当然都是肯定的。永远肯定，永远热情洋溢。

是的，是的，是的。因为只要你改变自己的期望——只要你从不说"不"——谁又能伤害你呢？只有那个用自己的过往照亮你当前谎言的女人。

大清算与小革命

每一代人都愿意相信是自己发明了性爱，没有人愿意联想到自己的父母会做这样的事。这些都是无聊且显而易见的事实，但对年长女性来说却有着特殊的感触。女性会有一个尚未被认为是一种性存在的时期；而到了某个年龄，她们又将被否认是性存在，那么把这两者联系起来是有道理的。2021年《卫报》的一篇关于"仍需打破的禁忌"的文章中写道："作为女人，我觉得我不可以承认自己喜欢性。"好像在此刻之前没有女人承认过自慰一样。这是第四章中讨论的"女性终于成了历史的赢家"这一神话的性生活版。就好像安妮·科特（Anne Koedt）的《阴道高潮的神话》（*The Myth of the Vaginal Orgasm*）和朱迪·布卢姆（Judy Blume）的《永远》（*Forever*）从来没存在过一样。

曲解历史与女性，以使当下看起来更具革命性，这比永久改变男性行为并拿回男性对色情制品和肉体的"权利"要容易得多。我写这段文字时，显然是处在"#MeToo时代"甚至"后#MeToo时代"。#MeToo指的是2006年由非裔美国活动家塔拉娜·伯克（Tarana Burke）发起的运动，旨在增强对性侵犯的意识，起因是她孩提时的经历和应有支持的缺位。2017年，一些知名女性开始关注这个运动，并邀请女性使用"#MeToo"标签公开她们自己被性侵和性骚扰的经历。女性能够毫不羞耻地谈论侵犯，这很重要。然而，从伯克的切实努力到现有的"时代"模式，其中存在一些令人不安之处。正如朱莉·宾德尔指出的："好莱坞演员与有权势的强大男性之间的#MeToo故事从社交媒体转向主流媒体，女性对自己故事的控制开始受限并变得非政治化……#MeToo运动，像所有的标签运动一样，不能代替行动。"

当我看到"#MeToo将作为一场革命被铭记！"和"#MeToo运动改变了一切"这样的标题时，总会心生疑虑，这不过是又一次对男人性权利的大清算。每隔几年，女性都会见证差不多的东西——斯托本维尔（Steubenville）[①]、罗瑟勒姆（Rotherham）[②]、紫杉行动

[①] 斯托本维尔是美国俄亥俄州的一个小镇。2012年8月，这个小镇的Big Red高中橄榄球队开狂欢派对，队员灌醉一名16岁的女孩后进行轮奸，还拍下视频。事后女孩家人起诉，此事遭到小镇居民的包庇遮掩，检查机构不予立案。后来在网络黑客组织Anonymous的帮助下，真相大白于天下，轮奸主犯被判刑，并有很多女性坦承自己年幼时曾遭性侵，但无人为她们伸张正义。该小镇因为姑息性侵而臭名昭著。
[②] 罗瑟勒姆是英国南约克郡的一个城镇。1997年至2013年间这里发生了多起少女被性侵犯的案件，受害人多达约1400人，大多数是白人少女；犯案者大多是成群结党的南亚男性移民。虽然有不少受害人向警方或社工求助，可是地方当局知悉疑犯是少数族裔后，担心被指责种族歧视而不愿跟进调查。后经《泰晤士报》等媒体披露，相关人员得到惩处。

（Operation Yewtree）[1]、# 是时候了（#TimesUp）[2]。之后，我们被告知，一切都将不同。窗户纸已被捅破，从此以后，再也没有人会否认强奸文化和儿童性虐待的普遍性！只有当你经历了好几次这样的大清算之后，你才开始感到怀疑。这是一个套路：每个人都在高呼口号，使用标签，仪式性地献出几个祭品；然后某些声音开始担心矫枉过正的问题；可能有一两个广为人知的案例确实有些过分；相比女性的遭遇以及从未得到伸张的正义，"矫枉过正"的几个案例会被认为比前者要悲惨得多；人们开始谈论"后 #MeToo"或"罗瑟勒姆之后"，好像我们已经目睹了一次不可逆转的文化转向；每个人都会对之前"没有人"注意到问题的所在而扼腕叹息。实际上，很少有什么改变。男人仍然拥有他们的强奸色情片；每个人都讨厌吉斯兰·麦克斯韦尔（Ghislaine Maxwell）[3]，但只有老古板才会认为性贩卖可能

---

[1] 紫杉行动是英国警方在2012年开始发起的调查运动，旨在追查性侵未成年女性的社会名流，包括英国广播公司（BBC）知名主持人吉米·萨维尔（Jimmy Savile）生前的性侵案等。
[2] #是时候了是2017～2018年300名好莱坞女性发起的一场运动，旨在抵制好莱坞以及其他地方的职场性骚扰行为，并给出了详细的行动计划，包括通过基金为受到性侵犯或性骚扰的男女提供法律援助、阻止企业用保密协议阻碍员工的指控、推动性别平等。
[3] 吉斯兰·麦克斯韦尔，美国名媛，性贩卖的同谋。其前男友、纽约亿万富翁杰弗里·爱泼斯坦（Jeffrey Epstein, 1953～2019）2007年因招嫖在佛罗里达州被判刑；2019年7月，因涉嫌在佛罗里达州和纽约州组织未成年人性交易而再次被捕，同年8月在曼哈顿下城监狱中自杀身亡。吉斯兰·麦克斯韦尔作为爱泼斯坦的帮凶，2021年底曼哈顿陪审团最终裁定其"引诱未成年人罪"和"贩卖未成年少女罪"等五项罪名成立，判处她20年监禁。

是性交易本身的一个基本部分。

并不是说态度永远不会改进,但有关性的大部分变化都是缓慢渐进的,需要始终保持警醒,以确保事情不会开始倒退。把对男性性权利的挑战理解为大清算,会面临几个风险:通过找出一些大案件,如吉米·萨维尔[①]、哈维·韦恩斯坦（Harvey Weinstein）[②]、爱泼斯坦等,优先将被问责者的质量置于数量之上;就像"进步弧线"式的女性主义观点一样,它创造了一种虚假的安全感（如果一个人感到不够安全,就会被认为是在跟已经取得的进步"对着干"）。最重要的是,它助长了一个谬论:过去的男性,无论是作为施害者还是旁观者,无法完全理解其行为造成的影响,因为在此之前没有人知道或说过这种行为是有问题的。

错误的历史记忆是应对现实的一种方式。你可以告诉自己,发生在她们身上的事情不会发生在我们身上;捕猎女性的男人们不会在众目睽睽下逃脱,如果他们敢造次,就会被我们发现。就像"现在是女性的时代!"这把双刃剑:一方面解除了女性身为女人的羞耻感,另一方面也否认了她们的传承,为她们未来被淘汰的命运埋下伏笔——大清算宣称我们才刚开始认识到男人掠夺性的性行为的

---

① 吉米·萨维尔（Jimmy Savile, 1926 ~ 2011）,BBC知名主持人,死后被披露多年来利用职位和名人光环,性侵数百人,多为未成年少女。
② 哈维·韦恩斯坦,美国好莱坞著名制片人、导演、编剧、演员,2017年《纽约时报》发文披露,他在几十年内涉嫌至少对8位女性进行性骚扰,之后有更多女性站出来指控他的性侵行为。2020年韦恩斯坦被判刑23年。

实质，罔顾过去女性亲历的真相，搭建了一种貌似积极的叙事。

站在 2020 年之后的视角，我们可以辨认出二三十年前在公共生活和流行文化中普遍存在的性剥削和物化现象，而在当时却很难做到。当年的侵犯者如今不再那么有权势，不再那么受欢迎，甚至已不在人世，他们的受害者可能更安全、更有信心，而且更加可信，因为她们所指控的人权势减弱了。性别歧视行为的某些表达或表现形式会变得不合时宜。这是一个自然的过程，并不能说明以前的文化环境是否在客观上更具性别歧视色彩。如果认识不到这一点，就有可能将其他女性的行为误认为是出于被动或无知，而非权衡利弊后的结果。

有些文章在回顾过去时，认为在 20 世纪 90 年代和 2000 年早期，女性主义没有正确认识到对女性和女童的性剥削常常被淡化、忽视。与此同时，这些文章也有可能误导读者，认为现在的厌女现象没有那么严重，对受害者也会有更多同情。"2000 年很久远了。"西林·卡莱（Sirin Kale）在《卫报》的一篇文章中提到为何那个年代女性的处境如此恶劣，"过去是另一个国度，我希望我们永远不会回到那里。"为证明我们已经取得了长足的进步，卡莱指出："现在三分之二的年轻女性都会认为自己是女性主义者，在我还是青少年的时候，这样的情况是不可想象的。"不过，我能想到很多我在十几岁、二十几岁可以说的带有女性主义色彩的话，现在的年轻女性可能觉得说这些话会不安全，因为害怕说这些话会被当作恐惧症患者或偏执狂。如今，我们已经为年轻女性要当女性主义者的空间做好了清场工作，因为那些认同"女性主义"过去含义的女性现在有了更难听的称号。

正如里奇在 1976 年所写的："许多女儿对母亲感到愤懑不平，认为'无论发生什么'，妈妈们都过于轻易和被动地全盘接受。"我理解为什么 Z 世代看着 X 世代的经历可能也会有这种感觉——为什么我们没有注意到《老友记》(*Friends*)里的罗斯(Ross)是个歧视女性的混蛋？为什么我们称辣妹合唱团(the Spice Girls)是最好的女性主义代表？"假小子文化"到底是个什么玩意儿？这可能导致他们认为今天的中年女性过于天真，无法适应当今的女性主义讨论。我们往往忽视了这一点：年轻人也许可以站在更安全的立场，而不是更复杂或更具政治智慧的立场，来剖析早期的文化产物和趋势。同样，在 20 世纪 90 年代的大部分时间里，许多女性都嘲笑恶俗笑话，并追随自由派女性主义者路线，现在她们可能对自我审查、虚假意识以及新旧性别歧视之间的相似和不同之处也略知一二了。

当我们只考虑大清算时，我们再次将简单化的同代叙事（那一代人对性同意问题没有进行深入思考）置于生命周期叙事之上。（你在父权肉铺的地位变化如何影响了你对男性行为的反应？怎样才能保证你的安全？哪些想法必须暂缓考虑？）我们低估了那些让性侵、强奸和儿童性虐待问题变得复杂的因素，就好像语言和自我表达的一时潮流比支撑男性性权利的庞大文化和经济建构更为重要，这些建构虽然会随着潮流变迁而自我调整，同时又会坚守其核心原则。最后，我们忽视了在个人一生中发生的更微小、更私人的反思，这些反思加在一起而产生的颠覆性，可能比偶尔扳倒一个重磅人物更大。

当一个女性到了可以不再容忍的年龄时——她不再逃避谈论风险或是假装风险只存在于其他时代其他地方——她内心发生的革命是具有震荡性的，这要比坚持认为"我们"作为一种文化，认为我们比前人更善于处理性捕猎行为的虚假革命更具威胁性。利用过去为现在开脱责任，还是利用过去理解现在的问题出在哪里，两者之间的区别即在于此。

在性战争中，你有什么作为

如果女性主义乌托邦的出现有赖于女性张开双腿，展示自己的能动性，那么20世纪90年代的年轻女性应该早就解锁了这一成就。我们曾经是第三次"性主动""反卫道士"激进主义的先锋。有人向我们兜售这样的观点：抽象的、漫无边际的、膝跳反应式的、与任何唯物主义政治无关的社会污名和恐惧症，助长了对作为性主体的女性的虐待和控制，但对此负有责任的并不是以女性痛苦为乐的男人，而是叫卖受害者叙事的老一辈女性主义者。并不是所有人都相信上述观点，但包括我在内的很多人都相信过。这可能不是最具说服力的论点，但它最有吸引力：只要你在性市场上拥有筹码，你就会成为赢家。性积极女性主义、粗俗女性主义、权力女性主义——不管你怎么称呼它（有很多选择），我们所拥有的本质上是一种"好像是"女性主义。表现得好像你已经获得了自由，好像男女之间的权力失衡在涉及性高潮的时刻只是一种演技，假装的自由将会变成现实。假戏真做，一定要让自己显得很享受。

20世纪90年代女性主义性解放的一些构想，在多大程度上是建立在对近代更为压抑的女性主义历史的戏谑之上的，这一点很难估量。第二波女性主义者们在色情制品和性交易问题上存在的严重分歧——这些分歧就是"性战争"一词的原意——很快就被遗忘了。按照我们的需求，过去以及塑造了过去的女性被搓扁揉圆，就像我们有一天也将成为亘古不变的卫道士，被当今的性积极女性主义用来支持自己的观点。

在《我不是我妈妈的姐妹》一书中，阿斯特丽德·亨利描述了20世纪90年代应对性战争的方式，并最终将其重塑成了一场代际之争，而不是同代之争。亨利写道："我想不出有哪个女性主义者会说自己是反对性的。然而，当X世代开展性战争时，她们似乎想要进行一场自己的战争，再次重演一场战役。为了大战一场，一些第三次浪潮中的女性主义者把反性（anti-sex position）立场归咎于第二次浪潮中的女性主义者，以便让自己拥有无与伦比的亲性女性主义（pro-sex feminism）主张。"这样做的结果是："一些第三浪潮中的女性主义者，没有将自己视为女性主义内部辩论的参与者（这场持续的辩论的主题是性对于妇女解放的意义，可以追溯到第一次女性主义浪潮），她们将辩论描述为一种与代际相关的观点，更准确地说，是一种特殊的女性主义性哲学。"亨利的这本书写于2004年，当她提到"第三次浪潮中的女性主义者"时,她指的是像我这样的女性,我们当年认为自己是新的曙光。我们在没有对周围的男性提出任何实际挑战的情况下,寻求一种感觉解放的身份,但这样的叙述却很容易忽视一个事实:我们迈进的模式并非革命,而是重蹈覆辙;在这种模式中,女性前辈们的工作被简化、歪曲,甚至被抹杀了。

1994年,《时尚先生》(*Esquire*)杂志上的一篇文章介绍了丽贝卡·沃克、娜奥米·沃尔夫、贝尔·胡克斯和凯蒂·罗伊菲(Katie Roiphe)等知名女性主义者,文章宣称"取悦我女性主义(do-me feminism)"[①]已经到来,女性正在将讨论重点"从男性的失败转向女性主义的失败,从性虐待范式转向性快感范式"。罗伊菲和勒内·登菲尔德(Rene Denfield)等作家抨击了女性需要优先考虑自我保护的观念,好像这本身就会使我们变得更加软弱。罗伊菲在1993年出版的《次日早晨》(*The Morning After*)一书中,对"夺回夜晚(Take Back the Night)"[②]游行和强奸文化概念进行了论辩,她坚持认为"称自己是受害者无助于展现力量"。登菲尔德于1996年出版的《新维多利亚人》(*The New Victorians*)的副标题是"一个年轻女性对旧女性主义秩序的挑战",将强调性压抑和无力感描述为过气的女性主义

[①] 取悦我女性主义:通常是指以性表达或性自由为中心的女性主义立场,强调通过性行为或性感形象来自主表达和获得力量。但这个术语有时也带有批判或讽刺的意味,暗示它可能过度强调性吸引力,并以此作为女性赋权的手段。
[②] "夺回夜晚"运动,始于1970年代,抗议女性在夜间独行缺乏安全的现象,后推广到全世界,宣传反对各种形式的性暴力。

者的专利。在这一点上，我们或许可以看到关于当代警告的先兆，即反对"将创伤武器化"和"叫经理过来"以应对侵害。或者，我们也可以从中窥见一些古老偏见的影子，比如称女性是在扮演受害者和"用眼泪设陷阱"。污名化受害者比挑战那些侵害女性的人更容易，而每一代人都在某种程度上以为她们是第一个尝试前一种策略的人。

德语中有一个动词 verschlimmbessern，意思是"为了改善某件事情却使其变得更糟"。我想不出一个更好的词去描述 40 年来所谓性积极女性主义的"进步"。女性的性自主权竟然会取决于对男性需求的顺从，这是荒谬的，但自由派女性主义者把顺从包装成了一种自我选择，这种做法不仅迎合了这些需求，而且在女性拥有任何真正的自主权之前，又为这些需求提供了变得更加极端的空间。在 20 世纪 80 年代中期，安德烈娅·德沃金注意到，男性主导的左派利用堕胎问题作为谈判筹码，暗示女性在性方面的顺从与终止妊娠的权利是密不可分的。如今，我们看到左派正在用类似的论点，暗示那些希望把性别当作一个阶层进行政治组织的女性们，正在危害她们自己的生殖权利。然而，性交易越来越猖獗，女性愈加不愿意直言究竟哪个阶层的人才会怀孕，堕胎并没有变得更加自由。在许多情况下，社会不是在进步而是在倒退。同样，正如朱莉·宾德尔所记录的，在对女性的性虐待、强奸定罪率、泛滥的暴力色情产品，以及质疑女性受害者方面，都出现了倒退。

异性恋的 X 世代女性在四五十岁重返约会市场时发现，男性的期望变得更加严苛冷酷，更加不尊重女性的欲望和快感。一位女性告诉《独立报》(*Independent*)记者维多利亚·理查兹(Victoria Richards)："在我十几岁时，那些不愿意发生性关系的女孩被贴上了'性冷淡'的标签。现在新的替代词是'无趣'。如果女孩不喜欢效仿色情片的性行为，比如拉扯头发和扼颈等，会因为自己的'拘谨'而感到羞愧。""我1987年就开始有性生活了，"另一个人说，"直到最近，吐口水、扇耳光和掐脖子才开始盛行……色情片正在将针对女性的暴力色情化。"色情片正在成为男人暴力侵害女性行为的辩护理由，为旧有的"激情犯罪"辩护提供变体。虐待儿童问题专家迈克尔·希斯(Michael Sheath)声称，几大色情网站正在"改变正常的事物"："在互联网出现之前，你能接触到的色情内容是有上限的……对于那些如今不到40岁，在2000年之后进入青春期的年轻人来说，他们在和真人进行性行为之前，已经看过大量的线上色情内容。"希斯认为，色情制品已经成为暴力侵害女性甚至虐待儿童的入门毒品。

如果去除污名化的措施真如承诺的那样有效，情况就会越来越好，而不是越来越糟。我个人认为，我们必须得出以下三种可能的结论之一：

> 1. X世代女性从出生那天起就是中年卫道士，现在发生的一切都是因为她们与保守的、爱泼脏水的、反性的势力勾结在一起；

2. 20世纪90年代和21世纪初确实存在性积极女性主义，但它做得不好；

3. 性积极女性主义是一个具有剥削性的、迎合男性要求的、剥夺女性快感的庞大骗局。

前两个选项可能有些离谱，但对于那些已经投入大量精力将对性自由主义的任何批评与保守主义、假道学和贩卖羞耻感联系在一起的机构、女性组织和个人活动家来说，第三个选项是站不住脚的。对于那些想做"好男人"而又不想放弃浏览色情网站的男人来说，也是站不住脚的。更重要的是，对于那些缺乏足够的身体或情感安全保障的女性来说，去质疑自己表面上同意的行为的条件，也是站不住脚的。你得是一个已经退出了"生育力—女人味—性魅力"市场的女性，现在正在总结自己过去被剥削的经历，而且坦率地说，你已经没有什么可失去的了。基本上，重新扮演了《皇帝的新装》中那个孩子的中年女性，才会选择第三个选项。就其他人而言，责怪那个老巫婆要容易得多。

如果你能够暂且忽略遍及全球的性交易所造成的身体伤害、心理创伤和死亡，那么当今的性积极女性主义的现状就会让人觉得既可悲又好笑。这是不开心的赢家面临的悲剧，因为她们对奖品抱有很高期待，现在却坚信有人在某时某地抢走了它们。你为支持性积极事业付出了这么多，但与你上床的男人却一如既往地憎恨你，这怎么可能呢？这不可能是一开始就毫无关系的两件事！其中必定有荒谬的、不断转移目标的做法。只要能避免为男性的性权利设限，再荒谬的论点也不为过。只要你不对言语、身体和现实中的痛苦进行过多的思考，这就很有意思了。

现在的年长女性破坏了一种叙事，但以解放的名义为打破边界而雀跃的人，却比以往任何时候都更需要这种叙事；还有另一些人，知道无力阻止这种边界被打破，于是拼命寻找一种方式来说服自己，认为威胁她们的不是一个以女性的痛苦为乐的文化，而是那些敢于指出这一点的年长女性。我们必须歪曲自己的历史，只为保护一种走入歧途的女性主义。最讽刺的是，作为现在能够坦然说不的年长女性，我们对保守的性规范构成的威胁比以往任何时候都更大。

卫道士：一种既新又旧的道德恐慌

"你知道，" 52 岁的凯西说，"事实上，一旦女性过了生育年龄，一切都会改变，她们不再是性经济的一部分。作为一个女性，这真的非常非常难以应对。但有一件事值得在这个背景下讨论，那就是，你如何面对你曾经参与过性经济这个事实？你现在看明白了，那种经济纯属扯淡。当你到了某种境界，痛心疾首地意识到，你所做的一切其实都是在给它续命，你参与其中，助纣为虐，睁一只眼闭一只眼，和稀泥……你该如何应对这个事实呢？"

当年长女性"变成卫道士"——当我们对支撑"性解放"的权力等级制度提出过多问题时——往往不会被理解为凯西所描述的生

命周期效应，而是一种同代效应。这并不是说随着年龄的增长，我们的视角会发生变化，为我们提供以前没有的洞察力；而是我们生不逢时，远在有人认为性不一定是老式的只为生殖目的而进行之前，我们就注定会老到失去性吸引力。与历史赢家政治一样，性积极女性主义也是一种不断向前发展的进步叙事，它将真实的女性身体和身体上留下的创伤抛在脑后。一旦你的时代过去，就无法再重温了。

我一直认为自己足够时髦，聪明并且思想开放，不会成为杰弗里斯所说的"反性、假道学、清教徒式的人物，道德多数派的潜在盟友"，他们的真理显得如此粗俗，缺乏对细节差异的辨别。我会告诉自己："这些事情没有那么简单。这些女人搞不清状况，是因为她们来自充满性别歧视的守活寡的旧时代，没有什么见识。"多年以后，我发现自己有些愤懑，因为我奔放的过去并没有为我赢得一张神奇通行证，能凭此离开德沃金所说的"清教徒营地，一个臆想出来的放逐之地，有怨言的女人被丢在那里，之后我们就会被遗弃在那里"。我偶尔会有一种冲动，像一个没被认出来的名人一样，想问问年轻女性："你们不知道我是谁吗？你知道 20 世纪 90 年代的我有多少时光是跪着过来的？不过后来被德沃金说中了，我因'批判性思想'和'深度感受'的罪过而出局了。"这很难不让人想到，如果你多揭露一点自己的过去，让世界看看你曾经多投入，那么你现在作为年长女性的观点可能会被赋予更多的可信度。遗憾的是，这不是卫道士头衔的构建方式。

洛丽·戴（Lori Day）在她的文章《老去并不是女性最大的噩梦》（"Aging While Female is Not Your Worst Nightmare"）中苦笑道：

> 如果我谴责色情制品系统地损害了女性，那么我的年龄就会让他们给我扣上卫道士和老古板帽子。我的观点形成的基础，不可能只是研究和统计数据，以及对女性主义是一场运动的理解——这是一场支持解放所有女性的运动，而不是像某些女性，甘愿把自己的身体当作性用具和性虐待对象，还称之为赋权……随年龄而来的智慧，除了拥有这种智慧的人，对其他人几乎毫无价值。因为智慧是老的代名词，但没有人想变老。

在重新审视奔放的过去时，一个问题是，你是一位年长女性，这个事实削弱了你批判的价值。另一个问题是，这种批判本就会被归为年长女性做的事，她们没能跟得上时代——只要你同时身为女性并且上了年纪，那么就意味着在涉及女性和性的"关键问题"上落后于时代。

将一位年长女性称为卫道士或老古板不只是为了惹怒她或冒犯她。正如洛丽·戴所言，这具有深层次的政治含义，这是在污名化那些试图揭示性剥削本质的人，而不是正面回应她们的论点，以此来维护性剥削。随着男本位性积极主义的负面影响变得越来越明显，这种主义的捍卫者对其批评者进行丑化也变得尤为重要。在

2021年苏格兰笔会女性作家委员会（the Scottish PEN Women Writers Committee）的一次讲座中，诗人珍妮·林赛（Jenny Lindsay）讲出了她的担忧："我们的性解放，就像我们的社会和文化解放一样，已经被那些将我们的身体、快感和性视为可营销资产的人挪用、重新包装，然后以虚假的自主权卖回给我们。"而那些敢于挑战"欣然接受这种'非自愿'色情表演"的人则被称为卫道士和"灭人欲"的老古董。在《给女人的女性主义》中，朱莉·宾德尔认为："'进步人士'已经重新改写了（反色情女性主义）叙事，并获得了将提出反对意见的人称为无性泼妇的无限自由。"任何对性剥削的批评都可以用这种方式重构，将对色情制品和性交易的批评，与仇视同性恋、反对堕胎的政治主张和宗教极端主义联系起来。并不是说这些因素之间不可能有关联，但这种关联不是必然的。

将年长女性指责为"卫道士"的讽刺之处在于，这种行为看似是在捍卫进步，其实却是一种维护和强化有利于男性社会规范的传统手段。博特·杰弗里斯（Both Jeffreys）和苏珊·法吕迪，在2010年的文章《美国的厄勒克特拉》（"American Electra"）中都描述了第一次浪潮中的女性主义者和早期反虐待儿童和反色情制品的活动家们遭遇了同样的羞辱，她们发现自己被塑造成了女性和女童的"真正"敌人。对于希望将人们的注意力从男性的虐待行为上转移开并污名化那些设定界限的女性的人来说，否认能动性的性恐惧症者（agency-denying sexphobe）这一形象非常有用，无论这个形象是2020年的卡通人物，还是1917年一篇关于性心理的学术论文中描述的"性冷淡的女性"——极度狂热地把禁欲当作一切疾病的解决方案,早已忘记了性的意义。基于男本位角度去理解与个人经历、心理和生命周期相关的"进步"概念,那些试图把扩大男性特权当作一种美德的人,将男性反对者和女性反对者混为一谈,并暗示他们都有着同样的"保守主义"。现实其实要复杂得多。

在描述 19 世纪共和党女性的"呼唤贞洁"运动时,法吕迪承认"维多利亚时代的母性保护主义存在问题"——"伤感情绪的堆砌;对贤惠和贞洁的神圣化……'保护'的言辞往往将女性塑造成弱者"。但同时又指出:"被忽视的是,这场母性运动围绕着一种越来越激进的愿望,即母亲在字面上和象征意义上武装自己的女儿,对抗男性控制,尤其是男性的性控制。"在法吕迪描述的这场运动中,有某种性别本质主义的意味,但其目的也是破坏被视为"天然"的男性主导地位。一方面,运动参与者利用女性天真无邪这一倒退的刻板印象来支持他们的主张;另一方面,利用这种刻板印象来抵制男性控制则具有深刻的颠覆性。一个真正温驯顺服的女性会接受性市场的现状。

在《老处女和她的敌人们》一书中,希拉·杰弗里斯描述了 1920 年在关于"性纯洁"和"性变革"的争论中,只允许两种性立场:

> 包括性学家和性改革者在内的亲性阵营,将女性主义者描述为"反性"、卫道士和清教徒……这些女性主义者非

但没有因为在性方面有一套成熟的理论而得到认可，反而被斥责具有老处女般的卫道士思维方式。

杰弗里斯将那时与她写作的20世纪80年代的女性主义者所受到的对待进行了比较。她指出，在这两种情况下，"性纯洁"运动的来源不同，意义也不相同，这与倡导者的性别以及他们所代表的利益有关：

> 女人和女孩是嫖娼和性虐待的对象，而男人则是剥削者。因此，我们不能指望某种解释能说明为什么男人和女人都参与到反对同一种性行为的运动中来，而男人和女人与这种行为的关系却如此不同。

这种思维方式可以联系到格洛丽亚·斯泰纳姆关于男女对激进主义不同态度的观点（如第四章所述），还可以与"保守主义"和共谋的方式联系起来，这关系的是女性自我保护而非男性权利，尤其是对年长女性和母亲们而言（如第三章所述）。男本位的政治叙事抹去了女性视角的独特性，只留下女人和女孩应该成为哪种类型财产的争论，即她们是私人财产（保守派观点）还是公共财产（"进步"派观点）。

《辛普森一家》中的人物海伦·洛夫乔伊（Helen Lovejoy）就是一个当代例证，她拒绝承认男性和女性对性积极主义的批判是存在差异的。洛夫乔伊是一位牧师的妻子，她的形象和口头禅"拜托！有没有人想想孩子们？"经常出现在表情包里。她代表着偏执的卫道士，以保护儿童为借口，对他人的性生活进行监管；只要有人试探着提出，也许并非每一个双方表面同意的活动都是无害的，就会有人把她搬出来。诚然，"想想孩子们"确实可以是一种修辞手法，通过打情感牌来掩饰自己的论据不足，但使用这个"热梗"本身已成为一种逃避审查的方式。这是一种贼喊捉贼的做法。批评男性杂志的人"有点海伦·洛夫乔伊的味道"；对色情网站进行限制是"效仿海伦·洛夫乔伊的少数道德斗士"；在妈咪网上讨论性别问题的人"采用海伦·洛夫乔伊式的'想想孩子们'的口吻"；质疑性别异装是否应该出现在小学里是一种"虚假的诚恳"，《辛普森一家》从20世纪90年代起就一直对此进行嘲讽。这些本是可以探讨也应该进行探讨的领域，而一旦搬出洛夫乔伊，讨论就不再有了。

这种流行用语使年长女性再次成为一种容器，用于装载那些其他人都坚称已经不再相信了的观念。我指的并不只是对保持界限的痴心妄想，还包括实际存在的偏见：种族主义、阶级歧视、恐同（所有这些在一般色情网站上都司空见惯，而且无人质疑，只是指出这一点本身就"有点海伦·洛夫乔伊"）。洛夫乔伊是婆婆/丈母娘或《小不列颠》中的女性协会成员的另一版本，她为所谓有正确思想的人们提供了一个净化灵魂的机会，就是将他们所有的恐惧和困扰都投射到她身上。

这并不是说年长女性从来没有性方面的困惑和偏见。只是，在如何处理这些困惑和偏见上存在着明显的性别不平衡。例如，在2021年的优秀电视剧《这是罪孽》(*It's a Sin*)中，罗素·T.戴维斯（Russell T. Davies）讲述了20世纪80年代的艾滋病危机，以及这种危机如何在极端偏见中加剧。剧中有两位主要女性角色与年轻的男同性恋者里奇关系深厚。一位是里奇最好的朋友吉尔，她宽厚无私，富有同情心，似乎没有任何自己的欲望；另一位是里奇的母亲瓦莱丽，她偏执冷漠，完全不愿尊重儿子的性取向。在最后一集的对手戏中，里奇死于艾滋病，这位年轻女性向儿子刚刚去世的年长女性发出质问，并告诉她："这一切都是你的错。病房里住满了觉得自己罪有应得的男人。他们都因你而死。"值得注意的是，剧中暴戾偏执的父亲们，包括里奇的父亲和他朋友罗斯科的父亲，都没有受到这样的指责，他们甚至还获得了救赎的机会。看来，偏执的父亲是人之常情，有可原谅之处，但偏执的母亲却没有。瓦莱丽正是"按你的年龄行事"运动所描述的电视和电影中出现的怪物母亲之一，"她的偏执根深蒂固，她深刻的恐同表现，可能是她女儿露西心理问题的明显'诱因'。"戴维斯曾提到，如果这部剧更长一些，可能会考虑用遭受父亲的性虐待来解释"瓦莱丽为什么会变成现在这个样子"。就个人而言，我不相信通过污名化童年遭受性虐待的女性受害者，会有助于解释她们恐同的深层原因。

接受自己是不公正现象的同谋是一个艰难任务，但其安全替代品是对年长女性进行指责。2015年，我参加了一个女性主义讨论会，活动由一所私立学校主办，一位来自这所学校的年轻女性宣称"性工作也是工作"，并谴责所有持其他观点的落后的、年长的、不支持交叉分析的女性主义者。她没有引用金伯莱·克伦肖（Kimberlé Crenshaw）的《绘制边缘地带》（"Mapping the Margins"）中不存在的段落，以证明男性租用弱势女性身体的权利是合理的，也没有提及她自己有走上这条特定的职业道路的计划。她所做的只是将自己与坏女人区分开，抓住一个包罗万象的"好女孩"身份，并不需要认真思考财富、种族、性别和性剥削之间的关系。杰弗里斯写道："性改革者喜欢宣扬的传说之一是，'性冷淡'是中产阶级女性的问题，劳工阶层的女性在某种程度上更原始、自发，也更有肉感。"卫道士羞辱为中产阶级女性提供了一个巧妙的方法，让她们能摆脱所有"性冷淡"的指责，又能为剥削地位不够优越但更有"肉感"的姐妹们找到借口。

诚然，希望控制女性身体并占有女性生殖劳动的男性，一直在污蔑女性的性自主权。因此，既然认为虐待女性的人不尊重女性的自主权，那么任何打着"自主权"旗号的行为都是值得怀疑的，这种想法并非完全没有道理。这就形成了一个漏洞，即接受主流观念对女性的物化和过度性化，会被歪曲为这是对父权规范的一种反叛。在《女巫，荡妇，女性主义者》一书中，克丽斯滕·J. 索莱正确指出："从怨毒的老巫婆到淫乱的年轻女性，再到厌男的泼妇，各种书籍中都充斥着我们称为女巫、荡妇和女性主义者的女性负面刻板形象。"但我认为"'荡妇'在很多方面就是21世纪的'女巫'"这一说法并不正确。攻击的方式已经转变。所谓脱衣舞俱乐部的表演可能会引起与黑暗魔法相同的道德反应,这种说法简直荒谬——"就像传说中女巫可以凭空召唤出一场倾盆大雨,今天的一些女巫也可以施法让脱衣舞俱乐部下起雨……无论是呼风唤雨还是招来崭新的百元钞票,这种法术都需要借助强大的隐形能量。"尽管男性仍在使用荡妇羞辱招数,但这不应与真正的道德恐慌混淆。因为女性的性表达方式早已被主流文化接纳,没有引起任何真正的震惊。如今没有人会因看到胸和屁股而感到震惊,胸和屁股随处可见。真正的道德恐慌围绕着那些对此持反对意见的年长女性——她们的胸和屁股现在已无人问津。

即便是意识到当下色情文化问题的年轻女性也知道,她们必须进行仪式化的脱离行动。在 2021 年为《新政治家》(*The New Statesman*)杂志撰写的一篇文章中,30 岁的梅根·诺兰(Megan Nolan)表示了担忧,如果反对由色情片教唆导致的暴力性行为的增长,会让她站在朋友们不喜欢的"教条的""排他的"女性主义者们阵营。有人认为,这些女性让其他人——多半是处于"正常"年龄段的"正常"人——更难批评潜在的伤害。这些女性之所以被视为教条和排他,可能是因为她们提出的论点与诺兰试图提出的论点如出一辙,但诺兰似乎对此视而不见。当年长女性预言的不良后果发生了,她们就成了罪魁祸首,因为是她们让反对这些不良现象的行为变成了像是只有尖酸刻薄、脸色阴沉、憎恨性事的老女人才会做的事情。如果不是那些讨厌的米莉·坦特（Millie Tant）*们连累了通情达理的女性，女性主义的工作早就大功告成了。"我不是女性主义者，但是……"常被用来作为表达观点的开头语，这种表态实际上表明说话者就是女性主义者。这个经典的用法在"我不排外/恐同/反对色情制品，但是……"中获得新生。麻烦在于，许多在20世纪90年代用着"我不是女性主义者，但是……"的X世代女性得到教训，试图在话语里随意加一些厌女言论来缓和女性主义的尖锐是行不通的。你可以尽情地给父权怪兽喂食年长女性的肉体，但你只会吊起它的胃口，让它期待更丰盛的大餐。

一开始像"坏"女人一样思考，然后中途改弦更张是不可行的。女性主义分析能够认识到男性性暴力与生殖剥削以及社会控制的关联程度，但最终却遭到抛弃。取而代之的是这样一种观点：将任何形式的限制都视为对性的厌恶，并且不希望边缘化群体享受性。粗俗的男本位叙事定义了什么是左派与右派、自由主义与保守主义，最终将争取堕胎权和同性婚姻的斗争，与为强奸色情片和租用卖淫女性身体的辩护混为一谈。稍加思考就会觉得这实在令人反感，因此我们中的许多人都尽量避免思考。毕竟，你更愿意对抗什么，是价值数十亿美元的色情产业？它以你（显然）无法控制的方式渗透到生活的方方面面；或者是一个不性感的卡通女人？不管她是《辛普

---

* 米莉·坦特是《碧日》（Viz）漫画中的女性主义者形象，她把所有男人视为"潜在强奸犯"，把所有女人视为"女同性恋"。

森一家》中禁欲的基督徒，还是《碧日》漫画里的女同性恋分离主义者。我并不是说这些角色都不好笑，我只是想说，把她们定位为性自由的敌人，可以说是非常方便的。

想想孩子们

2020 年 2 月，距离英国第一次防疫封锁还有一个月，我在一间名为"罪人围栏（The Sinner's Enclosure）"的房间里，门牌上就写着这几个字。与我交谈的一男一女对此表达了尴尬。

他们说："我们实在感到不快。如果下次还要来，我们会坚持要求他们给我们换个房间，甚至换一家酒店。"

我告诉他们没关系，内心不恰当地觉得这有点好笑（虽然我没有说出来）。

"哦，不，"那位女士说，"这其实挺可怕的。对跟我们谈过话的一些成年人来说，虐待事件发生在宗教机构中。你能想象他们看到房间叫这个名字会有什么反应吗？"

我说那确实很可怕。我没有在宗教机构受过虐待，没有遭遇过那么糟糕的事。事实上，我在哪儿都没遇到过太糟糕的事。我说我为其他人感到难过，宁愿是我被关进罪人围栏，而不是他们，哈哈。

我努力控制自己的情绪，不想让那位女士和那位男士觉得我在浪费他们的时间。他们远道而来听取我的陈述，还得在这里过夜，住的酒店还如此豪华，连会议室的门上都挂着荒唐的牌子。这一定花了不少钱。我可不想让人觉得我在嘲弄他们。不过,我也不想让人觉得我对很久以前发生的事情大惊小怪。这只是一段记忆,一段关于身体的记忆。我不愿想太多,让当时不算什么的事情变得如此重大。

"不好意思,这真的没什么。"我一直在说。

"不,一切都很重要。"他们坚持说,一再坚持。我试着不去猜测我在他们眼里是什么样子。

事实是这样的:我同时身处几个不同的时空。年轻的我、年老的我、放荡的我、保守的我……我大一些的孩子即将步入青春期,我好像在一旁看着12岁的自己,想着这个年纪是多么年幼无知,希望他们比我那时候知道的东西少一些。我联系了虐待儿童问题调查组,告诉自己我将为改变未来出一份力,但我现在怀疑自己是否在试图修改过去。往好处想,这是在与过往撇清关系时对自己说的话。年纪越大,这样的时刻越少。

年纪越大,我就越发现自己正逐渐变成那种最怪异的生物,成为担心对孩子保护不周,担心孩子性早熟,担心成年人对孩子下手的中年妈妈。所有这些薛定谔式的事件,我们知道它们确实发生过,甚至可能发生在我们自己身上,但我们却又认为它们是阴谋论驱动的道德恐慌。只有家庭价值观保守派,以及无聊的沉迷于妈咪网的家庭主妇,才会假装关心这些胡编乱造的东西,以便将外来者污名化。自从年过40岁,我便开始留意这些事。我失去了继续往好处想的动力,反而有一种可怕的醒悟和记忆在我脑海中萦绕。这是多少人走烂了的老路。

儿童性虐待是一个"历史赢家"问题,它始终都在说明"历史赢家叙事"这一概念的无用性,因为它依赖于这样一种想法,即十几二十年,甚至三十年后,批评你的人会知道你是对的,他们是错的。在虐待儿童事件发生时,"吹哨人"几乎总是站在"历史输家"一边。然后在几十年后真相大白,证明他们当时是对的,他们也仍会坐在历史末席,成为因循守旧的偏执狂,因为唯有时间本身,以及当代相对于过去的先进性,才以大清算的形式揭示了真相。当保守的老巫婆说对了什么,也只是像停摆的钟一天也有两次是对的一样;当历史的赢家弄错了,那只是因为他们忙于避免发生"道德恐慌",忙于保证大体不出错,因而没有关注细节。

博比·达菲在描述"道德恐慌"与代际差异之间的关系时指出,"新一代人更善于适应创新,这会让老一代人觉得他们曾经塑造的文化正在失控。"达菲举例说:"美国卫生部部长认为,《爆破彗星》(*Asteroids*)、《太空侵略者》(*Space Invaders*)和《蜈蚣》(*Centipede*)等游戏是发生家庭暴力的主要原因。这类老旧的恐慌听起来比现在的更加荒谬,这不是因为世界变得更糟了,而是因为我们变老了。"不过,我想知道这些例子之所以显得荒谬,是不是因为达菲利用后见之明选择了一些荒谬的例子。现在很少有人会把对吉米·萨维尔、罗瑟勒姆的议论或"第三版（Page Three）"[1]的影响当作"道德恐慌"；相反，被证明确实是道德恐慌的东西现在不再被归为道德恐慌，而是被神奇地转化为过去是另一个世界的证明，因此不能用来评判现在的框架。

对于我们这一代英国人来说，2001年的电视节目《火眼金睛》（Brass Eye）中针对恋童癖的特别剧集"讽刺了英国新闻媒体煽动的歇斯底里情绪"，媒体煽动助长了这样一种观念：人们认为关心儿童性虐待是一件肤浅而庸常的事情，只有愚蠢的没受过教育且不会质疑报纸（或节目制作人）的人才会参与其中。和许多年轻的自由派中产阶级的毕业生一样，我对此深信不疑。吉米·萨维尔丑闻爆发前的十多年里，我并没有想过儿童在此时此地遭受虐待的现实。我没有想过自己的过去，也没有想过我认识的其他人的过去。正如朱迪思·赫尔曼（Judith Herman）在《创伤与复原》（Trauma and Recovery）一书中写道："站在施暴者一边非常具有诱惑力。施暴者所求的只是旁观者什么都不做。他利用了人类一种普遍的愿望：对坏事不看、不听、不说。相比之下，受害者要求旁观者分担痛苦。"受害者吹毛求疵又乏味；施暴者则妙语连珠，尽显幽默。

此外，还有对"坏事只是个例"的期望。贝塞尔·范德科尔克

---

[1] 第三版：起源于英国报纸《太阳报》（The Sun），自1969年起，该报把第三版设置为大幅美女写真，着装暴露；照片模特被称为"三版女郎"（Page Three Girls）。

（Bessel van der Kolk）写道："我们并不想真正知道在这个社会中有多少儿童正在遭受猥亵和虐待……我们认为家庭是冷酷世界中的安全港湾，我们的同胞都是开明和文明的。"弗洛伊德的著名理论提出，癔症是由家庭中的性虐待引起的，但后来他又否认了这一说法，纯粹是因为如果这个观点成立，虐待行为必然极其普遍。"道德恐慌"的叙事让儿童性虐待的状况有点类似核战争——过去的人们对此感到极度恐慌，但现在已经平息，那只是一个噩梦。然而，武器和毁灭的可能性仍然存在，虐待也依然在发生。

2020年，奈飞（Netflix）上线了电影《娇娃们》（Cuties），探讨一个青春期女孩的经历，她夹在传统文化和成为一个高度性感的舞蹈团成员之间，《每日电讯报》将其描述为"在一个对儿童性存在倍感恐慌的时代里挑衅的火药桶"，建议我们"忘掉道德恐慌"，因为"奈飞引进的这部备受争议的法国影片是如此露骨和令人不安，这正是它的目的所在"。我不认为这是一个对儿童性存在倍感恐慌的时代，我认为这是一个对指出男女之间、年轻人和老年人之间性权力不平衡的人感到恐惧的时代。这不是什么新鲜事：观察到年纪很小的人会对性产生好奇心，好像这个突破性的发现有能力摧毁有害的社会规范（如果是这样的话，早在20世纪70年代或更早的时候就已经发生了）。真正具有挑战性的是，如何将一种把年轻人看作性的化身同时污名化女性衰老的"正常"文化，与一种被我们视为"不正常"或虐待性的文化联系起来。

小说家海伦·沃尔什（Helen Walsh）认为这并非巧合：

我们的社会肆无忌惮地赞美和物化年轻的女性身体，而对老去的女性身体极尽中伤之能事。对于吉米·萨维尔的性侵霸凌，罗奇代尔出租车司机对福利院弱势女孩下手这样的事件，我们可以迅速表达愤怒，然而我们的文化仍然轻松地将年轻女性的身体性化。我们对0号尺码的推崇，对阴毛的厌恶，甚至阴道整形的风潮，都表明我们渴望让女性身体回归到青春期前的状态。

我们非但没有去探究这种做法怎样助长了对幼女的剥削，反而去攻击仅因年长而敢于表明自己反性立场的女性。我们不怀好意地把幼女可以有且确实有性欲这一事实，与坚持幼女可以像成年人一样表达性同意这一观点混为一谈，并以此来表示有病的不是那些想性侵孩子的人，而是年长女性——她们是以某种方式绕过了青春期性发育正常阶段的性冷淡卫道士。这种人并不存在，真的不存在。

例如，年长女性反对2022年播出的《家庭性爱秀》(The Family Sex Show)，一个旨在鼓励最小只有5岁的孩子们与成人一起唱关于手淫歌曲的节目。反对的年长女性们被刻画成右翼偏执狂，因为过于守旧而无法适应这个节目。其中一个节目组织者表达："孩子并没有对这个节目的理念表现出焦虑。感到不适的是年纪大的人，这挑战了他们的成见。"说得好像我这个6岁孩子的母亲——有着来之不易的底线——却应该遵从我孩子的"没有成见"，换句话说就是无知。当经验这个概念与思想闭塞联系在一起时,最弱势的人就成了最容易捕获的猎物。

"女性知道得太多。"吉米·萨维尔说,这在当时竟然没有人觉得不妥。"我完全赞成女孩应该不谙世事。"萨维尔是一个公然的连环施虐者,他可以对机智"老巫婆"的刻板形象挤眉弄眼,并相信他的听众不会站在她那一边。毕竟,如海伦·乔伊斯所说:"在一个性别歧视的社会中,最被鄙视、最可有可无的人就是年长女性。对男人来说,她没有任何价值和意义。她还试图阻止他们中的捕猎者以保护年轻女性和儿童。"路易丝·佩里(Louise Perry)写道:

> 站出来对抗萨维尔的都是年长女性:护士、宿管阿姨、祖母们——这些冥顽不灵的女士们蜂拥着加入了玛丽·怀特豪斯的运动。厌女者总是对这样的女人怀有特殊的仇恨——她们脚踝粗壮,胸部下垂,没有任何性感美貌可言,却有着一种惹人讨厌的习惯,那就是对男性的要求说"不"。

她们反对男性对儿童的侵犯却被视为歇斯底里。如果多年后人们承认当时(但现在没有!)的确存在虐童行为,也没有人会感谢她们,更不用说表达歉意。相反,这样的事情竟然"被允许"发生,更证明了过去的那些人在性方面都是伪君子。

1995年,格洛丽亚·斯泰纳姆在《为什么年轻女性更保守》一文的修订版中提出，从性虐待的个人经历中恢复，在安全的环境中反思，可能是驱动年长女性成为激进主义者的重要因素。吉米·萨维尔性侵案受害者、58岁的卡琳·沃德（Karin Ward）说："现在我知道我是受害者了，但当时我不知道我是受害者。"这就是我此刻身在罪人围栏的原因之一。作为一个更强大的自我来回忆过去，我并不认为男性的性特权、性捕猎行为和女性沉默的问题已经消失。我对自己经历的理解已经改变，一部分是因为我可以在安全的位置思考，另一部分是因为我积累了其他经历，包括做母亲，这被认为是成为下意识的保守主义者的契机。

我是一个被塑造成夸张形象的中年女性，我也有我的真实一面，一个让人失去性趣的年长女性，对性有一些严肃的疑问要提出，一度相信唯一有意义的答案就是"我愿意"。我变得没那么随和了，无论是对自己还是对他人。

"我不知道为什么要告诉你们这些。"我对那个女人和那个男人说。然后我还是继续说了下去。

呕吐反射

在艾玛·克莱因（Emma Cline）的小说《女孩们》（*The Girls*）中，有一个场景精准地捕捉到了年长女性和年轻女性之间的潜在联系被拉伸直至断裂的过程。故事讲述者埃维是一位有着不堪过往的中年女性，她在帮一位朋友照看房子时，朋友十几岁的儿子朱利安和女友萨莎住了进来。后来，朱利安的朋友扎夫也搬来跟他们同住。埃维敏感地察觉到朱利安和扎夫粗野的男性做派给萨莎带来的压力，但她也察觉到自己作为一个没有性吸引力、不受青睐的年长女性的低微地位。

当朱利安告诉扎夫，萨莎"不喜欢她的乳房"，并建议萨莎脱掉衣服让扎夫进行评判时，埃维也在场：

> 萨莎的脸涨得通红。
>
> "脱吧，宝贝儿。"朱利安说，他语气中的严厉让我忍不住看了他一眼。我和萨莎对视——我觉得她脸上是恳求的神色。
>
> "别这样，小伙子们。"我说。
>
> 两个男孩带着笑转头看我，好像觉得很意外。虽然我觉得他们一直在留意我的存在。我的在场是游戏的一部分。
>
> "什么？"朱利安说，一脸若无其事。
>
> "适可而止。"我对他说。
>
> "哦，没事儿。"萨莎说。她笑了一下，眼睛盯着朱利安。
>
> "我们到底做了什么？"朱利安说，"我们有什么要'适可而止'的？"
>
> 他和扎夫哼了一声。过往的那些感觉卷土重来，那种令人羞愤的内心挣扎。我双臂交叉，看向萨莎："你们在为

难她。"

"萨莎没事。"朱利安说。他把她的一缕头发拨到耳后,她勉强做出微笑的样子。

这是一个观察入微又令人心痛的场景,我们只能通过埃维的眼睛来观察。她对情势的解读正确吗?她是否将自己少女时代遭受性剥削的感受投射到了萨莎身上?埃维想要保护谁不受伤害?是萨莎,还是年轻时的自己?

作为年长女性,我们在多个层面挣扎着;我们对过去性经历的记忆,因时间的流逝和知识的积累而遭到渲染和扭曲。我们有可能在年轻女性身上看到我们想回去拯救的自我,即使这些自我当时并不想被拯救。我们在性市场中的低下地位使得我们很难与年轻女性平等交流。我们可能知道一些她们不知道的事情,但如何表达才能不显得居高临下?没有一种礼貌的方式可以表达出"也许有一天你会意识到这不是你想要的",尤其是说话者是一个已被判为失败者的人。

萨莎决定服从朱利安的要求,不管她自己的愿望是什么,这一点很容易理解。作为年轻人,朱利安和扎夫掌握着权力。从埃维的描述中,朱利安意识到自己不仅有能力操控萨莎和埃维这两个人,还能操控她们之间的关系。像埃维这样的人要想维持一定的地位,唯一的办法就是扮演执行者的角色,哄劝年轻女性顺从,而不是破坏规范。然而,当朱利安透露他知道埃维十几岁时卷入了一起谋杀案时，埃维才发现，她试图通过告诉萨莎自己的经历来与她建立联系，却被萨莎利用这一点来对付她，以在男人面前提高自己的地位：

"萨莎说是你告诉她的，"朱利安继续说道，"说得好像你也会那么做。"

我猛吸了一口气。可悲的背叛：萨莎把我说的一切都告诉朱利安了。

"所以，就让我们看看吧，"扎夫转过身对萨莎说，"给我们看看那对大名鼎鼎的奶子。"我再次变得隐身了。

"你不需要听他们的。"我对她说。

萨莎朝我这边瞥了一眼。"这没什么大不了的。"她说，语气中透着冷淡和明显的不屑。她把领口从胸前敞开，若有所思地低头看着自己的衬衫。

"看到了吗？"朱利安对我得意地笑着，"听萨莎的。"

我曾经是萨莎，现在却成了这个场景中的埃维，我知道自己的筹码有多么少——我知道，即使在某种程度上，你们彼此理解，但你才是那个没有前途的人。在父权制市场中，你试图说服一个仍有货色可以交易的女人，让她知道那样做不值得——这感觉就像每一个年长女性的命运，她们努力斟酌着自己的言辞，避免让自己听起来显得盛气凌人，或尖酸刻薄，或嫉妒，以便传达这样的信息：是的，你知道一个年轻女性有多少可失去的东西。

苏珊·法吕迪在《美国的厄勒克特拉》一文中，描述了20世纪初美国女性主义所经历的一场类似争夺监护权的斗争："谁会赢得女儿？是维多利亚时代的改革派妈妈们，女儿们曾经的捍卫者，现在却被塑造成悍妇、老巫婆和守旧者？抑或男性专家，他们的声音成了藏在崛起的商业文化幕后的奥兹（Oz）[①]式权威？"今天，任何看到《青少年时尚》(Teen Vogue)杂志的人，都不会怀疑谁"赢得"了女儿。继续抗争下去可能会显得不自信，尤其是当人们怀疑这样做可能弊大于利的时候。如果作为一名年轻女性，你应对矛盾、胁迫和公然虐待的方式是把它们包装成别的东西转销给自己，那么当有另一个女人打破了你的应对机制，扯掉了遮羞布，导致你不得不承认自己受了伤而且无比痛苦，你当然会对她感到愤怒。她对你颐指气使，咄咄逼人，暗示你的身体所遭遇的事情并不是由你真正掌控。最坏的情况是，她才是施虐者。如果不是她将那些事称为虐待，那么一切都可以简化成是你的自由选择。

哲学家简·克莱尔·琼斯（Jane Clare Jones）说："你希望这些是真实的：你是自由的，男人把你当人看，你有权听从自己的欲望，按照自己的意愿行事，不会产生负面后果，一切都会好起来，你不会被剥削或被物化。我不会说这样的世界不可能真实存在。但你不能生活在一个你希望是真实的世界里，因为现实并非如此，因为这

[①] 奥兹：指奥兹国，美国童话故事《绿野仙踪》(The Wonderful Wizard of Oz)中的国家。

会让年轻女性面对各种可怕的糟心事。"

保持沟通渠道的畅通至关重要。关于女性主义和性剥削，我越来越多地听到一个问题："你为什么那么在乎？"作为一个与同一伴侣共同生活了20多年的人，我为什么要关心年轻女性在这个无情的世界上所遭遇的事情？当任何想要保护的冲动都可能被视为干涉、邪念，以及因嫉妒和生活枯燥而产生的某种奇怪的窥视欲，那我们很难会有所行动。但同理心和阶级意识不应成为荒谬的命题，因为我们会看不到将两代女性联系在一起的共同纽带。

"人们并不总是知道什么对他们是最好的。"20多岁的激进女性主义者安娜-路易丝·亚当斯（Anna-Louise Adams）告诉我。"这就是为什么女性主义者总要自己承担起责任，至少要确保能为那些可能陷入以为是自主但实际上并非如此的境况的女性提供支持系统，因为在一切发生之前，事情的走向已有了既定的轨迹。如果这些支持网络没能通过世代相传得到延续，那将会是一个大问题。"

我在她这个年纪时还没有这样的智慧。对我来说，就像对其他人一样，真正了解自己的欲望意味着缓慢而痛苦地承认所有那些欲望都是人云亦云，只是为了选择而选择，甚至为了证明这些欲望是属于我自己的而放弃了边界。我承认，我自己的身体永远不可能成为这场斗争的终点，它持续了世世代代，通过其他身体以不同的代价进行着。我意识到，还有比被视为不受欢迎更糟糕的事情，就是自己的期望根本没有被觉察。现在最困难的是，要从一个名誉已然败坏的立场出发进行辩论，我自己年轻时也曾参与败坏她们的名誉。

我眼看着自己的辩词话音未落,就被翻译歪曲为"从正常人到恐惧性事的古板老巫婆"。但我还是要说。这就是与夸张形象作斗争和作为夸张形象与真实事物作斗争之间的区别。

第 6 章

密 谋 的 女 巫

在父权社会中寻求互助和
支持的女性群体

> 女性主义是一种反家庭的社会主义政治运动,鼓励女性离开丈夫、杀死孩子、练习巫术、摧毁资本主义,并成为同性恋。
>
> 帕特·罗伯逊(Pat Robertson),
> 1992 年反平等权利修正案筹款信
> (1992 anti-Equal Rights Amendment fundraising letter)

> 妈咪网女性权利论坛上的妈妈们,经常抱怨自己被贬低为"蠢笨的老女人"和"愚钝的家庭妇女"。我同意她们的观点,低估她们的后果不堪设想。
>
> 凯蒂·J. M. 贝克(Katie J. M. Baker),
> 《通往 TERF 之路》(*The Road to Terfdom*)[①]

有人想让我们相信,女性最大的敌人是她们自己。女人与男人不同:男人可以冷静理性地解决分歧,比如,屁滚尿流地互殴,甚至发动战争;女性则忍不住暗地里使绊子,经过同行评议的学术研

[①] *The Road to Terfdom* 这个书名致敬了英国经济学家、政治哲学家弗里德里希·冯·哈耶克(Friedrich von Hayek)于 1944 年出版的经济学著作《通往奴役之路》(*The Road to Serfdom*)。

究表明,"恶毒女孩的行为天性就根植在女性大脑之中"。这是进化之类的东西决定的,"回到穴居时代,女性不得不想办法与其他女性竞争,以找到合适的男性并与其繁衍后代"。

考虑到我们在相互憎恨方面几乎不需要什么外力推动,现代文化怎么还要如此不遗余力地提醒我们这样做呢?电影、报刊和研究报告接二连三地阐述我们的恶毒女孩天性,就像是有一个虐待你的伴侣不断在你耳边低语:"看到外面那些女人了吗?她们都恨你。只有男人才会爱你。"对我们这些有孩子的人来说,这种耳语在我们分娩的那一刻会变得格外响亮,因为当然必须如此,否则如此富有戏剧性、足以改变人生、本质上是女性的经历,会将我们拉得更近。这可能会使女性开始在"我们都是恶妇"这件事情上进行信息比对。见鬼,这甚至可能让我们团结起来,到那时我们会干出什么事?因此,我们被零敲碎打地灌输这样的观念:哪怕是极微小的分歧,都证明了其他的新妈妈在审视着我们。

这样的事情会发生在你最脆弱的时刻。你刚接过一个新生儿,并且被允许——只是被允许!——把那个柔弱的小生命带回家。你进入了那个神思恍惚的阶段,夜不安枕,脑海中充斥着你可能会伤到孩子的种种可能。你与职场隔绝,整天只守着婴儿,你想做得足够好,同时又知道自己力不能及。也许,你应该鼓起勇气走出家门,试着找到组织。可是,如果你和其他母亲没有共同语言呢?对了,只有育儿的事了,这算不算呢?这一个共同点够吗?

有那么一瞬间,你动心了,但你又想起来:你是剖宫产;或者,也许你不是剖宫产。不管哪种情况，只要你是剖宫产，所有不是剖宫产的女性都会讨厌你。再加上你是母乳喂养，或者你用奶瓶喂奶。你的宝宝穿一次性纸尿裤，也可能是可洗的尿布。你读过吉娜·福特（Gina Ford）写的那本书，也可能没读过。最后，你脑海里会浮现出一张巨大的表格，把你与其他母亲做过或没做过的所有事情进行对比，结果你发现，地球上不可能有另一个母亲做的所有事情与你完全一致。因此，所有其他母亲都认为你是个糟糕的母亲，去她们的。我敢打赌她们也都是很糟糕的母亲。（别跟我提那些没生孩子的女人。此刻她们可能正在烧你的肖像诅咒你呢。）

女性对其他女性的不信任，是男性在各个人生阶段维持对女性的控制权的重要工具。它是如此微妙，如此隐蔽，以致让我们相信这些都是我们自己的错。如果我们能做得更好就好了，如果其他女性更优秀就好了，如果我们相处得不那么差就好了。这是胁迫隐于无形的领域之一，如果有人点出来，就会显得有点荒唐。毕竟，又不是说当女性开始共同致力于解决关于她们的身体、经历和生活重心的问题时，一群男人就会被自恋的暴怒冲昏头脑。女性团结的景象也不会引起任何负面反应，不是吗？在当下这个时代应该不会吧。

好吧，也许你会这么想。

然后，妈咪网出现了。

从解放到孤立，再到妈咪网

当人们还在做不光彩的事情——比如把巫婆烧死在火刑柱上——的时候，那时女性之间的交往是一种禁忌，尤其是在年长女性之间。约翰·施普伦格（Johann Sprenger）和海因里希·克雷默（Heinrich Kraemer）15世纪编写的巫术手册《女巫之锤》（*Malleus Maleficarum*）中记载："女人多的地方女巫就多。"因为女人"口无遮拦，无法向其他女人隐瞒她们通过邪术知道的事情"。唯一的办法就是将女人隔离开，如果做不到这一点，就确保对所有聚会场所进行适当的监管。正如安妮·卢埃林·巴斯托所写："所有没有男人的女人，都被认定特别容易受到魔鬼的诱惑。"

显然，这是性别歧视的无稽之谈，现在已经没人相信这些了。尽管如此，作为一名年轻女性，我还是对我母亲那个年龄段的女性参加的许多传统社群非常不以为然，比如母亲联盟、妇女协会，甚至学校门口的集会。在我看来，这些群体都有污点还具有压迫性：保守、白人、中产阶级、低端教徒，最终崇拜的是那个巨大的恶魔——生理即命运。即使是里尔斯通（Rylstone）地区妇女协会的中年女性们为筹集善款而脱下衣服拍挂历写真，后来被拍成了电影《日历女郎》（*Calendar Girls*）*并成为经典，我也没有被这种矫揉造

---

* 尽管我们这一代人正忙着展示我们不受年龄、哺乳、地心引力影响的胸部，还相信这是革命性的。但这不一样，因为我们的乳房更好。

作缺乏革命性的活动打动。与此同时，格林汉姆公地女性和平营等更激进、更坚决的女性主义群体也没有什么吸引力，因为这些团体不仅被认为是反男性和反性的，还需要在寒冷和潮湿的环境中花费过多的时间。对我来说，20世纪90年代和21世纪初的新女性主义，是一条新的道路，能远离琐碎的教会妈妈文化、远离旧式女性主义冷冰冰的清教徒主义。我会和女巫保持距离，只是我不会称她们为女巫——那是反女性主义的，是她们辜负了女性主义，而不是我。

在对第二次女性主义浪潮的反击中，最伟大的成就之一就是将厌女事业外包，这样男性就无须亲力亲为地实施厌女行为了。这在管理以家务和育儿为主的女性群体时尤为有效。方法很简单：使用女性主义的语言来说服年轻女性，让她们相信，这些女性之所以地位低下，不是因为压迫，而是因为她们对这个群体有归属感。替换旧式的性别歧视战术，不再积极否定女性的集体记忆或共同目标，而是坚称承认这种事物的存在只是一种自我限制和"本质主义"。如果做得足够好，那么自愿与其他女性隔离并将男性纳入女性空间这样的行为，将不再代表顺从，而是解放和包容的表现。

安德烈娅·德沃金认为："对男性权力进行抵抗的某些做法，是将抵抗的基地扩展到其他女性身上，扩展到那些与你没有太多共同点的女性身上。这意味着与抱有不同政治观点的女性进行积极的对话，因为她们的人生和你的人生一样有价值。"反过来说，对女性解放的抵抗也包括确保女性彼此孤立，强调所谓不可弥合的差异，从而使她们在某种程度上确信其他女性的人生不如她们自己的人生有价值。说到做母亲，我们中的许多人就是这样，她们认为自己可以生儿育女，却不会掉进"妈妈陷阱"。我们把妈妈互助体系的衰落误认为一种自由。我们没有意识到对女性组织的支持是一种严肃的政治，也没有看到它对男性权威的威胁；我们面对的只有茶水和蛋糕、给孩子擦鼻涕，还有典型的女式喋喋不休。我们认为，这一切对于我们这些比前人更有知识的女性来说毫无意义。每当人们诋毁当妈的年轻女人有多蠢时，我们确信他们说的绝不是我们。

特别是对于中产阶级女性来说，一个极有吸引力的信念是"做母亲不会改变我"，你可以继续做一个独特的个体，只是"恰巧"有了孩子。与"妈咪"阶层划清界限成了一种说服自己的方式，让自己相信做母亲不会剥夺你的自由和个性，因为你和那些没有自由的克隆女人完全不一样。像这样否认我们的身份会不断地被外部关系重塑的方式，早在青春期逃避女性身份时就已存在，如今却被伪装成了"母亲身份侵害个性"这个问题的解决办法。这在个人主义和依赖恐惧症盛行的时代尤其诱人，因为在这个时代，我们很容易将母性的必要影响与社会既侵占又贬低母亲劳动造成的剥夺感相混淆——这种影响当然会改变你，就像所有新的关系和重大的生命周期事件一样。这种感觉很容易让女性认为，自由就在于要坚持认为母亲们没有任何共同之处，她们和以前完全一样，只是身边多了些小生命。如果母亲们能够为共同利益组织起来，来减轻育儿在社会、经济和情感方面带给她们的束缚，而不是单打独斗弃绝任何群体身份，那么生活将会变得轻松很多。

在埃莉莎·艾伯特 2015 年出版的小说《分娩之后》中，主人公艾瑞将早年认知中的母职经验与她自己的经验进行了比较。她是后工业化社会中的一名中产阶级女性，在按男性定义的"现实世界"里闯荡之后成了一名母亲：

> 两百年前，哦，不，一百年前，你生个孩子，会被其他女性包围：你的母亲、你母亲的母亲、姐妹们、表姐妹们、妯娌们、婆婆。而且你那时候可能还不到 20 岁，太年轻了，人生根本还没开始……现在，也许你可以独立谋生，也许你建立了对自己的认知，然后，你被毫不客气地劈成了两半，接过一个新生儿，回到你的小隔离舱，继续生活，你可千万别发太多照片。你不想成为她们中的一员。

问题不在于女性不应该拥有"任何属于自己的生活"，而是在于，"解放"了的女性只有在不被家庭责任框定的情况下，才能过上自由的生活。如果她们被责任框定，就不能再期望得到支持，因为来自其他女性的支持属于一个反动的前女性主义时代。然而，人类仍在继续繁衍，需要亿万女性成为母亲，无论这种角色在现在的观念中有多么"本质主义"和"反动"。这让人为难，许多人因此觉得必须在获得支持体系和拥有内心生活之间做出抉择。正如"性积极"女性主义面临的情境一样，你活得好像不再受制于旧有的期望，却成了真正消除这些期望的替代品。更糟糕的是，指出这些束缚因素依然存在——比如，提出挑战男性对生殖的控制，可能需要围绕女性的生殖能力进行政治组织——就会立刻让你对这些束缚本身负责。*当你作为一个母亲被组织起来，如果人们认为母亲是你唯一的身份，那你只能怪自己。

正是在这种后第二次女性主义浪潮孤立孕产妇的背景下，网络育儿论坛在21世初应运而生。妈妈们将网络空间作为建立联系的一种新方式，甚至身处"隔离舱"时也能互联，从而填补了部分由女性主义自身制造的鸿沟。中产阶级的妈妈们，这些嗷嗷待哺的受众，立即对网络空间产生了兴趣。值得注意的是，尽管近年来的叙事会把这些网络空间描绘成以妈妈们为中心的纯净聚会场所，只是后来被潜入其中的"黑暗"势力侵蚀，导致糊涂的大众变得激进。其实恰恰相反，在早期，这些网站都是可控的空间，是以生活妙招、免费赠品和博主测评为诱饵建立的资本主义模式的母婴社区。伴随着无穷无尽的"产品测评"机会和影响力排名，网络育儿社群的早期热度与《女性的奥秘》一书中所写的20世纪50年代的家庭主妇消费主义的兴起如出一辙。贝蒂·弗里丹描述了被困在家庭中的孤独女性被推动着购买更多东西，以补偿她们"缺失的身份感、目标、创造力、自我实现，甚至性快感"；50年后的今天，妈咪博主文化觉得有必要向我们保证，我们也是职业女性。我们不仅仅是买方，我

---

* 我的朋友玛丽娜称之为"谁举报谁负责"女性主义。

们也是卖方。*

　　唯有在我们决定开始讨论和筹划时，麻烦才开始出现。（正如德沃金在谈到"性积极"左派男性时所说的："当我们开始组织起来时，他们就不那么开心了。"）在2000年后，我们会轻易嘲笑经常光顾这类网站的人，即使妈咪网已经开始引起政客们的关注。妈咪网的用户被当作无聊的妈妈们，她们出卖孩子的隐私以换取三个月的馅饼供应和游乐园代金券，为学区分布和百大网红排行榜（Tots 100 chart）争得面红耳赤。那时她们并没有被污名化，只是被嘲笑为痴心妄想、迷失了人生目标的无脑小女人。用户所参与的政治是严格意义上的"妈咪政治"，温和、松散，也不严肃。然后，妈咪网似乎偏离了这个原定的轨道。

　　妈咪网的发展历程令人称奇。我们习惯于看到女性主义被挪用、重新包装、集团化；我们却不习惯看到集团化的女性主义成为一种基层运动。妈咪网从内部发生了变化，颠覆了人们对现代育儿论坛和母亲应该如何行事的认知预设。在早期那些妈咪社区中，大多还是讨论要稍稍出格一点只是为了表示你不是"某个普通妈咪"这样的陈词滥调，但你也会担心走得太远。妈咪网则不同。

　　在过去的5年里，妈咪网越来越多地与政治激进主义、攻击性

---

* 这方面我有一些个人经验，因为我在大孩子两岁和四岁时都建立了博客，做得还算不错。我不仅一度成为某个著名网站"优秀博客"奖的决赛选手，还为某些环保家居清洁产品写过自认为很棒的测评。我至今还用着产品附赠的茶巾和环保袋。

和跨性别恐惧症联系在一起。批评者将该网站称为"甜酒版4Chan",并要求广告商抵制该网站。专门研究历史和性少数者问题的博主、跨性别活动家丽贝卡·简·摩根(Rebecca Jane Morgan)说,妈咪网是"跨性别仇视者的泥沼",与"其他吸引极端分子的'另类'和'言论自由'的平台如4Chan等"不相上下。至于是什么导致了这一引人注目的堕落,也有很多说法(摩根将其归咎于"监管不力"和"社交媒体上的极端主义")。而我认为原因有二:饼干(稍后详述)和年长女性。

妈咪网与网络妈咪(Netmums)和英伦妈咪(Britmums)等网站的不同之处,是中年巫婆在用户中所占的比例。《妈咪网的政治化》(*The Politicisation of Mumsnet*)一书的作者萨拉·佩德森告诉我说,该网站的用户群与其他育儿论坛的人群不同:

> 这里的女性想继续备孕的不多,有小宝宝的也不多。实际上她们大多是三十多、四十多、五十多岁的人。她们还在当着妈妈,她们有自己的问题,不过她们应对的是已经上学的孩子,还有处在青春期的孩子。

这不仅仅是一个以女性为主的网站,还是一个以中年女性为主的网站。它是一个跨代沟通的网站,妇女们在这里分享不同人生阶段特有的女性经验,包括从初为人母到资深妈妈,直至更年期的经验。这种经验分享非常强大,让那些试图通过分而治之的策略来控制母亲群体的人感到担忧。

我与妈咪网的前编辑凯特·威廉斯（Kate Williams）谈过，她说来这里的人确实会受到潜移默化的影响，但并不是所谓的无聊愚蠢的母亲们被极右派恶魔腐蚀，而是那些刚刚成为母亲并对此感到极不适应的女性，受到经验丰富的老用户的影响：

> 你常常会见到初为人母的女人，她们会有同样的困境："该死的，我以为他是个好人，他确实也是个好人，可所有的烂事儿都是我在做，还被他瞧不起。"然后，妈咪网角落里的那些老巫婆，让这些女性充分认识到了自己受压迫的本质。人一直都是这样变得激进的。只是在这里你能亲眼见证。这就是少妇变老妇的历程。

我认为，这才是真正的问题所在：如果你创造了一个让"妈咪政治"蓬勃发展的空间，这个空间就会让那些被灌输了性别差异不再具有政治意义的女性——至少对于那些不再希望如此的女性——通过思考和交谈来理解为什么性别差异仍然重要。她们之所以能够理解这一点，是因为其他女性，即那些教人学坏的老巫婆，在给她们引路。

纵观历史，男人们一直在凭借暴力方式协同一致地试图污名化女性群体，贬低女性的经历，并说服女性进行自我迫害。嘲笑"妈妈们"是一种阻止女性感受彼此相连的羞辱手段。但是，即使是在一个人为构建的社区里，女性也可以重新发现将她们联系在一起的纽带，而且在这个社区中，生理和生命周期的经历都无关紧要。如果你不希望女性谈论这些话题，而只谈论"婴儿食品和学校"，那是你的非分之想。仅仅拥有在论坛上抱怨家庭不公的权利是不够的，尤其是抱怨会让人腻烦；阐释和挑战不公正可以激发心智，正如佩德森所说："与推特上某些流传的观点相反，女性并不会因为生了孩子就失去思考能力。"

我认为，当人们对妈咪网感到愤怒时，他们愤怒的缘由与约翰·施普伦格、海因里希·克雷默等人痛恨女巫的原因相同。他们愤怒是因为他们认为：女性的言论是邪恶的、不可信的；女性的知识毫无价值且有害；没有男性参与的聚会，就是撒旦蛊惑人类的阵地——以女性的组织和政治思想为形式；最重要的是，卑微的妈妈们已经逃脱了他们的控制（毕竟，她们被允许"讨论任何事情"，只是不可以讨论她们自己所受压迫的根源）。

我知道很多人觉得这一次情况不同。每个女巫猎手也这么认为。

流言归来

女人

喊喊喳喳的女人

絮絮叨叨

> 女人喋喋不休
>
> 女人胡诌八扯飞短流长
>
> 男人侃侃而谈。男人字字珠玑。
>
> 丽兹·洛克海德（Liz Lochhead），
《男人开讲》（"Men Talk"）

就像《女巫之锤》中所言，女性"口无遮拦"，会施"邪术"。同时，她们也相当愚蠢（"女人在智力上像小孩"），所以你会觉得她们不会取得多大成就。对一般的厌女者来说，这一直是个难以解决的怪圈，时至今日依然如此。谴责妈咪网的文章竭力解释，一个本应是"女人讨论尿布疹"的论坛，或是"寻求洗碗机除垢办法"的地方，却被政治阴谋家攻陷，"我们低估了这些人，只能自食恶果"。一位中年妈咪网用户不无同情地向我描述这个问题："我们是没完没了地讲着孩子长笛课的蠢笨奶牛吗？还是我们是恐怖组织？我们不可能两者都是，但他们就是这么形容我们：我们是弱智儿童，但又是危险、邪恶和反常的。"

令发布"危险"言论者同时具有"最毒妇人心"和"一孕傻三年"特征的一种方法，就是塑造一个长舌妇的形象。"家务报酬运动（Wages for Housework）"联合发起人之一、女性主义学者西尔维娅·费代里奇（Silvia Federici）写道："女性才会'闲聊'。她们大概没有更要紧的事可做，获得真正知识和信息的机会较少，而且整体上无法建构起基于事实的理性话语。"妈咪网的女性被视为典型的

"长舌妇"——正如佩德森引用的一位评论家所说:"除了在网上逡巡……寻找厮杀的论战之外,无事可做的太太们。"妇女被排除在公共领域之外,就可以光明正大地将她们视为智力低下的人,没有能力参与重要问题的辩论,因为重要问题超出了她们的理解范围。即使妇女获准进入她们曾被排斥在外的空间和机构,这种偏见依然存在。如果你拥有性别研究的研究生学位也无济于事。事实上,由于你"整体上无法建构起基于事实的理性话语",接触一些你无法理解的观点,会让你变得更加险恶。

艾德丽安·里奇写道,她相信:"只有愿意分享有些痛苦的私人经历,才能让女性创造出一种真正属于我们自己的对世界的集体描绘。"对仅限女性参加的聚会和有关意识觉醒的论坛(如妈咪网上的女性主义版块)的攻击,经常被纳入以"取消文化"为重点、左右对立的男本位叙事中。这是错误的叙事,它抹杀了男性反对女性发声的漫长历史,并将反对女性彼此建立联系的古老观点与否认大屠杀进行错误的类比,从而将这种反对合理化。从16世纪没有脑袋因此无法发声的"贤惠女人"形象,到反女性主义运动宣传中嘴唇上挂着锁的女人形象,再到将超级胶水作为"TERF们的口红"的"热梗",这一切都一脉相承。言论自由对女性的意义与对男性的意义并不相同。

从来没有给男性的训诫嘴套,没有女性以"唠叨"为由屠戮丈夫的历史,也没有女性禁止男性在政治集会上发言的伟大文明故事。"爱说闲话"的女性所引起的焦虑和对她们进行控制的要求始终存在，即使这种焦虑和需求被伪装成进步的政治。我在20世纪80年代并没有注意到这一点，当时我自己的"女性主义"愿望就是不要落得和妇女协会的家庭主妇一样的下场。不知不觉中，我成为我试图远离的厌女症的典型例证。我接受了戴尔·斯彭德在1982年描述的关于女性、政治和"非自然"行动主义的观念：

> 男人们可以在酒馆里谈论政治，但抵制某家超市的妇女则只是"家庭主妇的集体短途游"；男人们之间的权力差异是严肃的，具有政治性质，但女性概念中的男女权力差异则是愚蠢的，是一种神经质的体现。由于在父权制社会的基本参照框架中，男性是政治动物、政治活动家和理论家，因此女性与权力有关的活动被剥夺本质，归类为其他活动。要么否认女性关注权力（女人们完全搞错了问题），要么断言女性不是真正的女人（身为女性本身就是错的），因为必须在女性身上而不是在阐释世界的方式上找到不足之处。

如果说政治女性，比如说那种没有女性气质或无法相处的女性，从名称上来说就是一个矛盾概念，那么这是她自己的错。

卡罗琳·布莱克伍德（Caroline Blackwood）在1984年出版的《在边缘》(*On the Perimeter*)一书中，讲述了公众对格林汉姆公地女性和平营的反应：

她们被描述为"好战的女妖""一群臭气熏天的女同性恋者""草台班子"和"毁了格林汉姆的吵闹女巫""一群无所事事的愚蠢女人",语气中全是轻蔑。指责她们"性饥渴",是一种很严重的说法,因为这让她们听上去相当危险。还有人说她们拿了苏联的钱,据说其中许多人是俄罗斯间谍。格林汉姆的女人们被冠以如此之多的贬斥性描述,让人不禁开始心生疑窦,是"性饥渴"更糟糕,还是被苏联收买更糟糕?

在斯彭德和布莱克伍德的叙述中,有几处让我印象深刻:一是无法将从事"男性"活动的女性进行分类的挫败感;二是避重就轻,或暗示这些女性误入歧途;三是将女性政治行动硬塞进随便某个模板,以"证明"女性在智力和道德上都不适合参与政治活动。布莱克伍德所说的"无所事事的愚蠢女人"与指责妈咪网用户是"无事可做的太太们"如出一辙。诚然,在 20 世纪 80 年代扎营抗议核武器与在 21 世纪 20 年代参与有关《性别承认法案》(Gender Recognition Act)改革的在线辩论不同,但表现出来的厌女情绪却是不变的。

你可以随便选择过去的任何一个时间点,都会发现有人抱怨"无事可做的太太们"在本该把晚餐放进烤箱/炖锅的时候却聚集起来制造麻烦。罗伯特·威尔逊在《永葆女人味》一书中抱怨更年期女性"三四个人成群结伙凑在一起":

> 除了无聊和琐碎的闲话,她们并没有什么可分享的。可想而知她们没有任何幽默感。她们从不懂什么叫会心一笑,总是发出一种充满恶意的咯咯声。

这本书虽然写于1966年,但字字句句都在向妈咪网叫骂。再往前追溯,在《从野兽到金发女郎》(*From the Beast to the Blonde*)一书中,玛丽娜·沃纳复刻了一份17世纪的传单,名为《飞短流长,闲聊的几个领域》("Tittle Tattle, or the several Branches of Gossiping"),其中"描述了那些无人监管任由女性胡言乱语的地方有多么令人生畏":

> 这份传单警告道,仅有女性们聚集的地方充满了危险的自由,她们可以热烈地交流小道消息和闲言碎语。在产妇床边、在温室花房,然后是面包店、水井旁、酒馆里、洗衣的河边、市场上和教堂里,这些都是女性日常劳作(和娱乐)的常规时刻。不管这样做会导致怎样的争斗和其他没规矩的行为。

这说的还是妈咪网,而且,我不认为作者对女人们"在产妇床边"闲聊感到特别愤慨只是一种偶然现象。这只是旧时代的表达方式;今天,他们把那些组织以女性身体为核心活动的人称为生物本质主义者和搞小圈子的偏执狂。

当然，17世纪的传单列出的许多场所已经是今天的女性不会光顾的地方。我们独自购物，打扫卫生，关起门来膜拜自己选择的神祇，但我们找到了其他的联系方式，其他分享记忆、经验和知识的方式。这无可避免，也令人忌惮。1995年，戴尔·斯彭德在书名颇为机巧的著作《网络上的唠嗑》(*Nattering on the Net*)中，就已经预测了女性在线论坛的命运，当时那些短命的论坛作为新领地出现，男性还没来得及侵占：

> 由于觉得在男性面前没有言论自由，许多女性建立了女性专属论坛……但在这种安全空间建立起来后，某些方面的反应是可以预见的。有些男性强烈反对，声称女性专用空间侵犯了他们的言论自由权。他们试图挤占、扰乱或摧毁女性专用论坛。

又一次，在妈咪网出现之前，已经有一个妈咪网的雏形网站了，现在这个网站甚至不能再出现芙罗拉(Flora)的人造黄油广告，因为广告商被施压，不愿因为与女巫有牵连而声名受损。有人声称如果女性不发表"怀孕、分娩和哺乳是我人生中唯一感到自己是女性的时刻"这样令人发指的言论，妈咪网"这种不错的小网站怎么也不会摊上事儿"，这种说法十分可笑。妈咪网从它出现的一刻起就已成了标靶。

女性能够独立思考吗

  2021年末，一名男记者谴责J. K. 罗琳"为了迎合妈咪网的口味而把自己的声名付之一炬"，对此一位女性推特用户回顾了许多人都熟悉的经历并以此作为回应。她写道："在我刚开始工作的时候，每当办公室里有两个以上的女性在交谈时，男人们就会说：'哦，怎么回事，这是母亲议事会吗？'"这样做是为了让我们女性知道，我们正在讨论的事情只是个玩笑，而不是什么重要的事情。女性对这种策略一直心知肚明。事实上，妈咪网的精彩之处在于，那些在此聚集的聪明有趣的女性找到了自己的方式，讽刺和颠覆了这一观念：女性过于肤浅和琐碎，如果没有男性的引导，就无法参与真正的辩论。朱迪斯·巴特勒在《性别麻烦》（*Gender Trouble*）一书中问道："什么形式的颠覆性重复可以使得身份的管控实践本身受到质疑？"我相信巴特勒知道，答案就是妈咪网的"饼干问题"。

  这指的是参加妈咪网问答环节的政治人物总是会被问及他们最喜欢的饼干是什么，然后据此做出评判。不管从几个层面看这个问题都很有趣：其一，被问到饼干偏好的人会假装回答得很随意，但实际不然，你的男子气概、你的爱国主义、你对普罗大众的理解是如何通过饼干的选择体现的？其二，那些问饼干问题的人会假装他们的兴趣只在饼干上，就和那些妈妈们一样，而不是在关注任何严肃的政治问题。（从而悄悄地复制/颠覆了性别规范，我想巴特勒可能会称之为在"权力矩阵中运作"，但并没有不加批判地复制"支配关系")。其三，妈咪网的批评者将"饼干问题"视为这个网站在成为邪恶的温床之前还算正常的证据，他们伤感地回忆道，这里"基本上是一个妈妈们可以讨论喂养习惯，问政治家最喜欢的饼干，以及争论安特和德克（Ant and Dec）[①]谁更帅的地方。"这个问题本身利用了人们对妈妈们只关心琐事的期望，其妙处就在于第三方意识不到这一点，因为他们认为妈妈们蠢到无法理解自己的笑话（而这反过来又是笑话的一部分）。笑话之所以好笑，是因为开玩笑的人装傻充愣。

这种偏见可能由来已久，而且很容易成为笑料，但今天的母亲们真的仍被认为应该待在自己的领域，只讨论喂养习惯、安特和德克谁更帅之类的问题。这种对女性智力或特定女性群体智力明目张胆的贬低，几乎就是在警告某些女性可能想得太多了。玛丽·沃斯通克拉夫特在《女权辩护》一书中指出："在我的观察范围内，大多数行为理性的女性，或者展现出任何灵活头脑的女性，都是偶然间被放飞的。"两个多世纪后，妈咪网提供了一个新的空间，让这样的"偶然"得以发生。跟从前一样，反对者总要坚称，这里既没有任何理性，也见不到灵活的头脑。

无论她们实际上拥有什么知识或经验，经常上妈咪网的女性都被视为"脸书大妈"的表亲。这是另一群被指责的女性，她们只会

---

① 安特和德克：两位英国男演员，20世纪90年代童星出道的偶像组合，至今活跃在电视和流行乐界。

鹦鹉学舌，说出那些自己无法理解且没有接触过的政治观点；如果不是因为她们被允许在网上"肆意妄为"，她们就不会接触到这些观点。这并不是说女性不应该进入公共空间并参与辩论，只是某一特定群体，比如35岁以上的女性，受教育程度太低，只关心家务事，思维僵化，没有应对能力。在沃斯通克拉夫特的时代，女性低人一等的传说为排斥女性提供了理由，而现在，这种传说已被第四章中讨论的"还不够格"所取代。同样的假设依然存在，但他们的辩解是，一旦女性进化到能够正确使用她们新获取的权利，这些假设才不再适用。

对年长女性不能自主思考的暗示，以及随之而来的言下之意是：我们表达的政治信仰并不真正属于我们自己，我们所受的教育只是洗脑，我们花的钱也并不是我们自己的钱。这是对妈咪网以及英国妇女之家等女性组织的诸多反馈中的一种有趣言论。有意思之处在于，这让人感觉好像过去50年来，女性的境遇从未发生真正的改变，或者至少对于年长女性和母亲们来说没有改变；她们成了旧时代女性群体的名誉成员，在过去不被允许追求与男性相同的职业路径、取得相同的资格或独立管理自己的财务。从表面上看，女性应获得与男性同样的经济、知识和政治自主权的论点已经胜利，即使结构性的障碍阻止了大多数女性完全实现这一权利。尽管如此，在应对女性实际利用她们现在拥有的教育、金钱和政治影响力时，男性做出的反应使我们看清，在他们宽宏大量地"赐予"我们权利时所期望的与现实并不相符。我认为，这其中既有某一代人的特征，也有恒久不变的性别歧视。

要理解这种强烈反差，我们需要将其置于两种背景之下：一种是对超龄女性的持续性恐慌，即那些活到超过男性主导社会所认为的有用或顺从年龄的女性；另一种是对特定群体的恐慌，这些女性在成长过程中没有受到她们母亲那代人所受的限制，从而产生了某一代人特有的恐慌。对于 X 世代女性来说，这一点意义重大，因为第二次女性主义浪潮在许多领域都产生了巨大影响。婴儿潮一代女性在教育、政治、职场和金融领域为女性取得了成就，但她们并不是主要受益者，我们这一代人才是主要受益者（尽管我们一直在抱怨如果换成是我们将会做得更好）。当我们成年时，竞争环境在很大程度上已经在名义上实现了平等。我们不必为正式确立我们在教育、就业和政治中的平等参与权或为争取属于自己的空间而进行同样的司法斗争。今天的中年男女从未为 1964 年的《已婚妇女财产法》（Married Women's Property Act）、1975 年的《性别歧视法》（Sex Discrimination Act）或女性庇护所的建立而战，因为当我们成年时，这些文件已经签署。然而，这些斗争的历史并不久远，其印记一直存在，影响着我们的成长和我们对权力平衡的信念。在与我同龄的男性中，我察觉到一种观念，即我们这一代的女性并没有充分考虑到前几代男性所享有的特权被剥夺后所产生的创伤。对于 X 世代女性来说，"被赋予"我们从未为之奋斗过的权利是一回事；而有胆量利用这些权利来进一步增进我们自己的权益（不是仅仅享受这种理念）则是另一回事。

英国妇女之家旨在捍卫对妇女和女孩基于性别的保护。其创始人基里·滕克斯在与她所在的工会人员接触后，开始参与法律中有关性别和性别认同问题的辩论，工会相信她"是一个值得信赖且取得过成绩的人"。滕克斯告诉我，她知道对《性别承认法案》的改革进行调研会"有争议"，但她没想到英国妇女之家会被"定性为危险的右翼仇恨团体。我们以为人们会考虑一下我们知名左派女性的身份"。但事实并非如此，英国妇女之家被污名化，以至于在2020年，三位工党领袖候选人中有两位签署了一份承诺书，宣布该组织为"仇恨团体"，其成员应被开除出党。滕克斯和另一位共同创始人露丝·塞沃特卡（Ruth Serwotka）的政治思想被彻底否定，她们现在的言论和行动也被封杀。自此以后，该团体一直受到暴力威胁，并且在工党大会上遭到抗议。这个试图在体育参与、庇护所和监狱等领域捍卫其权利的"排他性"群体，正是曾因围绕在产妇床边进行"密谋"而遭人诟病的群体，我觉得这并非巧合。

滕克斯告诉我，在对英国妇女之家的攻击中，有人认为"没有钱，我们不可能组织这样的活动，因为我们怎么可能知道如何行动呢？"，她感到特别惊讶：

> 我对那些（批评者的）震惊感到震惊。我想，我们为什么不能呢？参与"妇女之家"的许多女人毕生都是活跃的政治活动家。我们为什么会不知道如何用微薄的资金开展活动呢？但凡有人能做到，我们就能做到。

她认为批评者不仅低估了女性的组织能力,还低估了"我们的解放程度":

> 女性有了自己的工作,她们处于有影响力的位置。她们在政党中声名显赫,其中一些人身居要职。你知道,怎么会有人觉得我们只是坐在家里,并没有真正参与到我所做的政治工作中去呢?

当女性利用经验和权威来提高女性作为一个独特阶级的权益时,对她们的经验和权威的认可就消失了。就好像我们被赋予的权利和界限只是理论上的。"如果我们要集会,"滕克斯语带讥讽地说,"我们应该以人们希望的方式集会,我们应该谈论他们希望我们谈论的事情;倘若因我们没这么做而引起了激烈的反应,我们不会觉得意外。"

人们不相信女性能独立行事;即使她们独立行事,也会怀疑她们是受了别人的指使。那么,应该如何阻止她们呢?在 1983 年出版的《如何抑止女性写作》(*How to Suppress Women's Writing*)一书中,女性主义学者乔安娜·拉斯(Joanna Russ)探讨了抹杀和削弱女性作品的各种策略,因为"一个名义上平等的社会"仍然必须给予"'错误'群体的成员……从事文学(或同样重要的活动)的自由"。她称其中一种策略为否认能动性:"她不可能写出(同样也不可能绘出）这个作品,这是她窃取的,她其实是个男人,只有'不只是女人'的女人才能创作出这样的作品,或者她确实做到了,但看看这个作品让她变得多么嚣张,多么荒唐,多么不可爱,多么不正常!"我想女性在妈咪网上讨论政治,或者在线下聚集推广未经批准的事业时,都会有这样的声音不绝于耳。在《通往 TERF 之路》一书中,凯蒂·贝克遮掩了自己的厌女情结——毕竟,从道义上讲,她有义务给予年长女性政治上的"参与自由"——她假装妈咪网上的女性不是在表达自己的想法,而是洗脑受害者,她们被低端的家务缠身,亟待拯救。在书的最后,她希望能有一个"将妈妈们纳入怀抱的性别解放运动,让有毒的论坛衰落"。好吧,一个不是由妈妈们领导的运动,也不是让妈妈们发声的运动,而是一个让妈妈们默默跟随的运动。这不是在论战,而是在谈论如何改造罪人。

贝克的期望短期内不会实现。有人认为,被孩子牵绊住的妈妈和更年期女性不会独立思考,因此只需看最后是好的一方还是坏的一方能赢得她们。这样的观点已经被一再证明是错误的。尤其是在性别与性别认同的讨论方面,这种观点是错误的,而这并不是什么新鲜事。如果你允许女性以自己的生活经历为中心进行政治辩论,那么许多年长女性和母亲就会把重点放在生理性别与她们自身的社会和经济地位相关的方面,这是完全合乎逻辑的,并不像贝克自以为是的推测:她们是因为"处于生命中的脆弱时期并由此引发孤独感",从而产生了猛烈抨击的行为。(也就是说,她们有一种疯狂的非理性的想法,认为怀孕和分娩在女性受压迫的社会建构中具有重要意义，因为她们自己怀孕和分娩的经历就是如此。）妈咪网的"排他"并不是一个错误，而是女性作为一个生育阶级组织起来的一个特征。那些早年间对新手妈妈和老巫婆聚会的攻击——织女圈、产房、洗衣日的聚会——也是一种对"排他"女性的反应，只是使用了不同的措辞。如果你愿意，可以把当前的紧张对立当作"落后于时代"的老一代女性不能理解包容的重要性，但这跟过去对同一类人进行羞辱的性质相同，只不过换了一种方式。

在网上或现实生活中相聚的母亲和更年期女性，对"女性在政治上并不重要"，或者"不允许女性为她们自身的利益组织起来"的说法感到愤怒，这并不奇怪。相反，她们不愤怒才是怪事，这也是她们一个世纪又一个世纪坚持这样做的原因。

重启女巫集会

凯特琳·莫兰在《不只做女人》一书中，通过"集会"这一隐喻，描述了中年女性因共同的社会经历和身体体验而产生的团结精神：

> 女巫集会是中年女性远离世界的地方——与那些和她们一样经历过堕胎、死亡、流产、精神崩溃、葬礼、失业、贫穷、恐惧、就医和伤心的人在一起——她们有时会哭泣，会互相安慰，但更多的时候是开一些暗黑的玩笑，只

有同为女巫才能笑得出来。在女巫集会中，你致力于至关重要的女巫事务：拟定要诅咒的白痴和要祝福的英雄名单；制定作战计划和时间表；策划如何干掉混蛋，如何让正义者起义。你要在一个非女巫听不到的地方做这些事，因为"女巫俱乐部"是终身会员制。

这段表述虽然轻松幽默，但其中包含的真相却让很多人无法接受。女性的衰老过程具有排他性是必然的，因为这涉及男性无法感同身受的经验积累，还因为它将年长女性所遭受的"被无视"状态重新定义为自愿撤退。你可以试图闯入女巫俱乐部，但你不能把一位女性的人生故事改编成你的故事，就像你无法确保被你赶出公共领域的女性在发挥了她们的作用后，不会创造属于她们自己的空间，并且不把你纳入其中。毕竟，我们总得有个去处。

如果女性没有内心世界——如果我们可以在每一个人生阶段都单纯按照被要求的样子活着，不受任何过往经历的影响——那么一切都会变得简单。年长女性们唯一可以谈论的，只是如何满足他人的需求，而不是形成我们自己的力量、爱和创伤的历史，并且想要分享和传承这些历史。正如凯特·威廉斯所说，真正令人反感的是，我们是完整的人，由我们所经历的一切所塑造，我们不是容纳男性后代的废弃容器或者承载男性幻想的废弃空白画布：

妈咪网的用户一直都是被攻击的目标，一方面因为

"瞧这些卑劣愚蠢的女人,她们在谈论婴儿车",另一方面因为"瞧她们,又在憎恨男人,煽动仇男情绪"。当然,这两种攻击同时存在。因为这就是女性的历程。你们的所作所为造就了今天的我们。我们一直被引上岔路,现在我们回到了正途,父权者们认为这很成问题,在这一点上他们没错……直接逃离市场,不做父权制通行逻辑下的执行者,这种想法对父权制来说就像发生了无法控制的泄漏。

年长女性被告知她们毫无价值,并且通过抹去她们身体的故事,表明她们的过去不值得书写。当父权制将我们当作"编外群体"时,一个排除了"非年长者"和"非女性者"的群体由此产生了。被排斥在父权制市场之外,其本意是为了削弱和孤立我们,而不是给我们机会让我们提高对共同经历的认识从而建立联系。在关于妈咪网的文章中,佩德森引用了南希·弗莱舍(Nancy Fraser)的"次反公众(subaltern counterpublics)"概念,即"为应对被主流公共领域排除而平行形成"的领域……成员可以在其中创造和传播反话语(counter discourses),以便"对她们的身份、利益和需求进行反向解释"。对现代女巫集会的愤怒,是对其中的成员未能按照非人类应有的方式行事的愤怒。这种愤怒并不代表某些被冷落的更边缘化的群体所表达的愤怒;它愤怒的对象是那些被冷落却仍在创造自己故事的人,这些故事是原来的排斥者无法占有的。

里奇写道:"女性刻意与男性疏离一直被视作一种潜在的危险或

敌对行为，一种阴谋，一种颠覆，一种毫无必要的怪诞行为。"这其中的核心问题是权力，以及谁掌握着权力。在过去10年中，女性的退隐和避难之地被重新塑造为特权场所，并且借助"顺性别①特权"（cis privilege）的概念，将主流话语复制到这些场所之中。这使得在"女性"这一类别中，男性对女性所拥有的权力分析被颠覆了（享有特权的女性是拥有阴道的女性，她必须将空间让与他人，同时对她的性别身体与自身社会地位之间的关系保持沉默）。重新评估对女性专用空间中必须包括的人，使得那些根本不想让女性相遇和分享知识的人重新将分离主义（无权力的群体拒绝有权力的群体的进入）诠释为隔离主义（有权力的群体排斥无权力的群体）。

在《关于分离主义和权力的一些思考》（"Some Reflections on Separatism and Power"）一文中，哲学家玛丽莲·弗赖伊（Marilyn Frye）探讨了权力差异是怎样以不对称的准入方式展现的：

> 完全的权力就是无条件的进入，完全的无权就是无条件的可被接近。权力的创造和操纵是通过对进入权的操纵和控制来实现的。

在围绕着妈咪网和其他草根组织（如"为女性公平竞争"和

---

① 顺性别：指性别认同和性别表达与出生时的生理性别相符的人，与跨性别者（Transgender）相对。

"为了苏格兰女性")的恐慌中,我们看到的是将女性拒绝"无条件的可被接近"描绘成一种专制行为,而不是对"无条件的进入"的挑战。弗赖伊写道:

> 全女性的团体、会议、项目似乎是引发争议和对抗的利器。仅限女性参加的会议是对权力结构的根本性挑战……将男性排除在会议之外,不仅剥夺了他们的某些利益(没有这些利益,他们也可以生存),而且还是对参与的控制,让她们自以为由此获得了某种权力。这不仅恶毒,而且傲慢。

弗赖伊的文章写于1983年,当时的优势在于,至少能够以一种人人都能理解的方式使用"仅限女性"这样的术语。如今,"女性"和"性别为女"的真正含义却引起如此多的焦虑,导致许多女性主义者都在试图模糊这个议题,主张女性的专有空间固然重要,但必须"有包容性"。这是可以理解的——为一件总是导致女性被指责恶毒和傲慢的事情而争辩,谁愿意因此更显得恶毒和傲慢呢?但是,这是用写着"男生不得入内"的可爱标牌装饰你敞开的门与真正把门关上并上锁之间的区别。

2019年初,我在布里斯托大学的团体组织"女性回击(Women Talk Back)"举办的一次小组讨论会上发言。话题并不是讨论性别认同,而是对女性言论和写作的监管。与会者大多是中年女性。活动引来了一群男性抗议者,因此需要增加安保人员。一方面,这些人想通过表现出一些偏执狂行为——如尼古拉斯·凯奇(Nicolas Cage)主演的电影《异教徒》(*The Wicker Man*)[①]中最后出现的那种,以证明自己的进步以及与性别不相符的身份,而我们却要克服他们的阻挠,这实在有些荒谬。另一方面,这充满了反乌托邦色彩。这些年轻男性认为,自己有权利去破坏女性活动,并以暴力威胁女性,他们并不是打着男权活动的名义,而是打着"包容"的旗号。最后,我只能认为,这一直是他们的本来面目,没有多了什么,也没少了什么。这种事也可能发生在1999年、1979年、1959年……只是发型和辱骂的言辞有所不同而已。

杰梅茵·格里尔有一句名言:"女人对男人有多恨她们知之甚少。"虽然我不确定这句话是否完全正确——我自认为我的伴侣和儿子们都觉得我还不错,真的——但我认为,当我们有越轨行为时,女人对某些男人会做出多么激烈的反应也知之甚少。我们可能有这个顾虑,因此我们尽可能地维持规矩,告诉自己自我抑制的方式,正如德沃金所写的:"女人低声下气。女人道歉。女人闭嘴。女人觉得自己懂得的事情不值一提。"这其实只是我们友好和善良的表现。你可能生活在一种低级的、从未完全表达过的恐惧之中,为你要说

[①]《异教徒》:也称为《柳条人》,是1973年的一部悬疑电影,讲的是一名侦探在一座孤岛上陷入了异教徒的陷阱,在被塞入巨大的柳条做的人形道具后又被焚毁献祭的恐怖故事。2006年好莱坞翻拍该电影,由尼古拉斯·凯奇主演。

的话、要去的地方、可能与谁交往都设定了模糊的限制。母亲身份、年龄增长、被排除在父权市场之外，会让你不再犹疑。我们没有无限的时间，没有人会给予我们属于我们自己的知识和物理空间。这些都需要我们去争取，但当我们提出要求的那一刻，我们就会遭到攻击和怀疑。玛丽娜·斯特林科夫斯基写道：

> 作为女人，就意味着要有接纳力、通融性、开放性和包容性。女性特质就是包容性。强势地举手做出禁止手势是女性特质的对立面，看到像我这样一个无论外表和行为举止都像女人的人，竟然做出这种越轨举动，会让人迷惑不解甚至心生恐惧。更让他们恐惧的是，许多女性，许多女性群体、女性社区站出来说："到此为止，我们不会再容忍，这是我们的空间，我们有权决定谁可以来这里，谁不能。"

"但愿你没有疏远她们所有人"

10年前，如果你问我对仅限女客的旅馆有什么看法，我会说它们可能有益于某些女性，但我不确定。最近我突然意识到，事实并非如此。我在20岁左右就住过一家这样的旅馆，后来很快决定不再想这件事，因为太尴尬了。

那是我在牛津大学就读的时候。我选择的学院在我入学的14年前就已经开始招收女性学生了。对于 18 岁的我来说，14 年几乎就是一辈子，但显然 14 年还太短，这个地方残存的男性习气让我惊讶。我曾经以为，通过克己忘我、焚膏继晷的学习，我已经在某个高贵的思想殿堂中赢得了一席之地。可是没那么幸运。男生们知道那个空间属于谁，也知道我们这些擅闯者是怎么回事。就是些身体，就是些肉体。大二念了一半，我崩溃了，我选择休学一段时间，离开学校。我先是住进了一家精神病院，然后随机住在某家的地板或沙发上，最后住进了一间基督教女青年会（YWCA）*女性旅馆。

住进基督教女青年会是福利办公室的某个人为我安排的。我不太记得过程了，因为那时我愚蠢地走在摇滚青年走烂了的道路上——什么都不吃，靠伏特加度日。无论如何，我都不会自愿搬进女性专属的空间。比如女子学校、只收女生的学院，总是让我觉得不自然。没有男人的存在，你会变成什么样？没有他们稳如泰山的对照，来定义漂浮着的你，你怎么可能学习和成长呢？

事实证明，相当容易，尽管当时我不愿意承认。回校重拾学业后，我继续住在基督教女青年会，与大多数从外国来到牛津英语学校学习的女性一起生活。在大学同学面前，我嘲笑我所住的地方，

---

* 基督教女青年会：YWCA 是 Young Women's Christian Association 的缩写。它和更著名的基督教青年会（YMCA）相互独立，但也有一些合并的协会。据我所知，YWCA 没有会歌，更不用说任何动作了。（YMCA 有一首非常著名的歌曲，也叫作"YMCA"。与"YMCA"歌曲相关的动作也非常有名。参与者用手臂做动作摆出 Y、M、C、A 字母。——译者注）

好像只和女性住在一起显得有点疯狂，有点古怪偏执，像个老太太，而且非常无趣。（除了开一些有关女同性恋的玩笑来取悦男生，这是20世纪90年代，你可以这样做。）如果我愿意，我本可以搬回让我精神崩溃的地方。两年后，我的心情更加沉重，深信自己现在必须变得"正常"和"可相处"，于是我终于搬了回去。

现在想来，我应该在女青年会多待一段时间。那是一个安全的空间，但我们从未用这样的方式谈论过它。这里没有明确的女性主义色彩，实际上也不需要。那是一种置身事外，远离男性凝视的体验，侵扰你的界限的只是其他女性的音乐、她们的说话声、她们的争吵、她们的杂乱。待在这里很踏实，没有什么可害怕的东西。这里有争吵，有紧张关系；我们并不都是朋友。尽管如此，在这个女人们为自己做饭吃的环境中，我学会了自主选择喂饱自己。我终于明白，我的身体可能是为我自己而不是为别人而存在的。

我找到的安全感不只是因为我认为不会有人会对我动武或性侵，它来自不被分隔、归类、贬低的感觉，来自意识到自己并非只是默认人类的陪衬。对于那个19岁的自己来说，我一心想用自己与他人相比所占空间的大小来定义自己，这感觉像是一种非正常的命题，好像没有男人的女人只是半个女人，是一幅只完成了一半的画作，是原作佚失的模糊复制品。好像没有男人，即使是伤害过我的男人，我就会停止存在。除非你有机会去验证，否则你无法知道这不是事实。有很多男人不希望我们有这个机会，不希望年轻女性明白这一点。

内化的厌女情结会让我们相信，只因为她们是女性而与女性连接有失颜面，好像一个群体如果没有男性加入，就会缺失某些人类品质。我现在认为，许多女性对衰老的恐惧，源于对被从某种环境中割裂出去的恐惧，在那种环境中，你的存在"有用处"。然后衰老发生了，因为这由不得你，而且它并不是我们所担心的那样。无论我们在与男性的关系中失去了什么，随着累积的不平等所产生的滴水效应，我们也有所得，我们获得了自立，摆脱了对那些承诺很多但兑现很少的人的依赖。如果你被认为已经退出了比赛，至少在性和生殖市场方面，或者你已经意识到比赛无论如何都是被操纵的，那么与同在替补席上的其他人建立联系就不会有太大损失。抗拒母亲所代表的隐喻观念，似乎不再像从前一样是成熟的象征，你重新厘清了人生的优先事项，女性友谊的性质也发生了改变，尤其是意识到你的时间不多了。基于共同的社会性和身体经验的关系不再显得狭隘，因为你不再会因身为女性而必须在优先权上让步，从而失去自己独特自立的个性。

"一旦你作为女性的社交货币对男性来说不再有价值，你环顾四周，就会发现你生命中最好的人是其他女性，而且一直都是。"一位推特用户这样告诉我，"但愿你没有疏远她们所有人，因为姐妹情谊是你生命中最好的一部分。"或者正如滕克斯所说，当她开始致力于"错误"的事业后，她见识了那些与她共事了一辈子的人对她的不屑态度："你突然意识到人们对你的尊重实际上像纸一样薄……但你知道好的一面是，当与姐妹们一起工作时，会建立起一种新的团结……我现在拥有的朋友千金不换。"

借用格里尔的话,女人对于其他女人有多不讨厌她们,知之甚少。这是最大的秘密。

把这个秘密传下去。

第 7 章

享有特权的女巫

制造替罪羊,针对特定年长女性的指责

> 男人真能感受到女性对男性的统治——情感上的统治、性关系上的统治、心理上的统治，都是真的；这可以解释厌女的怒气来自何方。
>
> 安德烈娅·德沃金，
《交往》(Intercourse)

> 别找经理投诉我，凯伦参议员。
>
> 埃隆·马斯克（Elon Musk），
在参议员伊丽莎白·沃伦（Elizabeth Warren）指责他逃税时这么回应

女性主义的代际矛盾与童话故事里的情节很像：机智的孤儿对抗邪恶的女巫，怒气冲冲的继母对抗迷途的公主，还有长着翅膀的仙女教母。不过如果要我去选一个确定的样板，我不会选择女人、女巫或者仙女，我会选《三只山羊嘎啦嘎啦》(*The Three Billy Goats*

Gruff）①故事里的山羊。

我们走在父权制的田野上，等着过桥前往平等的田野。只是那座桥下潜伏着一只凶猛的山精。我们一个接一个，踢踢踏踏地过桥去。每次被山精挡路，我们都吓得求饶。"别吃我！"我们对山精说，"吃我姐姐！她比我块头大，岁数大，比我条件好，比我资历高！她堪称是山羊中的凯伦！"前两次这么说，都奏效了，山精让我们过了桥。然后第三次，凭着强壮有力、德高望重、经验丰富，我们战胜了他。只是，这里的情节会与原故事有点出入。等你长到块头太大，岁数太老的时候，你就被视为山精本体了，哪有什么平等的田野在等你！

本章的议题是特权，以及特权与性别歧视和厌女的关系。这个主题一方面让我感到非常紧张。以特权为写作对象，总让人感觉好像要审视自己的特权，先要像小羊似的咩咩道个歉才能去指责其他山羊，这种想法简直无法抗拒。这个主题真是棘手，令人不快，能把一个人的伪善揭露无遗。*另一方面，目前关于女性主义的辩论

---

① 《三只山羊嘎啦嘎啦》：一则经典童话，讲的是三只公山羊过桥去吃草，它们的名字都是 Gruff（意思是"坏脾气"）。桥下蹲伏着一只凶恶的山精，等着吃山羊。三只山羊一个接一个过桥，第一只山羊很幼小，第二只中等大小，第三只强壮有力。前两只山羊过桥的时候，都求山精吃后面那只更大的山羊。等到第三只山羊过桥，它一下子把山精顶下河去。三只山羊都高高兴兴地去对岸吃草了。

* 尤其是因为写特权的作者也许太有特权，所以不应写特权（除非是他们也像这样调侃一下，这样就没事了）。

所体现的状态，让我深感不忿。这些辩论不仅又给男人们制造了一个方便之门，让他们乐于告诉女性们要闭嘴，因为这些女性让他们想起了自己的妈妈，而且对某些女性主义者来说，淡化特权的污点，胜过发展出一种政治来支持大多数被边缘化的女性。之前提到的几种潮流，比如所谓的"赢家"思维，把偏执和偏见转嫁给即将消逝的婆婆／丈母娘形象；牺牲今天的女性去膜拜"明天的女性"；污名化不久前的过往以神化当前的大清算叙事。如此种种汇成了对享有特权的中年女性的污名化。近来，凯伦形象的流行，以及诸如"白人女权主义"等词汇的滥用，表明过去那种没那么包容的女性主义思想助长了这种污名化现象。作为一个白人、中产、中年人，我意识到自己回应这种现象时处于劣势（讨论"凯伦"这个形象，不管是形状还是状态，感觉好像是在建构我的"柳条人"，把火炬递给低吼的暴民，然后自己爬进去被焚毁）。但是，我认为要解读中年和厌女这个话题，不可能不正视这个问题。如果选择含糊其辞地写那些被指责享有福利和特权的中年女性，却不提及哪些女性成了具体的靶子，就会默认指的就是中产白人女性，这么做真是让像我这样的女性获益良多。

鉴于我自己视角的局限和偏颇，我并不指望能"清清白白"地剖析这个话题，我为此道歉。我知道很多事都是相对的。比如，"一旦习惯特权，平等即为压迫"这句耳熟能详的话，对身为中产的白人年长女性意味着什么？她会在没受压迫的时候感到受压迫吗？或者对于那些认为年长女性就应该谦卑、顺从、靠边站的人来说，年长女性因享有所有女性都应享有但尚未享有的自由而获得的独立，这会让那些人感受到压迫吗？有多少行为被认为是"强势"的表现但其实只是不够有女人味？如果一个男人这么做，是不是只会被称为讨厌或者只是率直而已？"享有特权的老女人"，这个说法对厌女的机会主义者们来说是个便利的选择，但这也有现实基础。她既是受害人，也是同谋者。她绝不能仅仅成为一个仇恨的宣泄口。

骄横的"大妈"，强势的"凯伦"

2013年底，作家、电视制作人伊兰·盖尔（Elan Gale）的一系列推文火爆网络。讲的是在一架延误的美国长途航班上盖尔和另一位乘客发生的"纸条战争"。它为一种已经普遍存在的现象提供了一个例证：男人试图阻止强势、唠叨的中年女性对服务人员无理取闹。这个现象很奇怪，是某种大众层面的激进行动，为的是利用"大妈仇恨"的力量，为低薪、被边缘化的人们斗争，尽管这是基于个例，而且完全无效。比如说，你可能不想放弃你的亚马逊包裹，或者为你的比萨多付钱，但是敢于在邮局骂排在你前面的焦躁女人一声泼妇，就是一种工作权益保护行动，我们中最懒的人都会支持的。

盖尔的这次事件——遵循女巫审判中遭遇的"善意骗局"传统——最后被证明完全是编造的。盖尔在推文里说自己听到那个女人对空乘发火，于是给那女人送了一杯红酒，还附上了一张纸条："这是我送你的礼物。希望你喝的时候，你的嘴就不用说话了。"

哈！男人代表那些她所凌驾的人让唠叨鬼闭嘴，这是完全出于正义的行为。在这一出虚构的剧情中，盖尔的初步措施没有奏效，于是他进一步行动，说他在那个女人的托盘上留了两瓶伏特加，说要贿赂美联航把她扔出航班；在她说他缺乏同情心时，他给她又递了一张字条，说："缺乏同情心的人是你。我们都想回家，尤其是那些载着你这个懒鬼飞来飞去、伺候你饮料的那些空乘好人。"的确，这个虚构的泼妇怎么敢在飞机或别的地方，像个乘客似的被人伺候着！争吵达到高潮，可以想见，盖尔让这个想象的对手"吃 × 去"。因为对待这样的女人措辞不用客气（在反巫婆战争中，诸如此类的粗话就是战斗口号）。

有人采访盖尔，问他为什么要编这么个故事，他声称在现实中见过一个女人对一名男空乘粗鲁无礼。不清楚为什么他要提起这位空乘是男的，也许是为了强调一个女的竟然要一个男人给她发放饮料和三明治，真是罪恶。他没有说这位现实中的女性是否像他虚构的那位"戴安娜（Diane）"一样，"年龄在四十八九或五十出头……穿着老妈裤，束着镶钉腰带，蠢脸上戴着医疗口罩"。尽管如此，他费力刻画的这个中年老古板形象，才是他"夸张的重点"。戴安娜是"讲给像她那样的人的一个警醒故事"。但是到底谁是"像她那样"的？为什么像盖尔这样富有的白人男子可以对她评头论足？

有些人也许会说，如果特权羞辱追着我这样的中年女性"咬"，那就是像我这样的女性主义者自找的。去看看右翼媒体的一些栏目，你会觉得对特权的纠结是近来才出现的现象，是女性主义沉湎于受害人心态，把其他人都当作压迫者，才招引了这种反噬。恕我不能认同这样的观点。有时候我感到这辈子都在听男人嘟哝某些女人太有特权了。她们的名字不同——老婆、戴安娜、凯伦，但是她们的故事都是一样的。

这是我小时候听中产阶级男性说的（他们通常看的右翼报纸"不搞"特权羞辱）。用他们的话说，"他们的"女人不需要女性主义，因为做一个中产女性就是活得轻松随意。中产女性不用工作——反正无报酬的家务活和照看亲人都不算工作——或者说，就算她们从事有报酬的工作，赚的也比她们的男同事少，这证明对她们的期待也较低。她们较少占据有权有势的位置，只能表明她们做不出什么生死攸关的决定。她们对时尚和外表的追求证明了她们的肤浅；但如果不追求那些，就绝对是懒婆娘一个。这么看来，女性主义就是对事物的自然秩序的瞎折腾，女性主义者被看作是娇惯的孩子，要求得到权利，去"做爸爸的工作"，因为电视上呈现的某些东西让她们相信，这样比上学好玩。中产男性可能是通过辛苦劳作换取了特权，但捞到好处的却是他们的女同事；她们真傻，都不懂如何发挥自己的优势。（中产圈里好似没有家庭暴力、胁迫控制、财务虐待、性虐待。劳工阶层的男性才会虐待，中产男性则是合情合理地惩戒。）

我之所以想到这些，是因为读到了帕里斯·利斯（Paris Lees）在 2015 年发表的一篇文章，文中把质疑性交易伦理问题的女性主义者们描绘为："她们去四季酒店（Four Seasons）吃午饭，在进门时，有个男人为她们开门，这让她们感觉遭到了歧视。"能说这种话的还有1982年左右我的那些男性亲戚们，他们在读到关于格林汉姆公地女性和平营的特别报道，或是观看喜剧秀《两个罗尼》(*The Two Ronnies*)里的女性主义反乌托邦小品《咸鱼翻身》(*The Worm That Turned*)①时，会说一句经典的话："要是某个她们喜欢的人这么干，就不叫骚扰了。"（2014年利斯在线上媒体上重申："我喜欢挑逗口哨，喜欢喝倒彩——我这个女性主义者是不是不合格？"）利斯和上面那些男人的差别是，利斯自认为是女性主义者。传统的男性沙文主义把中产阶级女性主义者当作过度敏感、苦大仇深的寄生虫。但这种观点已经被重新包装成了一种新型的更开明的女性主义，认定某些女人根本不需要女性主义。

不管在哪个时代，拥有最优秀公关团队的厌女者都是最成功的。他们有着具体的不断变化的策略，能让厌女听起来通情达理，但是基本原则却一成不变：第一，不要总是攻击所有女性（你的目标是控制大多数女性，让她们相信自己可以是"好女人"）；第二，坚持说自己攻击的女性很有权力，她们不配，她们非常危险；第三，对那些有权力的坏女人，要强调她们的权力是多么可怜地受制于男性规定的更高权威，从而削弱她们的诉求，淡化她们的威胁。对那些

---

① 《两个罗尼》：BBC从20世纪70年代播出的系列喜剧秀，该剧从1980年开始推出《咸鱼翻身》八集节目，杜撰了一个未来世界，讲述英国被一群法西斯女军人统治的故事，男性被迫女性化、被奴役，因此奋起反抗女性独裁制度。剧情创意据说源自1979年"铁娘子"撒切尔夫人就任英国首相。

女巫猎手，以及旧式的反女性主义者来说，这些策略是非常有效的；对那些把不喜欢的女性叫作骄横大妈，并将此称为顶级多元交叉女性主义实践的人来说，也同样有效。

正如朱莉·宾德尔所写："有些男性觉得，如果不暗示或公然指出中产阶级白人女性拥有特权和享有奢侈的生活，就不可能指出工人阶级女性和有色人种女性遭受的多重压迫。"这是伪装的反女性主义，引用索尼娅·索达（Sonia Sodha）在《观察家报》（*Observer*）上的话，这使得男性"利用所有白人女性都享有高高在上的特权这个假设，从而让中年女性闭嘴；更为恶劣的是，指责她们把自己遭受的虐待和创伤化为武器"。（你可能注意到这里从"白人"到"中年"的偷换，记住这一点。）

女性主义需要关注交织的压迫（比如性别和年龄的交织）如何影响厌女的个人经验和共同经验，这意味着某些问题的解决方案并不能解决所有问题。然而，问题没解决，还发现自己常常成了替罪羊，不仅要为有缺陷、有局限的女性主义负责，还要为压迫本身负责。近年来，这种叙事围绕着"凯伦"这个形象不断积累。这有很复杂的背景，诚信的政治批评遭到厌女者的占用，而作为一种侮辱性称呼，"凯伦"所涉及的人群，与之前被称为事儿妈、母老虎、悍妇的人群是一样的。

使用特权叙事来为厌女正名，这种做法并无新意。《华盛顿邮报》（*Washington Post*）1994年的一篇文章宣称："坏女人的刻板形象回归了，一个现代的女魔头，手握重权，为非作歹。"文中用"神奇女巫（Wonder Witch）"来描述这个新的威胁。芭芭拉·贡内利（Barbara Gunnell）2003年在《新政治家》发表的一篇文章，重点讨论了对中产阶级女性的诋毁，攻击她们的是"女权主义者和进步人士"，还有"那些已经倾向于敌视职业女性的人"。贡内利说，中产男性避开了这样的指责，他们沐浴在新工党的男权关照之下："这种针对中产女性的公认的随意的厌女，我们应该看到其本质——这种讥嘲的态度，有点体谅之心的舆论引领者都绝不会这样对待其他任何人群。"

这两篇文章所描述的趋势，正是如今发生在"凯伦"这个中产白人女性形象身上的现状。跟神奇女巫或者中产女性一样，凯伦以合理的道德不适感为起点，"激起对女性的敌视"。撰写神奇女巫文章的那位佚名作者写道："一个焦虑于未来的社会，指责女性可以带来快速的放松；指责某个女性真是容易，因为似乎到处都有坏女人可供指责。"

"凯伦"与中产女性、神奇女巫之间的显著区别在于，"凯伦"是公开的、明目张胆的年龄歧视。凯伦是20世纪60年代中期女婴名字的首选，如此算来，"凯伦"如今人到中年。说到网上蔓延的"凯伦"视频，海伦·刘易斯指出，年长女性被"描绘成女巫、母老虎、毒妇；她们竟敢在生育期过后抛头露面，发表意见，还敢找经理投诉"。另外一个区别在于，刘易斯写道："这个词源自两种对立的传统……一个是反种族主义，另一个是性别歧视。"这既可以追溯到黑人女性对白人女性种族歧视行为的批判，也可以追溯到"红迪网

（Reddit）"上"吐槽凯伦"的子社区，这里专供厌女者吐槽他们的前妻。"凯伦"这个常用的名字使得合理的诉求被侵占。这就是为什么这么多男人喜欢"凯伦"这个称呼。萨拉·迪图姆写道："几乎每个人都知道，要是单纯因为女人身为女人，从而产生憎恨女人的情绪，这是不光彩的。但是如果她们是白人女性呢？摇身一变，突然间你就会勃然大怒！"甚至连黑人女性活动家都会被人指为凯伦，如果她们质疑男性这么说并非出于好意的话。这个说法尤其对真实的凯伦——而不是象征性的凯伦——造成伤害：在诸如"我叫凯伦（Karen Is My Name）"和"凯伦联合求尊重（Karens United for Respect）"网站上，名叫凯伦的女性记录了因为名字遭受霸凌的案例。

要想挑战"凯伦"所代表的厌女以及年龄歧视的含义，就会冒着鸡同鸭讲的风险，在这种对话中，对方听到的只是你不在乎白人种族主义女性对黑人女性说三道四，或者做出危及黑人男性生命的虚假指控（或者你不在乎与"哪边"保持一致，或者你承认黑人的性命固然重要，但不如白人女士的感受重要）。就像谈论性别身份的话题一样，到一定程度，不提及年龄歧视或厌女就成了唯一能证明你不想让别人去死的方式，这并不是说合乎什么逻辑，而是因为这是参与谈话的规则。的确，我常感到，那些在这场游戏中最没有发言权的人（白人男性），似乎在应用城堡与堡场（motte and bailey）战略，从而加剧那些相关者的恐惧。城堡战略以"白人女性不应是种族歧视者"或者"跨性别人群不该遭受虐待"作为基本原则，堡场战略是"中年白人女性或者反跨性别激进女权主义者想让你死，因此要让她们永远闭嘴"。到了这个地步，人们就会忽视对凯伦（其实是反跨性别激进女权主义者）的谈论是怎样的明目张胆，充斥着年深日久的性别歧视。

很显然，我们"都在生活中遇到过某位凯伦，不过我们可能并不知道"：

> 她们找经理投诉你；她们告诉你，你拥有这些比她们容易得多；她们在社交媒体上主要分享有问题的帖子。这就是为什么凯伦成了那些粗鲁中年白人女性的总称。

或者，如果你是中产白人，芳龄 20 岁，"凯伦"就是你那些烦人的女性亲戚的代名词，你不愿跟这些人在社交媒体上有任何互动。阿加·罗马诺（Aja Romano）在《沃克斯》（*Vox*）上写道："凯伦的原型是金发妇女，有几个小孩，通常是反疫苗人士。凯伦的发型有一种'我要找你们经理说说'的气势，与之相配的是她颐指气使、盛气凌人的态度。"这就打开了好几个重新构建的性别歧视盒子：发型傻气又老土的妈妈！对科学一窍不通！盛气凌人，颐指气使！在许多对"凯伦"的描述背后，暗含的是对全能妈妈的焦虑，加上对挥舞着擀面杖的骂街泼妇的恐慌。（惧内的丈夫如今的代表则是低薪的服务人员，网上的正义人士所发的厌女娱乐帖子改善了这些服务人员的工作条件，虽然我们无法理解这些"改善"。）

年长女性要想"不成为凯伦"，得到的建议跟传统的妇道训诫差不多，怎样做淑女，无私奉献，有女人味，少占空间。为了避免被贴上凯伦标签，我们得到的教诲是"在别的地方发泄怒气""让别人来管""要有同理心"；还有就是换个不那么嚣张的发型，你可以学学好莱坞女星米歇尔·威廉姆斯（Michelle Williams）和吴珊卓（Sandra Oh）。当然，挑出某些女性，说她们的"本质"就是"享受特权，自私自利，喜欢投诉"，从反面强化了一种价值观：不是凯伦的女性就应该是无私奉献、忍气吞声的小女人——这样都是为了慎重起见，你懂的。有点自以为是的迹象就是危险信号。比如，《独立报》刊载的一篇关于机动车污染的文章中，蕾切尔·雷维斯（Rachel Revesz）小心翼翼地对自己完全合理的批评做了让步，说"我知道这让我成了一个怒气冲冲的凯伦"。类似的焦虑还围绕着成为"新冠凯伦"的风险，随时监管别人的行为。我们只能希望，对全球变暖或病毒的警告别让中年白人女性来发出，以免她们因为害怕自己看起来像"愤怒的凯伦"而一言不发。

白人女性可能是种族歧视者，中产女性也可能有阶级偏见。但是，通过流行的"凯伦羞辱"，抛给她们的指引往往不是让她们调整自己的偏见，解构确实存在的物质特权（那可真是一辈子的艰苦工作——意味着每个人都要做家务，包括中产阶级的白人男性）。相反，它似乎像是"如何取悦你的男人"的小贴士与男权激进分子长篇训词的结合体，只是被粗略地进行了搜索并替换用词。（给出的终极信息是：不要唠叨！）

"凯伦"批判最让人担心的一种情形是，对于中年白人女性来说，提出诉求这种行为遭到了污名化，不管我们投诉的是什么：惹恼我们的服务员，危险驾驶，未能保持适当的社交距离，《卫报》给一个连环杀手写的讣告，我们亲身经历的性侵。一旦有人听到我们的诉求——不管是在下议院、警察局，或是在邮局排队时——我们就陷入了两难境地。鉴于我们都知道女性所承受的社会和政治限制，如果你能听到一个女性说话，那么她必然在别的方面享有特权。这立即取消了她提出诉求的权利。这又是一出父权制下的第二十二条军规。(就好像这样的谬论："如果女人真的被噤声了，我不可能听到有女人说女人被噤声了。")你甚至都不能抱怨自己没有抱怨的权利，因为那就是"在重申凯伦机制"。正如女巫猎人马丁·德尔里奥(Martin Delrio)在他1599年的著作《巫术研究六书》(*Disquisitionum Magicarum Libri Sex*)中写道："无女巫辩护就是身为女巫的证据。"

安妮·卢埃林·巴斯托在描述历史上的女巫审判及其引起的恐怖氛围时表示："总体上来说，女性开始减少抗议了。女性在中世纪末就获得了'事儿妈'和'悍妇'的称号，她们下流无耻，咄咄逼人；从那时起，女人开始变得被动温顺，这种象征形象一直维持到19世纪中期。"因此，以危害人类等莫须有罪名而折磨和烧死（大多是年长的）女性，可以让她们不那么像凯伦（却更像气人的矫情少女）。如今世界大多数地方都已经过了那个阶段，我得说，那些把年长女性的诉求污名化的文化风潮或运动——即使是先拿白人女性开刀——最终都借鉴了这个猎巫传承。一旦诉求本身不再重要，诉求者的脸变成重点—— 一张长着皱纹，满是戾气的脸，就像第一章里谈到的杰森·阿德科克做的面具——我们就会回到强调性别与年龄歧视规范的时期了。

在写到对 #MeToo 运动的回应时，埃米尔·麦克布赖德问："在一个不再把全力进攻作为第一道防线的环境里，施行禁忌是否会成为全面抵制的开端？"麦克布赖德认为，禁忌"把争论'什么'转移到了'谁'在争论，从而更难以集体、明确的方式予以反驳"。特权的羞耻化和污名化，开始与对年长女性身体更为普遍的厌恶协同作用（你还记得吧，凯伦的丑陋是万圣节扮相级别的）。这种方式很难拒斥，尤其是因为我们自己的特权不是能被擦掉的污点，而是通过承认才能解构的现实存在。如果我们允许特权的污点与不年轻也不沉默的白人女性的"污点"相互叠加，就不清楚到底要解构什么了——如果有什么需要解构的话。当我们到了这个地步，参议员伊丽莎白·沃伦敦促埃隆·马斯克交税，这位白人男性亿万富翁的回应方式是称她为"凯伦"，这样我们就很清楚凯伦羞辱维护的到底是什么了。

"现在没人能把我怎样"：把独立包装成特权

《跨性别》(*Trans*) 一书的作者、记者海伦·乔伊斯说："我喜欢芭蕾。看芭蕾表演的时候，你会发现舞台上也许有 16 个演员穿着简朴，只有一个人打扮靓丽。舞台上每个人都知道那个人就是主角。这 17 个人不会都觉得自己是主角，其他人只是配角；每个人都知道谁是主角。你看表演的时候从没有质疑过这个惯例，这似乎是天经地义的。"

不过，如果"忽然歌舞队的一个姑娘跑到前台，做高踢腿，推开其他演员，虽然她穿着简朴的服装"，那会怎样？乔伊斯把这样不走寻常路行为比作女性坚持自己的主张，拒绝扮演生活分派给她的角色。她们打破了一条潜规则，乔伊斯说这个规则"贯穿一切，所有以男人为主的惯例——出生证上要用父亲的姓，女人结了婚要改丈夫的姓，户主必须是男的。这些情况并不是男人享有的额外权利。这就是把生活解读为由男人主演的戏剧，女人只是配角而已"。

把生活比作戏剧并无新意。格尔达·勒纳在《父权制的缔造》中使用了这个隐喻，认为"男人和女人生活在一个舞台上，扮演者被赋予的角色，两者同样重要"：

> 男人和女人对整个戏剧的贡献都不多不少，没有谁是无关紧要可有可无的。不过这个舞台是男人设计、装饰、定义的。这出戏是男人创作的，表演是男人指导的，动作的意义是男人阐释的。男人给自己分配了最有意思、最英勇的角色，让女人给他们当配角。

勒纳写道，女性注意到了这种状况，但是她们很难去演不同的角色："男人通过嘲笑、排斥或排挤，来惩罚那些宣称自己有权利去阐释自己所扮演角色的女人，尤其是那些宣称自己有权利改写剧本的女人。"这样的女人背负着很多骂名；谁指出这种状况，谁就会背负这些骂名。

人到中年，女性会感到自己被人视而不见，然而也是在这个年龄，某些女性——不管是白人女性、中产女性、在政界或媒体行业工作的女性，还是那些享有某些行业特权的女性——总是被指责吵吵嚷嚷，嗓门太大，占据太多空间，本来她们应该靠边站的。我觉得这种情况相当可疑。如果变老能开启一个进程，让女性可以不再按照男权社会的女性标准来做自己，那么当然她还是沉默不语消失不见的好。但是，某些女性，尤其是那些拥有一定权威地位的女性，比普通女性出场的时候多，话也说得多。还有一些女性，在遭到忽视的时候，会提高嗓门唤起注意。怎么才能区别这些行为和所谓的"特权女性的嚣张行径"？一种情况是：一位年长女性的确越界欺凌了某个比她权力小的人（不管后者是个什么人），这让人愤愤不平；另一种情况是：一个女人超出了她作为"配角"的界限，让人感觉不爽。这两种情况之间，能否画出一条清晰的分割线？"身为女性就是主流文化定义的异类，"玛丽·戴利写道，"既是女性又是异类，那简直就是难以忍受的异类。"她没有更进一步，说到身为女性、异类而且年过40岁，那么我猜，这样的女性完全被排除在舞台之外了。

我承认，有时中年女性会被赐予小小的机会，以一种束手束脚、琐碎低微的方式，出现在聚光灯下，这样不会招致太多责难。在我自己离中年还远的年纪，我就意识到，对于那些吵吵嚷嚷说话再也没有分量的中年妇女，她们得到的是怎样的一种"礼遇"。她们就像珍妮·约瑟夫（Jenny Joseph）流行诗句里所描述的老女人："穿着紫色衣服""在街上骂骂咧咧"；公认应该闭嘴的中年女性是个老套的形象，借鉴了妇女脾气暴躁、幼稚的固有印象；她们没什么像样的事可做，只能与"闺蜜们"聚会，然后对无辜的服务人员呼来喝去。这是别有用心的"自我时间（Me Time）"①或者赋能营销策略，给处在人生每个阶段的女性，推销面膜、正念解压训练，还有小瓶的"气泡"饮料，这都是从父权的餐桌上漏下的残羹；把对近一半人类持续的经济和感情剥削装扮成小小的例外，声称"妈妈"需要拿出一天（也许只是一个下午）来让自己奢侈一下。这也是一种假装尊重年长女性的声音，实质上却是对她们的嘲弄。简·希林在《镜中的陌生人》里敏锐地捕捉到了这种机制，2000年后电视节目通过"《坏脾气的老女人》（Grumpy Old Women），还有它的姐妹节目《豪放女人》（Loose Women）"②中开咖啡叙谈会的女性，来表现年长女性。希林注意到，这些节目声称展示的是中年女性的真实状态——"邋遢、乖戾、酸楚、挫败"——年长女性应该感恩这样的真实呈现，其他观众则"确信自己的偏见是理所当然的，女人到了一定年纪就是这么不堪"。对我们很多人来说，包括希林在内，这并不是善意的。

---

① 自我时间：对女性来说又译作"大小姐时间"，指的是忙碌的女性暂时抛开工作和家务，给自己一点时间享受放松。
②《坏脾气的老女人》是 2005 年播出一部英国电视连续剧；《豪放女人》是 1999 年白天播出的一个电视脱口秀节目，四个中年女人喝着咖啡谈天说地。

这些"我行我素"的年长女性并不是臆造出来的。我曾在社交媒体上说，诋毁有"特权"的年长女性，可能是在尝试反击"中年是女性的社会化真正开始消退的时期"的观念。我得到的一些回复如下：

众所周知，一个人在乎的事情多少，跟年龄成反比。

我们精疲力竭，还因为 30 年的辛苦劳作，因为永远不够苗条、漂亮、美好。在孩子、工作、家务之间疲于奔命，我们最终累到什么也不在乎了。尤其是知道这是一场必败之仗。

我感谢主管绝经的仙女，我相当确信雌激素的下降与此有关。这就像第二次青春期，重置了我们的视野，向外看，不再需要别人的认可来决定我们的存活。

我们的外皮变得更厚，他人的毒舌倒刺没能穿透我们的心，而是被我们的外壳弹回去了。

让我深感触动的是，"自我时间"模式建议女性暂时从她们在性别等级的低下地位中抽身出来，从卑微中拿出几个小时，理想状况下再以"娇宠/放松"的方式以增加她们的女人味/性魅力值，让她们少发牢骚。我认识的那些女人"什么都不在乎"的原因，与抽身无关，但和参与有关。

萨拉·迪图姆提出："中老年女人之所以惹人烦，正是因为她们不愿意继续忍气吞声闭口不言……再加上一个女人积累了 50 多年的丰富经验，于是她变成了一股不可小觑的势力。"自诩正义的社会叙事建议这个年龄段的女人要恬静，要耐心等待，不要抱怨，永远不要提及自己的痛苦，不这样的话就会"沦为凯伦"。通过把没有女人味的污名替换成有特权的污名，以限制女性的独立自主和积极行动的空间。这很荒谬，如果遵守"即将实现"的女性主义原则，力量、信心和独立都应当是未来女性特质的光辉理想，而在此时此地它们则成了特权的可耻标志。对女性自信的惩罚始终严厉；如果是那些年长女性，或是有着更强关系网的女性，甚至两者兼有的女性，她们或许更愿意冒险，我们也不用对此感到惊讶。

为何生命周期对于塑造"享有特权"的年长女性如此重要，有几个原因可以解释。也许是因为，年长女性表达的是没那么温顺的、与众不同的、更具"争议"的女性观点——这些观点被认为反映了其特权与优越性，或者是对更进步的政治缺乏意识，也是生活经验和上述"不再在乎"思维模式的混合效应。也可能是，相对温和的观点和行为被解读为气势汹汹，不可一世，因为年长女性应该退隐。还有一种可能性是，年长女性所说所做的事，如果年轻女性有同样的安全感，并且没有来自同龄人的压力，某些年轻女性也会这么说这么做。我觉得这三种可能性在共同作用。例如，萨拉·佩德森在研究苏格兰女性性别批判的经历时，其中一位女性告诉她："中老年女性更敢于发声，因为我们可以这样做，因为我们已经不会畏首畏尾了。"至于年轻女性为什么不愿意参与辩论，佩德森认为，这是临时工作合同和同行压力造成的。退休女性，还有那些有稳定工作的女性，没有那么依赖同行（和男性）的认可以避免贫困，她们对认可的态度也不同。一位女性说："我们很多人没那么在乎是否得到认可了，因为我们有三十、四十、五十年的朋友关系，聚了又散了，我们大多数人都在这个过程中失去过朋友，不过想想这只是必须付出的代价而已。"

害怕女巫，就是害怕年长女性，她们过于独立，无法管束。这在希拉里·克林顿（Hillary Clinton）竞选总统期间最为明显。她面对的是各个政治派别都指责她施行巫术。在《纽约时报》2016年总统选举之前发表的一篇文章中，斯泰西·希夫（Stacy Schiff）这样类比道：

> 我们仍然不知道该用什么名称来描述一个女人的声音所造成的不安，因为它传递出一种感觉：如果万一由她来掌权，这个世界肯定会天翻地覆的……此外，年长女性知道的事情比年轻女性多；前者能说出后者很难说出的话，比如说"不"。

这是"有资历"的年长女性的本质：记忆、自信、敢说"不"。

认为一个女人占据了错的位置，不是因为她占据了特权等级的最顶端，而是因为她是女性，没有被踩在脚下。安德烈娅·德沃金写道："成年男人恐惧邪恶的女巫，这种恐惧内化在他们记忆的最深处。女人也有这种恐惧，因为我们知道，如果女人不被动，不单纯，不无助，那就太邪恶了。"历史学家罗纳德·赫顿（Ronald Hutton）提到，女巫是"传统社会给我们提供的为数不多的独立女性权力形象之一"。希拉里把自己被污名化的现象归结为"植根于历史悠久的替罪羊传统，不择手段地陷害公共竞技场上的女性、发出自己声音的女性、发言抗击权力和父权的女人"。这个观点正好对应了"希拉里入狱（Hillary for prison）[①]"示威活动中一个参与者给"女巫"下的定义："一个怒气冲冲的、乖戾暴躁的老巫婆出来夺权。"

对权力的欲望是一种罪过，太过聪明也是。1656 年，在马萨诸塞州被绞死的第三个女巫，犯下的就是她"表现出比邻居更机智这一死罪"。希拉里被指责高高在上，养尊处优；她的能力和经验成了她的缺点，被解读为阴险。但她却没有任何方法阻止保守派脱口秀主持拉什·林博（Rush Limbaugh）戏称她为"泼妇女巫"，特朗普的支持者们（别出心裁地）骂她开展"弑男阴谋（vagenda of

---

[①] "希拉里入狱"：2016 年美国总统选举期间，希拉里的反对者打出的示威口号。

manocide①）"，伯尼·桑德斯（Bernie Sanders）的支持者对她呐喊"烧死女巫！（Bern the witch!②）"不管政治辩论多么针锋相对甚至势不两立，男性候选人从不会遭到如此对待（而且其他各方似乎对希拉里的女巫特性这一点达成了空前的共识。）这让我意识到什么是经久不变的原始厌女本质，意识到对女性的真实恐惧和为了政治效益而表演的恐惧之间的相互作用。我们应该感到愤怒和难过，虽然我们表面上练达圆熟，最终总会遇到这现成的责难：你是个女巫。特雷莎·梅（Theresa May）③和朱莉娅·吉拉德（Julia Gillard）④也曾遭遇类似的责难。这给我们提了个醒，本质上这种责难跟我们有多大能量、说了什么、做了什么、伤害了谁统统无关。我们都是女巫，只是我们大多数女性因为缺乏令人畏惧的特权而被判了缓刑。

简·卡洛在她的著作《意外的女性主义者》（*Accidental Feminists*）里有个章节，题目是"巫婆、老太婆、女巫和婆婆"，写到了"怎样给某个年龄段的女人安上这些骂名，逼她们闭嘴。我们是冗余的

---

① vagenda of manocide：这是一个带有讽刺和挑衅意味的短语，通常用来嘲讽某些人认为女性主义者有意图消灭或压制男性的言论。这也是一个文字游戏，该短语中的 vagenda 是 vagina（阴道）和 agenda（议程）的合成词；manocide 是消灭男性，由 man（男人）和词缀 cide（杀死）合成。
② Bern the witch：2016 年希拉里作为民主党代表参选美国总统，党内的竞争对手之一是伯尼·桑德斯（Bernie Sanders），桑德斯的支持者用他的名字 Bern（与 burn 谐音），创造了反希拉里的口号"Bern the witch"。
③ 特雷莎·梅：曾任第 54 任英国首相（2016 年～ 2019 年），是继撒切尔夫人之后英国历史上第二位女首相。
④ 朱莉娅·吉拉德：2010 ～ 2013 年任澳大利亚总理，是澳大利亚首位女总理。

存在，就应该毫无怨言地接受自己的隐身"。"自我赋权"就是拒绝接受这种隐身，靠自己的能力过一种独立自主的生活，有自己复杂的内心生活、记忆和创伤。一个女人越独立——不管是在个体奋斗的成就方面，还是给女性更多的机会方面——就越容易陷入所谓的"特权"。我会说这也比其他选择好，不过没有顾及特权待遇的最后一击：受苦的特权。

扮演受害者

多年前，我和一个历史学博士有过一场酒后争论，争论的问题是女性主义是不是错了，以及女人有了"太多的权利"。他的主要论据似乎是"我是历史学博士"，除此之外，他使出了撒手锏："女人会假装高潮，男人可不会。"女人的这种特权恕我不能认同。糊弄般地熬过糟糕的性生活！我们这些渴望权力的泼妇下一步要的是什么？那就是，把我们的创伤当成武器。

正如海伦·刘易斯针对"凯伦"形象所说的，这个形象反映的矛盾之一，就是在某种政治环境中，你只能成为受害者或施害者。她写道："关于凯伦的争辩，可能会永远进行下去；白人女性会因为她们的性别遭到压迫，也会因为她们的种族享有特权，这两点辩论起来都有理有据。"男人会因为自己的种族或阶层遭到压迫，也会因为他们的性别享有特权，但白人女性遭遇的状况问题更大，我认为有以下两个因素：一是基于性别歧视的压迫在社会团体中的组织方式不同；二是在给予和接受同情与照护方面，人们对不同性别、年龄的人的期待有所不同。

女性的个人生活，总是与同一社会经济阶层和种族的男性紧密相连。我们大多数女性在成长过程中，身边都会有我们所爱或者应该爱的男人们。我们所拥有的和这些男性相同的特权显而易见，那就是在他们的行动中表现忠诚、妥协和共谋，而我们之间的不平等却没有这么明显。实际上，男性对女性在性、家务、生育方面的剥削带有非常私密的属性，从而使妥协和胁迫之间的差异模糊不已，连身处其中的人都难以察觉，更别说置身事外的旁观者了。格尔达·勒纳认为，纵观历史，"女性与家族体系的联系，使得女性自身的团结力、群体凝聚力的发展变得极其困难"，但"其他受压迫的阶层和群体，因为他们所处的从属地位的推动，从而产生了群体意识"。这个问题现在依然存在，依然难以解决；甚至，在女性主义内部说出这个问题，得到的回应就是像利斯对那些"吃午餐的（中产白人）女士"的蔑视一样，这就使问题更复杂了。勒纳并不是说，女性发现自己成为她所说的"互惠协议"的一部分——"你在性、经济、政治和知识上从属于男性，作为交换，你可以分享你所在阶层的男性的权力，跟他们一起剥削更低阶层的男性和女性。"——从而不再作为女性被剥削，而是她们遭受的剥削融入她们对权力的享受中去了。同样，在1991年发表的《绘制边缘地带》一文中，金伯利·克伦肖并不是说中产白人女性不是骚扰或歧视的真正受害者，但是把性别作为压迫的唯一有效基准的那种女性主义，则让黑人女性陷入了"基于中产白人女性经验"的性别叙事和"基于黑人男性经验"的种族叙事之间，进退维谷。

在《犹太人不算数》一书中，大卫·巴迪尔提到作为"唯一被种族主义者想象成既低下又高贵的种族主义对象"的犹太人所处的地位：

> 犹太人在某种程度上既低于其他人类，又是人类隐秘的主人。这个流传的种族主义神话让左派们在准备把犹太人放进他们的保护圈时犹豫不决。因为保护圈里的人都是被压迫者。只要你有一点点相信，犹太人善于敛财，享有特权，能量巨大，悄悄地控制整个世界……好吧，你不可能把他们放在被压迫者的保护圈。有些人甚至可能说，他们属于该死的压迫者的圈子。

与此不同的是，白色人种是真正的特权标志，不过我觉得这种"高/低地位"的左派建构也常常应用在白人女性身上，更别提犹太女性了，她们经历的苦难真是既诡异又讨厌。她们宣称自己是受害者，然而这只能被当作是她们算计的策略，最终证明这些貌似受害者的女人其实是多么强势。对于这些在怜悯经济中被分配了挑衅者角色的女人，没人愿听她们的苦情故事。茱莉娅·卡利·王（Julia Carrie Wong）在《卫报》发表的关于"凯伦之年（2020年）"的文章末尾，引用阿普丽尔·威廉斯（Apryl Williams）教授的话："人们多半不会扑过去抓你,不会试图伤害你、损坏你的财产,或是让你难受。你没那么特殊,凯伦,你没那么特殊。"不过,有的时候,很明显,人们真的会扑过去对你做这些事——这些人往往就是那些假装与"凯伦"结盟,并与她共享无关性别的特权的男人们。

因为基于性别和年龄来推测谁应该得到照护,使得受害者与同谋者在女性身上共存,问题就更加复杂了。要求得到怜悯就是要求承认一个人的内心生活、底线和对世界的体验与其他人一样具有同样的深度和价值。在父权制规则下,这个要求不堪一击,同时还存在一种更为广泛的抵触情绪,即人们不愿意给予女性与男性同样的同情和关照,不愿意平等看待她们的痛苦与男性的痛苦。回到勒纳所说的舞台隐喻,自己要求得到同情——不只是为了迎合男人的主角剧情——就是企图"修改剧本"。要避免公开剥夺女性书写自己创伤叙事的机会,一种方式是着重强调能削弱或打击这些叙事的特权,从而把她们推回到男性撰写的剧本中,所有女性的痛苦都要按照男性的需求来演绎。

除了强加在年长女性身上的服务要求之外,还有"囤积"这个耻辱标签。创伤与经验、记忆相关。年长女性遭受歧视的历史更长,从中获取的教训更多,就能较好判别一个历史事件和下一个历史事件之间的关联,也能更好判断她们自身的经历与女性身体叙事所得到的广泛看法之间的关联。这种经验的积累和应用,会让那些固守怜悯经济二元思维的人惴惴不安。一个人不可能同时拥有特权和创伤,也不可能同时拥有"错误的"政治价值观和创伤。听到年长女性表达自己的痛苦，其他人的反应是纯粹的冷漠无情、难以置信，坚持认为她们的动机只能是伤害他人，而不是表达自己的需求（她们不可能有这样的需求）。这种态度昭然若揭。朱迪斯·巴特勒曾指责 J. K. 罗琳"利用性创伤的历史来伤害和迫害他人"，并且罗琳解释自己的经历就意味着她理解受创伤的女性需要单性别空间，这是沉溺于一种"复仇幻想"。这与巴迪尔所指的左派对犹太人的反感如出一辙，因为这两个群体都被认为是"不断坚持自己有权排在痛苦队伍的前列"。

我认为最让许多人感到恼火的一点是年长女性的创伤——这也促使他们将中年与白人、中产阶级和中产阶级白人男性的价值观挂钩——因为这种创伤很少通过抽象或琐碎的方式来表达，即便你是一位世界闻名的富豪作家也不例外。这是真实的暴力，是长年累月血淋淋的虐待和剥削，而不是与空乘发生点小摩擦，也不是沉迷于隔窗偷窥邻居的家事。在童话故事里，年长的受害者成了继母和女巫，她们这些被摒弃者是危险的，因为长期遭受的伤害和辜负助长了她们的愤怒。想想《白雪公主与猎人》中的拉文娜和她的恨。最理想的女性受害者是处于被剥削边缘的年轻女性，或者是已经死去的女性。

在有关性别歧视和厌女的流行言论中有一种倾向，除了男性剥削女性身体和劳动的欲望之外，还有一种驱使女性压迫的动力。有一种模糊的带有文化帝国主义色彩的说法试图暗示，对性别限制性的信念源于白人至上主义和资本主义，并且任何将女性压迫与性别身体联系起来的女性，本身就是白人至上主义和资本主义父权制度的代理人。一旦你将厌女症变成一种既模糊又与其他定义更明确的邪恶紧紧联系在一起的东西，就很容易觉得有问题的反而是那些遭受男性拳脚相加的人。她们受到的压迫没有深层次的原因，她们身上的伤痕是有目的性的。男性暴力的程度触目惊心，家庭暴力无处不在，因此这张一击必杀的王牌不应该被使用，否则就会被视为这是在暗中试图削弱其他受害者身份的主张（这正是偏执狂会做的事情）。

施普伦格和克雷默在《女巫之锤》中写道："女人的眼泪是一种骗术，因为它们可能源于真正的悲伤，也可能是一个陷阱。"娇生惯养傲慢无礼的大小姐，假装受害者以操纵他人，这是厌女者塑造的经久不衰的女性形象。与施普伦格和克雷默的观点如出一辙，2021年，白人中产阶级学者艾莉森·菲普斯（Alison Phipps）抱怨道："中产阶级白人女性的眼泪是女性特质的最终象征，会让人联想到落难的少女和传说故事中哀叹悲鸣的女人。"然而，被片面的、取悦旁观者的陈词滥调抽空了背景和意义的，不仅仅是"中产阶级白人女性"的故事。在《绘制边缘地带》中，克伦肖将1991年提出性骚扰指控的黑人女性安妮塔·希尔（Anita Hill）与最高法院大法官提名人黑人男性克拉伦斯·托马斯（Clarence Thomas）的地位进行了比较

（后者在2022年推翻罗伊诉韦德案①的过程中起到了重要作用）。

对托马斯提出性骚扰指控的希尔，在一定程度上因为她处于女性主义和反种族主义的主流阐释之间，因而丧失了一定的话语权。一方面涉及的是（女性主义者所强调的）强奸，另一方面涉及的是（托马斯及其反种族歧视支持者所强调的）私刑，希尔被困在两种相互竞争的叙事套路之间，她所处的种族和性别维度无法被充分呈现。

克伦肖指出，许多白人女性认为，支持托马斯更符合自由派的立场，就好像主动无视希尔的性别和种族会表明她们没有私心。这种女性主义只关心被父权制的"正确"代表所伤害的女性，海伦·刘易斯将这一代表形象描述为"有钱的顺性别异性恋白人怪胎，聒噪不休，对着女人起哄吹口哨，可能还戴着单片眼镜"，这种符合自由派立场的女性主义只考虑最有特权的女性，最终没能考虑到所

---

① 罗伊诉韦德案：美国联邦最高法院于1973年关于保护妇女堕胎权以及隐私权的重要案例。1972年，得克萨斯州两位女性主义律师试图挑战当时的堕胎政策。她们选中了一名希望堕胎的21岁女子，化名为简·罗伊（Jane Roe），她们将达拉斯地方检察官亨利·韦德（Henry Wade）告上法庭，要求得克萨斯州取消堕胎禁令，这就是"罗伊诉韦德案"名称的由来。通过这一案例，美国联邦最高法院承认妇女的堕胎权受到宪法隐私权的保护。2022年6月24日，美国最高法院做出裁决，推翻"罗伊诉韦德案"的判决，取消近半个世纪以来美国宪法规定的堕胎权，并将堕胎合法性问题留给各联邦州自行应对。

有女性的具体处境。即使是希尔这样的人,最后也会被矮化为"落难少女",因为"政治上的白人"并不等同于真正的白人。世界有可能会发展到白人学者声称自己在政治上不如安妮塔·希尔那么白人,因为后者多年前曾提出要见经理。

如果要对每个人都想得到的资源进行重新分配的手段,是声称自己遭到不公待遇,理应得到补偿,那么对于那些设定受害者标准的人来说,就要确保排除掉在美好愿景中可能仍被剥削的人,这符合掌权人的利益。正如"理所当然的权利"的含义往往是"独立"一样,"创伤的武器化"通常指的是将其置于特定语境中并进行政治化。年轻的中产阶级白人女性意识到这一点后,可能会寻求其他方式来将她们的痛苦置于特定语境之中并提出要求。在用其他破坏性较小的措辞来表达自己的痛苦之前,先把自己的年长版本作为祭品献出来,这似乎是最理想的解决方案。

净化仪式

基兰·米尔伍德·哈格雷夫的小说《恩赐》,讲的是发生在挪威一个偏远小岛上的故事。那里的女性们失去了男性家人后,不得不形成一个以女性为中心的自给自足的社区来维持生活。不久之后,她们引起了怀疑,女巫猎手们来到了这里。克尔斯滕是一个直率、独立的牧羊女,她发现自己遭到同伴们的谴责,比如之前一直支持她的主人公玛伦:

"女巫。"

玛伦看着这个词像一股激流一般在聚集的女人们中掀起涟漪。她们一个接一个地举起手指，脸上的表情带着赤裸裸的仇恨，狰狞得让玛伦几乎窒息……她看着克尔斯滕被捆住手腕，随即被带往瓦尔多胡斯，背叛感在她的胸腔里敲击如鼓。

读者不禁想知道，如果你在玛伦的处境下会怎么做？也许，如果你自己的生命也处于危险之中，那么答案很简单，妥协情有可原；但如果你发现这是一个（目前）风险较低的游戏呢？如果为被指控者发声的代价不是你的生命，而是丢掉工作、面临"社死"、收到死亡和强奸威胁呢？如果被指控者遭遇的正是这些事情，你会说些什么？还是你会想办法说服自己，也许被指控者确实是个女巫，而且她的遭遇也没那么痛苦？

2020年，《恩赐》出版的同一年，由《女性写作》杂志（*Mslexia*）主办的小说和回忆录大赛拟邀请评委，但哈格雷夫拒绝与年长的小说家阿曼达·克雷格（Amanda Craig）一起出任。后者的罪行是什么？她只不过签署了一封公开信，谴责那些针对 J. K. 罗琳的仇女攻击，只因罗琳发表了关于女性权利和跨性别政治立场方面的言论。要注意的是，这封信本身并不是直接支持罗琳的观点，而是反对她在言论发表后收到的生殖器照片和扼颈威胁。而哈格雷夫只是反对这些反对意见的表达方式。

克雷默和施普伦格写道:"不相信女巫的存在,就是最大的异端。"没有人愿意成为挑战女巫猎手的人,即便是那些最有能力阐明不这样做的理由和社会代价的人。西尔维娅·费代里奇将巫术指控描述为"异化和疏离的终极机制,因为它们将被指控者——仍然主要是女性——变成了致力于毁灭社区的怪物,因而她们不配得到任何同情和声援"。2020年初,出版界和学术界都格外警惕,严防任何潜在的怪物出现。那些表面上崇尚原创思想和鼓励女性越轨行为的社群——其成员理解并能热情地撰写社会机制导致女巫猎杀的文章——却更倾向于将受害者描绘成猎人。心存怀疑的人确实相信女巫的存在,至少他们在公开场合会这么说。指控越是离谱,惩罚越是狠毒,伟大和善良的人们就越愿意得出结论:这其中一定有什么,毕竟无风不起浪。

相对有特权的年轻女性谴责同样享有特权的年长女性的冲动并不新鲜。我也曾用我中产阶级的白人手指对我的中产阶级白人女性前辈们指指点点,来洗白我的中产阶级白人特权。这是一种洗白自己特权污点的巧妙方法,因为可以把对他人的审视当作一种自我反省。因此,年轻的白人女性可以就"白人女性的问题"展开恳切的讨论,而她们实际谈论的对象是几乎所有人都认为有问题的年长的或已故的白人女性,但她们会假装所有其他年长的白人女性都把这些有问题的女性视为"天下女人"。这是自我反省的外包,甚至检省自己的良知和共谋也成了交给妈妈的工作。拒绝与妈妈站在一边,替代了质问她为什么是你被提供了特权而不是别人。

本书前面提到的几种偏见，例如，将家务劳动与愚蠢、保守主义联系在一起，以及认为女性一旦停止排卵她的观点也就过时了，变得更接近"第二次女性主义浪潮"。这些偏见导致了另外两种误解：第一，年长女性的智力无法像年轻女性那样，对相互交织的压迫形成有深度的成熟理解；第二，不理解压迫的交织性或多或少就等同于享有特权。这两种说法都不正确。事实上，我们可以反驳以上两种说法，指出这些假设在很大程度上依赖于某种特权，即认为历史发展进程有利于边缘化群体的特权。许多美国人谴责英国女性主义者对《性别承认法案》改革的回应，声称"英国女性主义的领军人物，那些多年来一直在英国主要报刊上制定女性主义议程的作家"（即她们都是老巫婆），是体现"英国女性主义相对封闭和同质化"的典型代表。这里传达出的信息是：不要变老，不要以为自己老了之后发表的观点仍然重要，因为年长女性都一样，并且愚蠢得根本意识不到这一点；年轻女性则更加多样化，她们对其他女性经验更加开放，当然，年长女性的经验除外。

造成享有特权的年轻女性不认同年长竞争者的另一个因素是，对有限资源的竞争。这是历史上猎巫活动的特质，在现代依然如此。年轻女性会认为，在这个特权被视为一种罪过的时代，由于真正的代际不平等和某些有利于早出生者的资源获取模式（例如在房价和工作保障方面），自己享有的特权不如年长女性。在一定程度上这是事实。如果你认为自己不会像你母亲那样能从白人和中产阶级的身份中获益，与其认为是你母亲那一代人撤走了梯子，为什么不去认为这是因为自己的道德更高尚呢？这不就是你仅有的优势吗？与此同时，这也可以成为一种夺回羞辱他人的权利的方式。

关于代际紧张关系的叙述，尤其是将婴儿潮一代与千禧一代对立起来的那些叙述，很少会解析这些群体内的种族、阶级和性别差异。（我们X世代也没有必要觉得事不关己，因为每个群体的成员都倾向于将我们视为另一个群体的成员。）我们年纪越大，就越容易被视为"贪婪"的婴儿潮一代，享有与年轻人相同的权利，但没有经济上的困难。婴儿潮一代的女性主义者，如琳内·塞加尔（Lynne Segal）和简·卡洛，已经指出这种说法并不公正，因为她们承受的是贯穿一生的性别不平等所累积起来的劣势，而玛格丽特·摩根罗斯·格莱特则指出，对于众多面临晚年贫困和被忽视的人来说，这些叙述就是在归咎于受害者。讽刺的是，将"特权"的头衔加到年长者群体身上，带有一种深刻的反交叉分析性质。它在无意中强化了这样一种观念，即特权群体中的年轻成员被剥夺了"与生俱来的权利"，被迫继承了一个不受欢迎的身份，却得不到这种身份曾经带来的丰厚福利。有特权的年长女性可能会被认为她们传递给年轻后辈的是一笔可耻的遗产，至少在年轻女性能够将年长一代挤到一边之前，年轻女性可预期的回报太少了。

安妮·卢埃林·巴斯托认为：

> 对遗产的焦虑是大多数（历史上的巫术）指控的核心。

> 这个社会被设计成财产应掌握在男人手中……没有儿子的单身女性和绝经后的女性尤其容易受到伤害。而在塞勒姆，寡妇可以直接拥有财产，这可能是因为当地猎巫活动特别激烈。

读到这里，我不禁想到，从代际差异出发的关于性与性别认同的辩论，已成为年轻女性试图迫使年长女性退出的一种专业手段，将非女性特质的野心伪装成女性对最边缘化群体的同情。我想起了那些对 J.K. 罗琳怒不可遏的年轻作家，那些围攻苏珊娜·穆尔的年轻记者，还有那些逼迫编舞家罗西·凯（Rosie Kay）离开自己公司的年轻舞者——只因为她表达了性别化的身体在舞蹈中作用的看法。在苏格兰采访持有性别批判观点的女性时，萨拉·佩德森遇到了一些被年轻女性割席的年长女性，而这些年轻女性正是在她们的培养下才开始了自己的职业生涯。这些谴责看起来是关乎意识形态的——被指控者表达了"错误的"女性主义观点，并与魔鬼共舞；但她们的另一个问题是获得了一些谴责者所艳羡的东西，因为对女性来说，上层的位置依然稀少。此外，无论你在何时出生，无论你烧死了多少女巫，基于社会经济和种族的特权依然存在并且仍然极其强大。

"如果你否认你的遗产，"莫琳·弗里利写道，"你就是在否定你自己。既然不承认自己，你就会越来越厌恶任何能显示家族相似之处的镜子；无论如何，这些相似之处一直存在。"对于一些年轻的中产阶级白人女性来说，除了承认自己中产阶级白人观点的局限性，以及跨代际、跨种族和跨阶级的生物联系之外，另一种选择就是"烧死"自己的中产阶级白人母亲，以此作为一种和解兼净化的仪式。急于挑出年长的同性进行公开羞辱已蔓延开来，尤其是通过网络图片和歪曲的交叉分析的方式。如果一个人找到一种"自然"的方法，可以将所有的怨恨和愤怒导向一个垂死的种群，那么他就更容易忽略自己在环境崩溃、对他人的经济剥削和对低层级的社会不公中的共谋作用。这样也更容易构想出一个未来，在那个未来中，我们不必以任何实际、有意义的方式剥夺自己的特权，因为不平等已经随着那个可恶的老妈一起消失了。这样一来，特权非但无须被废除，反而得到了巩固，不公正的社会和经济等级制度通过"享有特权的老巫婆"的形象得以维持。

女性权利：是人权，还是来路不正的过气奢侈品

我没有给小儿子读《三只山羊嘎啦嘎啦》（显然，也没提醒他妈妈由此引申出的复杂女性主义比喻），我们都喜欢《小红母鸡》（*The Little Red Hen*）。这个故事讲的是，一只母鸡捡到一些小麦并决定用来做面包。在制作面包的每个阶段，她都会向她的朋友们——猫、老鼠和猪——寻求帮助。但每次都被拒绝了。面包终于做好了，母鸡把面包拿给朋友们，他们都迫不及待地想吃一片。于是，她收回了面包，自己吃了个精光。这个故事可以有各种道德和政治解

读——甚至罗纳德·里根（Ronald Reagan）也曾参与解读，而我的想法是面包代表着女性权利。*在这样的设定下，猫、老鼠和猪不帮忙并不是因为它们懒惰，而是因为小红母鸡有问题，也许是因为她与面包师和磨坊主（代指"体制"）的关系。又或者他们确实懒惰，只是以此作为方便的借口。无论如何，他们还是想在面包做好后吃到面包，但又因面包的分量不够整个农庄享用而恼火，还有面包外皮太硬，并且她为什么不做无麸质面包呢？不管怎么说，母鸡做了劣质的面包。这表明，虽然每个人都应该吃到面包，但不该再有人去做面包了。显然，在这个版本里，母鸡仍然允许大家吃她做的劣质面包——她是个女性主义者——但没有人想要她的配方。几年之后，母鸡早已被做成了烤鸡，而活着的动物们觉得要是能再吃到面包也不错，可是没人知道该怎么做面包。这个故事的寓意是，真可惜，这只母鸡当时那么刻薄。

就像年长女性的无报酬工作一样，女性主义者过去的努力被认为是有问题的，甚至她们的存在都无法得到承认。大部分劳动都不为人所见，被当作理所当然，而那些被注意到的部分，又被认为水准太低并且缺陷明显，无法给后人带来本质性的教益。正如海伦·刘易斯在《难缠的女人》中所写的：

---

* 我知道，"权利不像馅饼"，也不像任何其他可分享但有限的食物资源。只不过，当一个人对一件事物的认知权利侵犯了另一个人对不同事物的认知权利时——事实上这种情况还颇为常见——那么确实有人就要少吃或吃不到馅饼/面包了。

> 20世纪60年代末到70年代的第二次女性主义浪潮，现在常常被讥讽为目光短浅的特权主义。但是，它扫除了将女性置于次等地位的法律框架……这不是一个女士午餐俱乐部。如果事后看起来如此，那只是因为千万女性的奋斗大部分被遗忘了，她们对此做出的激烈反抗也被遗忘了。作为一个女性主义者，胜利往往是苦乐参半的：新的现实状况很快会让人习以为常，而奋斗的历程则被遮蔽。进步的结果抹除了抗争的过程。

抹除抗争过程的一个后果是，进步的结果变得岌岌可危。如果女性主义运动及其领军人物都问题重重，那么也许运动的成果也是如此。我们如何能确信，运动所赢得的是所有女性的基本权益，而不只是赋予某个精英阶层女性的奢侈品？我们本可以做得更好，从这些女性身上我们又能学到什么？我们真的想保留她们为之奋斗的所有权利——女性专有空间，堕胎权，以女性为中心的话语和研究——还是我们应该将这些权利纳入无尽的审查，不断切除我们不需要的部分？我们是否应该为她们感到些许的羞愧？女性权利这个概念本身是否就带有一点本质主义和特权色彩？

佩德森告诉我："在第二次浪潮中，那些曾经参与争取女性选举权的活动人士和支持者依然有在世的，第二次浪潮下的女性主义者本可以采访这些前辈们。但并没有人这么做，除了见某些名流。人们倾向于将妇女参政运动的参与者视为中产阶级白人女性,她们出于自私的目的,只关注自己的需求。因此,她们树立了一种现在仍然存在的观念,即我们要忽视年长者的意见,而且一旦女性到了一定年龄,她们的经验就不再有用。年长女性并没有像我们现在这样为同样的事业而奋斗,因此,如果她们参与进来,就会让我们走上岔路。"苏珊·布朗米勒(Susan Brownmiller)在她关于第二次女性主义运动的回忆录中提到,将自己与争取选举权的运动联系在一起是一种挑衅行为,"因为左派惯于诋毁妇女参政运动,将其贬低为种族主义的上层白人妇女的运动"。有人会说,这场运动为的是那些"吃午餐的女士,她们因为一个男人在她们进入四季酒店时为她们开门而感到委屈"。或者说,这是一场被错误定性的运动,就像今天布朗米勒自己的运动一样。

敌意并不是单向的。2015年,布朗米勒接受了《刀锋》(*The Cut*)的采访。这篇采访的标题相当不友好,题为《〈违背我们的意愿〉一书作者谈当今强奸问题活动家们不明白的事》("Against Our Will Author on What Today's Rape Activists Don't Get"),访谈显示,布朗米勒对喝醉酒、穿着暴露或不离开施虐伴侣的女性采取了一种强硬的,甚至是归咎受害者的立场。我不同意这些观点。她在访谈中表现出的报复性的年龄歧视让人叹为观止。反强奸活动家、作家凯特·哈丁(Kate Harding)在《时尚》(*Cosmopolitan*)杂志上撰文称:

如果40年后，有人问我对年轻的反强奸活动家有何看法，我希望我能克服私心，对她们为改善自己成长的新世界所做的一切贡献表示钦佩。但老实说，我也可能会像布朗米勒一样，因年轻人缺乏历史意识和对长辈的尊重而抱怨不已，然后加上一些任何未到绝经期的人听起来老掉牙的废话，怎样都行。如果有一天，我茫然不知年轻活动家们在做什么，以及为什么她们似乎不关心我最关心的事情，那很可能意味着她们已经从我们这一代女性主义中汲取了她们所需的东西，把不需要的抛在身后。我很确定这就是进步。

不过，我并不确定是否真的如此。一方面，在回望过去时，认识到过往人物并非不可触碰的偶像，而是有缺陷的人类；另一方面，认为老一辈女性主义者的工作并不构成重要的（具有男性特征的！）连贯的思想传承，只是一堆零散的想法。这两方面之间存在着微妙的界限。没人愿意听某人"抱怨孩子们缺乏历史意识和对长辈的尊重"，但我们谈论的主题是女性这个阶层，女性作为一个阶层被剥夺了自己的历史这一事实，并非无关紧要。谁来决定女性主义的哪些方面可以被"抛在身后"？而且，强奸并不只发生在"任何未绝经的人"身上——尽管男权活动家透露过"太老了没人愿意强奸"的意思——怎么会有人因为超龄而不能再参与这场辩论呢？女性主义不该持有过了生育期的女性在智力和政治上已经无用了的观念，但事实却是它在滋生这样的观念。这有损于以下原则，即女性生命中的每个阶段都很重要，我们所拥有的权利不是当季的流行时尚，可以随时修订，而且是我们作为完整的人的基础。

2022年，"罗伊诉韦德案"被推翻的过程就是一个鲜明的例子，展示了一项"由来已久"的权利如何被当作天经地义，尤其是因为赢得这项权利的妇女却被认为是无关紧要的。虽然导致美国女性的堕胎权失去宪法保护的因素有很多，但其中一个因素是，年轻的女性主义者认为，优先考虑堕胎权带有反交叉、生物本质论的第二次女性主义浪潮的色彩。2019年的一项调查显示，即使在特朗普执政时期，年轻女性对大规模枪击事件和气候变化的关注也超过了对堕胎权的关注。作为对此的回应，哈德利·弗里曼写道："在年轻女性看来，拥有堕胎权是理所当然的。这很容易理解，因为从她们出生开始就是如此；同时还有点土气，因为这种事是与她们母亲那代人相关的东西。"

2021年，美国计划生育协会（Planned Parenthood）主席兼首席执行官亚历克西斯·麦克吉尔·约翰逊（Alexis McGill Johnson）明确表示："作为一个组织，我们不想成为凯伦。"并将"组织性凯伦"描述为"那些现身并表明自己的主张，然后告诉你去哪里游行的团体。这些人追求自由和公平，但也以非人性的方式利用自己的特权。"在"罗伊诉韦德案"失败后，许多人都在强调，失去堕胎机会将对最边缘化的女性产生最大的打击；在此之前，对最边缘化的妇女的关注可能会被用来将堕胎定位成一个白人女士关心的私人问题。

"年轻的中产阶级白人女性,通过支持不那么以自我为中心的事业,以便证明她们不是凯伦,"贾尼丝·特纳写道,"比如种族正义、性少数者的权利、气候危机。"然而,所有这些问题都与生殖正义有所交集。

西尔维娅·潘克赫斯特(Sylvia Pankhurst)在1911年出版的《女性参政权运动史》(*History of the Women's Suffrage Movement*)中预言:"女性们在议会广场和内阁大臣会议上,面对警察和其他人的暴力所展现出的信念和忍耐力,将在未来一直激荡运动研究者的心灵。"她幸好没有活到见证"运动研究者"有一天会在社交媒体上讨论她和她的同代人的时候。基里·滕克斯在讨论自己的女性主义活动时说:"女人总是要在胜利和荣耀之间做出选择。我选择胜利。"即便如此,我仍在想,如果女性能够拥有更多荣耀,更多传承,也许我们的某些胜利将来会更容易实现,胜利成果也会更牢固。这样,我们也许就能最终到达平等之境,并驻留于此。

第 8 章

该死的女巫

"治愈"或"毁灭",男性暴力与
年长女性的命运

> 我们可以从猎巫行动的回归中汲取这样一个教训：这种迫害形式已不再局限于特定的历史时期。它有了自己的生命，相同的机制可以应用于不同的社会，只要人们有需要去排斥、非人化其他人。
>
> 西尔维娅·费代里奇，
> 《对女性的恐惧》（Witches, Witch-Hunting and Women）

> 我首先要说的是，没有人比我更支持女性主义。
>
> 2019年《纽约客》上一幅漫画的配文，
> 图中描绘了一个清教徒在一个即将被当作女巫烧死的女人面前发表演说

有时候，我其实并不确定历史上是否真的发生过烧死女巫的事件。尽管有大量的文献证据证明这是事实，而且直至今天仍有妇女被当作女巫烧死。但这一切似乎都太诡异了，就像一个女人在2016年竞选美国总统，她发现自己仍要面对来自反对党和自己党派成员的"女巫！"叫骂。这种匪夷所思的事情真实发生了。

根据联合国《2020年世界人口状况报告》（the UN State of World Population report of 2020），在过去的50年里，全球"缺失的女性"

的数量翻了一番，从1970年的6100万增加到2020年的1.426亿。在英国，平均每周就有两名女性死于现任或前任伴侣之手。联合国报告称，在过去的10年中，因女巫之名被杀害的女性人数有所增加，受害者主要是印度的老年女性，"她们被当作替罪羊或夺取她们土地和财产的借口"。在《给女人的女性主义》一书中，朱莉·宾德尔引用了联合国的进一步研究，结果显示"2019年全球至少有8.7万名女性被男性杀害"。和许多并不生活在高风险环境中的女性一样，我也遭遇过直接的男性暴力，并且花了更多时间寻求避免男性暴力的策略：新的回家路线，新的穿衣方式，不那么像我自己的新行为方式。尽管我曾经接受过女性主义新曙光的熏陶，但我并不认为今天发生在妇女和女孩身上的事情只是一种旧疾的复发，或是愚昧过往的长期后遗症，无论我们面对的是朝前女友脸上泼硫酸的男人、遗弃女婴任其死去的父母，还是焚烧老妇人的社会。这种仇恨——这种消灭所有女性的欲望——由来已久，依然鲜活，并且还在不断更新。即便如此，我内心还是觉得指出这一点是刻薄的。为什么我不能友善一点（#JustBeKind）？

因为男性对妇女和女孩的暴力行为是厌女症的终点。因此，本书的最后一章将讨论年长女性和男性暴力。前面几章中探讨的是，如何用年长女性的叙事来重构与合理化施加在她们身上的暴力，以及这些叙事是如何淡化和削弱男性暴力这一全球现象的女性主义分析。我还想探讨一种特定的叙事——"TERF"叙事，如何遵循一种特定的模式，将对年长女性的暴力行为转变成一种有正当性的美德。

我探讨的重点在于暴力行为，但同时也关注叙事，以及两者之间的微妙关系。我的观点是，本书前面提到的许多态度都与男性对年长女性暴力行为的报告不足、歪曲和开脱有关。那些不得要领、言不由衷的年长女性，不再符合生育力、女人味和性魅力的标准，她们的无偿劳动可以无视，她们的知识微不足道，观念危险倒退，她们积累的资源是不应得的特权，人们期望她们照顾他人而非接受照顾。在这样的文化中，引用汉娜·鲍斯（Hannah Bows）博士在《2020年英国妇女被害情况普查》（2020 UK Femicide Census）中的说法，"在识别和预防针对年长女性的暴力方面存在缺陷"。然而，我知道这是两码事，相关性并不是因果关系。事实上，在涉及男性对女性的暴力行为时，似乎有必要时刻提醒女性注意这一点（在没有正当理由的情况下剥夺一个人的消遣性仇恨叙事的风险极高）。

如果不能让每一个施暴者都自愿地公开声明自己所造成的影响（其中许多影响他可能甚至都没有意识到），那么人们总会对此抱有一丝怀疑：反复告诉男孩和男人们说女性和女孩毫无价值，是否导致了他们这样对待我们。这也是为什么无论是过去还是现在的烧死女巫事件，都可以成为女性主义分析的有用参考之一。因为在这些罕见的事件中，凶残的、带有色情的男性暴力与社会认可的"年长女性是废物/恶魔"的叙述之间的关系相当清晰。《女巫之锤》的作者们值得肯定的一点是，至少他们没有自称女性主义者。

我很害怕自己的言论以偏概全，也很害怕自己听起来像个偏执狂。请允许我明确一点：我并不认为那些聚集在社交媒体上谩骂妈咪网用户的男人们真的希望回到16世纪。尽管如此，我还是意识到，我们所听到的关于中年女性引起的恐惧症和道德恐慌的故事，就是一种非常有效的恐吓方式，让女性不敢将社会普遍接受的厌女表现（如色情作品中出现的）与男性殴打、强奸和杀害女性的行为联系起来，哪怕是最微弱的联系。把年长女性曲解为生物本质主义的偏执狂或厌恶性爱的虚伪卫道士，则是在告诉所有女性，为了回应对男性暴力的恐惧而得出过多结论或提出过多要求，会被认为是受人蛊惑，是老顽固。我也不希望被当作一个危言耸听爱走极端的家庭妇女。我也想对暴力进行深层且拗口的学术性分析，而不是只陈述"谁打了谁"这种血腥的基本事实。我相信我也能做到这一点，但我们没有时间那么做了。

有组织地对女性施加暴力成了一种现象，我们已经身处其中。只是除了歇斯底里、厌男、引发道德恐慌的老巫婆之外，其他人都觉得这是正常现象。所以也许我可能显得有点过度恐慌。烧死女巫的事情确实发生过，而且此时此刻，仍然在发生。

得到文化认可的剧本："如果你不治好她，我就杀了她"

在《永葆女人味》一书中，罗伯特·威尔逊回忆起一位想要杀死妻子的就诊者：

"她快把我逼疯了。她不肯做饭……现在她让我滚出去再也别回来。我才不会。那是我的家,该滚的人是她。"

他把手伸进后裤袋……拿出一把P32自动手枪放在我办公桌上。

"如果你不治好她,我就杀了她。"

值得庆幸的是,故事有个圆满结局,通过给这位处在更年期不肯做饭的妻子使用激素疗法,威尔逊"治愈"了她(我们假设这位持枪的丈夫并不需要治疗)。但随后威尔逊悲哀地指出:"直接谋杀可能是更年期导致的一个相对罕见的后果,尽管并不像我们大多数人认为的那样罕见。然而,因家庭关系破裂、夫妻间的仇恨在心理上形成了相当于谋杀的结果,这在更年期的变化中更为常见。"更年期妇女,嗯?虽然不能杀掉她们(看在法律份上),但当你所珍视的一切被象征性地谋杀了,你至少可以让她们负责。

我们会觉得,这种言论与为杀害配偶者辩护所用的"唠叨与床笫摩擦"言论之间有什么联系吗?2010年修订的"寻衅"辩护,曾一度允许男性辩称:是妻子"挑衅"在先,从而合理地导致他们对妻子实施谋杀。它强化了女性为避免招来人身暴力应如何对待男性的观念。简单说来,就是让女性不要做渣女或恶丈母娘。我们永远不可能精准判定杀害"唠叨"妇女的合理辩护理由与有关"恶妇"的情景喜剧、答读者问专栏、玩笑话等文化信息在多大程度上相互作用,从而改变了男性和女性的行为。你永远无法确定。我们所知道的是,现在有一个剧本,它规定了女性应该成为什么样的人,以及男性可以对那些不达标的女性做什么。

即使在法制改革之后,"男人可能会因为女人在他的英雄之旅中所扮演的角色而无意中杀害她",这样的观念依然存在。例如,"粗暴的性行为"辩护就被拿来和"唠叨与床笫摩擦"辩护相提并论。伯明翰城市大学的伊丽莎白·亚德利(Elizabeth Yardley)教授,在一项关于用"性游戏出错"叙事为谋杀辩护的学术研究中发现,"捆绑、控制和施虐受虐(BDSM)的合理化为杀害女性的男性提供了一个'文化认可的剧本'"。不过,我更想知道的是那些表面上没那么前卫的文化内容会产生何种持续的影响。威尔逊和他的病人所表达的态度并没有完全消失。相反,人们对年长女性死亡事件的反应仍然受到对年长女性的偏见的影响,人们已经认可了她们活在这世上没什么用处的说法,从而强化了这种偏见。

如果改良后的全新女性就在未来不远处,如果女性的时代才刚刚开始,那么,那些已经走过半生的人存在的意义或许并不大。毕竟,一系列完全正常化的观点都指向了这个方向:我们不是历史的主人;与男人不同,我们不会为人类知识的辉煌大厦添砖加瓦,只会兴风作浪,然后归于沉寂;我们是测试版的女人,是超龄但尚未进化的女人,是受压迫但是毫无用处的阶级。而且,谁会想和我们上床呢?我们为何还活在世上?"你知道吗,"一位朋友说,"有些男人对女人活过35岁似乎真的有点反感。"(如果你在想,好吧,总还有祖母假说①，没错，但你不觉得奇怪吗？有这么多学术研究基本上都是围绕着这个问题："为什么这些碍事的人还没死？"）

历史上的女巫猎手总是将目标对准那些老而不死的年长女性。安妮·卢埃林·巴斯托写道："女巫指控可能是为了除掉穷困的老年女性，她们已经过了生育年龄，身体虚弱，无法从事繁育工作……老妇人是一个理想的替罪羊：太过废物而无人惦记，太过虚弱而无法反抗，太过贫穷而无足轻重。"在某些社会中，已不能以老年女性是女巫为由将其随意杀害，但认为年长女性死不足惜的叙事仍然围绕着"过时淘汰"这一主题。也许她本来就很脆弱，也许她不惜把自己置于危险之中是因为她来日无多，也许这对于她来说是好事。

2016年8月，菲利普·威廉森因杀害结婚62年的妻子约瑟芬而被判缓刑。82岁的约瑟芬患有痴呆症，菲利普在家中将她推下楼梯。"她在我前面走，我好像鬼上身，就推了她，就是这么回事。"他告诉救护人员，"我不想让她变成一个老朽的巫婆。我太爱她了。"尽管案件十分复杂（菲利普身患癌症晚期，时日无多），但我们很难不对这种措辞感到惊愕，因为它更像是在表达一种厌恶感，而不是对生命质量的关切。

---

① 祖母假说：20世纪90年代人类学家提出的一种猜想，认为在不断进化过程中，成年人类寿命比成年类人猿的寿命更长，其原因在于祖母帮助喂养孙辈促进了基因的优化。

尼亚（Nia）①慈善机构首席执行官兼"数说死亡女性（Counting Dead Women）"组织创始人卡伦·因加拉·史密斯（Karen Ingala Smith）提到，怜悯杀人是男性对老年女性实施致命暴力的常见理由，尤其是在被告是受害者的配偶或儿子的情况下。虽然她承认有些案件可能涉及利他主义，但她指出，女性一般不会对男性做出这样的事情：

> 这是男人会对女人做的事情。我认为社会默认女性作为照护者是有问题的。当女人的伴侣生病时，女人可以在比她年长的伴侣变得孱弱时照顾他。而有些老年男人宁可杀害女人也不愿照顾她。有些人杀害伴侣，是因为他们自己生病了，认为女人没了他们就活不下去。

衰老过程颠覆了我们接受的关于"自然"性别角色的所有信息；但对某些人来说，与其认为这些信息（以及我们为适应这些信息而建立的社会结构）是错误的，不如认为衰老的女性身体已不再是她自己。杀死一个不再是自己的人更容易。你杀的不是她们，而是那个冒牌货，那个老朽的巫婆。

汉娜·鲍斯指出，在对男性致命暴力的报道和分析中，老年女

---

① 尼亚：在斯瓦希里语中是"目的、意图"的意思，这个机构致力于关注妇女和女孩所遭受的家庭暴力和性暴力。

性一直被忽视。她写道,研究"向来关注的是作为受害者和幸存者的年轻女性":

> 当一个老年女性被男人杀害时,我们仍然感到"震惊",认为这是一件不寻常的事。然而,我的研究发现,至少有25%家庭凶杀案,受害者包含60岁及以上的女性,尽管她们只占总人口的18%。

2018年之前,英格兰和威尔士的犯罪调查并不包括59岁以上的女性被杀的案件,这掩盖了老年女性遭受暴力行为的普遍性。(现在这个年龄上限已提高到74岁。与此同时,英国女性的预期寿命为82.9岁。)鲍斯在接受《卫报》记者伊冯娜·罗伯茨(Yvonne Roberts)的采访时说:"当你查看警方关于虐待、强奸和谋杀的数据时,老年女性并不在其中。如果对这类犯罪进行调查,它也会被当作一个安全保障问题来处理,不会考虑性别,只是'虐待老人'行为,不会提到施暴者。"然而,并不是因为谋杀老年女性的案件没那么暴力因而不好界定。恰恰相反,老年女性被谋杀,她们比年轻女性更有可能遭受五次或五次以上的伤害,远远超过杀死她们所需的暴力程度——这被称为"过度残杀",即使在那些因怜悯而杀人的案件中也是如此。罗伯茨在文章中甚至提到,有研究表明,杀害老年女性的凶手"最不可能表达悔意或有所共情"。

如果说谋杀老年女性的案件有可能被完全驳回,谋杀中年女性的案件也并未得到更认真的对待。2016年4月，小说家海伦·贝利（Helen Bailey）被她的伴侣伊恩·斯图尔特（Ian Stewart）杀害；4年前，她在一个为悼念死去伴侣的人举办的互助小组中认识了伊恩·斯图尔特。在斯图尔特受审的整个过程中，媒体对贝利不经意地挑剔，暗示她对这个有一天会杀了她的男人的依恋，并称这是女性到中年后绝望的典型表现。专栏作家德博拉·奥尔（Deborah Orr）给出了一些例子：

> 《每日电讯报》认为"许多中年女性发现自己无比孤独"。《每日邮报》指出"中年单身女性无比脆弱"，并对"中年"的含义展开阐述。中年指的是处于"人生之秋"的"年长女性"。稍等？之秋？贝利当时51岁。与这个后来杀她的男人初遇时，她47岁。贝利的死之所以显得如此残酷，原因之一是她本可以再活很多年，人生中还有很多可以实现和享受的东西。

这个悲剧被认为是贝利的年龄，而非她伴侣的暴力行为导致的。但正如奥尔观察到的："一种始终认为女性的价值逐年递减的文化，才是导致人们在情感上或实质上被摧毁的原因，而不是'中年'。"

女性面临的压力是不可以衰老，要神奇地将自己定格在时间里，以便继续为社会做出有价值的贡献，这使得老年女性的死亡显得没那么重要。用娜奥米·沃尔夫的话说，这些人一开始就不是"完整活着"的人。甚至，也许在众多空灵缥缈的未来女性中，我们是唯一真正的凡俗女人；如果说现在还有人注定会死的话（这是对生物非本质主义的又一次犯罪），那就是我们。并不是说这种想法会直接转化为下一起谋杀老年女性的案件，或者下一次对"一时冲动"——男人都会有这种冲动——的深情丈夫从轻发落；而是如果有这样的事，我们根本不会注意到。整个社会文化认为老年女性已经是废物，只能苟延残喘；我们的身体、政治、知识遗产都将被焚毁，使我们成了被勉强容忍的东西；必要时，他们应当助我们脱离苦海。

年龄歧视、厌女症和 TERF 恐慌：
"行邪术的女人，不可容她存活"

在火刑柱上烧死妇女是一种极致的暴力行为，惩罚和魔鬼勾结的女巫。显然，我是带着点儿戏谑写下的这些话。我不赞成把任何人烧死在火刑柱上，也不赞成犯上、欺下或同侪相斗。不过，我认为最重要的是应该记住，许多被历史论断为恶棍的人在当时并不认为自己是坏人。他们的叙述往往与那些认为绝不会走入歧途的好人有许多共同之处。

谈到当今赞比亚农村地区焚烧女巫事件时，西尔维娅·费代里奇指出，如今老年女性之所以被当作女巫猎杀，是因为她们被视作"坏账资产，代表着被认为越来越没有生产力、没有繁殖力的实践和价值观"。费代里奇写道：

人们认为老年女性会破坏庄稼，使年轻女性无法生育，并囤积所拥有的东西，从而对社区的繁衍构成特殊威胁。换句话说，这是针对妇女身体的一场战役，因为妇女被视为抵制现金经济扩张的主要力量，因此，她们是无用的个体，自私地垄断着年轻人可以使用的资源。从这个角度看，目前的猎巫活动……完全颠覆了传统的价值创造的观念，这种观念是猎巫者对老年女性身体的蔑视。在赞比亚，他们有时将老年女性讥讽为"不能生育的阴道"。

这本书不是关于赞比亚农村的，但读到这里，我不禁想起了前面章节中探讨的许多主题。其中，我们同样发现了对老年女性所拥有的知识的漠视，对更年期后的女性身体的恐惧；也同样认为当身份是通过所有权模式而不是通过相互协商的关系形成时，进步才会发生。最重要的是，这些主题都同样相信，一旦这些女性不在人世，社会将真正变得生机勃勃，以一种纯粹、进步的方式完全消除女性当前的惨状。

观察社交媒体上对待年长女性的方式，你会惊讶地发现，当今时代的辩解都如此相似，比如为发生在某个地方给妇女浇上汽油烧死的行为进行的辩解，与在另一个地方对强迫妇女发生性行为的辩解是如此相似。似乎每个时代每个地方都有一批多余、令人厌恶且危害社会秩序的老巫婆，她们理应遭受暴力对待。尽管针对年长女性的厌女暴力幻想，可能与针对年轻女性的幻想有相似的心理根源——对女性身体和界限的怨恨，错误的受害者心态，对所谓"女性特权"的愤怒，以及对女性化服务的剥削——但它们也有着特殊的社会接受度。通过挑出某一个群体的女性，即使是自诩为进步者也可能认为她们（在身体上、道德上、政治上）是堕落的甚至是危险的。年龄歧视的厌女者可以告诉自己，他尊重女性，只是不尊重这一群女性而已。他声称有问题的并不是她们的女性身份，而是她们的邪恶灵魂。

"坦率直言""自认有权"或"纯属多余"的女性遭遇了带有高度性别针对性的暴力威胁，这并不是什么特别新奇的事情。我们只需看看为被指控的女巫所设计的充满想象力的酷刑、用来让"悍妇妻子"闭嘴的工具，或对女权运动人士的惩罚。在数字时代，越来越多的人可以接触到色情制品，这使厌女幻想前所未有地渗入到其他话语领域。惩罚始终存在。自认为道德高尚的男人们一直都非常有创意，不同群体之间的差异在于如何包装惩罚。

苏珊娜·穆尔在 2013 年发表了一篇文章，文中写道："我们对自己感到愤怒，因为我们不够开心，没有得到应有的爱，也没有理想的身材——巴西变性人的身材。"她因此收到了数量惊人的厌女谩骂和威胁："推特上有很多人告诉我，他们要强奸我、砍掉我的头、烧死我……最严重的威胁来自那些知道我住在哪里的人，他们会用我当时 11 岁的女儿威胁我……"阿比盖尔·施里尔（Abigail Shrier）在 2020 年出版了一本书，表达了她对十几岁的女孩变性为男孩的现象日益增多的担忧，她收到了如下邮件（她语带讥讽地将其描述为"来自一个自诩为'进步'人士的措辞严谨的回应"）：

> 只是想让你知道你是个毫无用处的混球。我希望你早点死，这样你就不会把你仇视跨性别的恶臭观念传给未来一代。祈祷你永远不要在街上碰到我……去死吧！

虽然网络色情可能对发出此类威胁的人有明显的影响，但这也让我想起了一幅 18 世纪的木刻画，玛丽娜·沃纳将其描述为"对女学究、女性主义者、毒舌妇和其他有主见女性的讽刺"：

> "我会让你变好的。"医生卢斯图克鲁边说，边在砧铁上敲打着一个女子的头颅。"丈夫们，欢呼吧！"他的助手说。而另一位妇女则张着嘴等着轮到自己。铁匠铺外"好女人（A La Bonne Femme）"招牌上画着一个无头的女人。

出言不逊的女人和她们可恨的头颅！除了用来砍、切、锤、奸淫之外，没有任何用处。如果做不到刀砍锤砸，那就给她们套上嘴套。有人会说，现在让女人闭嘴的冲动与从前不同了，因为它只针对社会中那些真正坏的强悍女性，并不是不让所有女性发声。当然，18 世纪的木刻家们也会这么说。

斯泰西·希夫写道："女巫往往是我们一开始就不喜欢的人。她们在犯罪之前就已经表现得可疑。"尤其阴险的是，对她们的指控越荒唐，惩罚越离谱，她们就越是罪有应得。TERF 是现代女巫的终极代表，她是一位年长的女性，动机不良，能量巨大，她的言行被过度解读；因为她有着尚未实现但显然深不可测的邪恶潜力，因此对她用任何程度的暴力都不为过。与凯伦一样，TERF 的具体起源可能只与一小部分女性有关，但如今它迎合了色情、邪教、年龄歧视等广泛的厌女需求。

诗人珍妮·林赛也是"猎杀 TERF"行动的受害者，她写道：

> TERF 的意思是"排斥跨性别者的激进女权主义者"，但随着时间的推移，这个词的使用范围不断扩展，甚至把非女性主义女性也包括在内。非女性主义者可能会充分肯定《2010 年平等法案》（Equality Act 2010）中确立的现行的跨性别权利。TERF 也可能包括了支持进一步减轻跨性别者面临的歧视的女性……"排斥性"体现在对性别进行定义时，简单地使用"男人"和"女人"的词典定义，即"成年男性"和"成年女性"。这样的类别定义在含义上是具有"排斥性"的。

林赛被斥为 TERF，是因为她反对用暴力方式威胁那些不愿意将有男性身体的人视为潜在性伴侣的女同性恋者。她写道："发生在我身上的事情也会发生在你们任何人身上。"标签一旦被贴上，就无法摆脱了。

安娜-路易丝·亚当斯在其关于TERF的使用的论文中发现，TERF是：

> 一个性别标签，男性用它将厌女性语言和行为合法化。TERF本身就被用来描述女性，同时还伴随着暴力言辞，如：暴揍TERF、强奸TERF、杀死TERF，突出了其非人化的性质。此外，一些参与调查者说，她们曾看到TERF与代表不洁、污秽或疾病的词语并用。

亚当斯告诉我，她采访的女性认为TERF还与"年老"和"女同性恋"混为一谈。在一篇讨论TERF是否构成诽谤的博文中，德博拉·卡梅伦教授列举了一些用法实例：

> 你们这些卑鄙下流的TERF娼妇一定气疯了，你们再也没有权力去招惹变性人了！
>
> 我闻到了TERF的味道，臭气熏天。
>
> 如果我发现你是一个TERF，我会宰了你，每个TERF都得死。
>
> 如果你在外面遇到TERF，把她们扔到最近的垃圾箱里。记住：保持街道清洁是每个人的责任。

这种语言必然是极端的，因为 TERF 的"罪行"只有以针对她们的厌女幻想为参照才能理解。否则，人们可能会认为 TERF 是对父权制的基本理论、对人类繁衍的政治显著性有所理解的普通女性（这正是 TERF 们希望你认为的）。亚当斯说："你会看到这些开始使用'TERF'的年轻女性，她们首先看到的是对这个词的反应，然后她们想，这些人一定很可怕。夸张的言辞总被用在 TERF 女性的头上，比如'简直就是在杀害跨性别者''简直就是在实施暴力'……这就是一种恶性循环，先否定他人的观点，使针对她们的暴力合法化，认为她们是坏人，然后其他人看到你这样做，就会变本加厉。"

　　在前面的章节中我曾提到，年长女性成了他人偏见的容器，成了符号性的人物，因为所有的恶行都投射到了她们身上，憎恨她们也就显得合情合理。坏的、倒退的东西由她们来代表，让其他人得以净化，比如凡人的身体、污垢、界限，而这些东西很快就不再重要。2020 年夏天，在罗琳发表了一篇关于性别与性别认同的博文之后，抗议者将代表鲜血的红色颜料泼洒在爱丁堡街道上印有 J. K. 罗琳手印的地方。抗议者要传达的信息是：她的手上沾满了鲜血。这种指控是荒谬的，但这并不重要。问题的重点不是对 J. K. 罗琳已经成了一个怪物这个事实做出反应，而是像对待怪物一样对待她以此将她变成一个怪物。毁坏物品、焚书、强奸和死亡威胁……J. K. 罗琳遭受的规模空前的厌女攻击让她面临危险，而不是她所写的任何东西。一位匿名学者在推特上写道：

当你只是性别议题的观望者,你很容易认为:如果有人因言论受到围攻,她一定说过或者做过一些可怕的事情。罪与罚一定是相当的,可以根据惩罚的严厉程度倒推。例如,如果J.K. 罗琳的言论引起了如此强烈的反响,那么她一定是说了什么真正可怕的话,否则,没有人会发出死亡威胁。谁会那么过分呢?

巴斯托写道,烧死女巫的仪式本身"就在教导人们,'女人的罪行'应该受到最严厉的惩罚;那个女人之前很少被公开视为罪犯,但她却有能力犯下滔天罪行"。用惩罚来定义罪行简直再合适不过了。

很难向人们解释,无论是J. K. 罗琳、妈咪网上的女性,还是在超市排队时看你的眼神有点怪异的中年白人女性,都不是在密谋大屠杀,但网上有那么多声音都说她们在做这种事。J. K. 罗琳的文章很有同情心,没有鼓吹对任何人使用暴力,但她却遭到了严重的厌女攻击。在对一种新的新冠病毒变种的恐慌达到顶点时,一个网友在推特上写道:"我们能不能不要再说英国病毒了?病毒的名字叫J. K. 罗琳。"虽然以新冠为主题的"觉醒"厌女情绪并不新鲜,但在2020年,这成了一种引人点赞和加关注的流行方式。一位推特用户坦言,这或许是对这个"笑话"最可悲的回应:"这让我摸不着头脑,(罗琳)决定如此公开地炫耀她有争议的观点,她本可以作为伟大的英国作家之一被载入史册,但她却背上了这样的污名。为什么?令人费解。"猎巫文化让那些不惜付出极高个人和社会代价继续大声疾呼的女性在他人眼中变得不可理喻。

厌女者，无论其风格如何或身处何地，都会在他们的目标身上强加一种权势，好让自己的威胁显得高尚而勇敢，让自己成为为正义而战的弱势者。作为一个仇恨词语，"TERF"借鉴了年长白人女性作为"有特权的""历史输家"的谬见。通过将"生物本质论"的指控与这个无所不能但即将出局的老古董联系在一起，年轻女性再次被鼓励与年长女性断绝关系，因为承认任何将男性排除在外的共同经历都意味着偏执狭隘。尽管有许多著名的有色人种年长女性——玛娅·福斯塔特（Maya Forstater）、琳达·贝洛（Linda Bellos）、艾莉森·贝利（Allison Bailey）——都曾被公开谴责为TERF，有一种观点认为，关注女性生理和女性身体故事的重要性就等同于白人至上主义。通过这种方式，它为厌女症创造了一个"中年白人女性漏洞"，将承认女性在生物学和政治学上的重要性与"单一女性经验"的虚构故事混为一谈。当女性讲述她们的身体故事，分享她们在多种社会和政治背景下的女性体验时，她们所谈论的内容被歪曲为一种固化的排斥性的叙事。随着时间的推移，活在女性身体中的故事——它在社会、政治、个人以及其他压迫中的意义，作为个体以及与其他女性的关系——被视为一个卑劣、专横阶层囤积的财产。因此，在"包容"的名义下，这个故事被从全体女性的手中夺走了，因为它不可分享，不可跨代分享，不可跨社会经济阶层分享，不可跨种族分享。通过将女性故事描绘成一种资产，只有上年纪且有特权的偏执狂才会希望将这种资产置于政治背景下，

TERF猎手再次使女性至上主义的说法被社会接受——不,是被赞赏,而这正是男权活动家几十年来一直试图做的事情,也是旧式女巫猎人最擅长的事情。

当然,"没有证据"证明人们经常幻想伤害TERF与强化社会规范之间有任何关系,但这些社会规范为现实生活中针对女性的暴力行为提供了正当理由。这里适用的规则与色情影片相同。所有聪明成熟的人都知道,看暴力色情片不会让男人想谋杀妇女,而女性主义者批评暴力色情片却会制造污名,这会让男人想谋杀从事性交易的女性。同样,男性威胁要对女同性恋实施性暴力并不会煽动暴力,而女性反对男性对女同性恋实施性暴力的威胁却被当作是在煽动暴力。男性只是说说而已,但如果女性使用了这些言辞,就会变成实际的暴力,需要采取特殊的自卫行为。

2020年11月,再联新闻集团(Rewire News Group)的一篇文章(列在"人权"栏目下)就如何应对"感恩节聚会上的TERF"提出了建议:"把火鸡扔向她们。如果你没有足够的上肢力量扔火鸡,你可以选择一些稍微容易举起的东西,比如一团土豆泥。馅饼也可以,还能带来额外的喜剧效果。"

很难把"感恩节聚会上的TERF"解读为"年长的女性亲戚"之外的其他意思。同样,这个建议也很难让人联想到"喜剧效果",因为女性被害的普查数据显示,老年女性不仅只被亲密伴侣谋害,也常被年轻的男性亲属谋害。2001年播出的电视剧《东区人》

（*EastEnders*）①的圣诞特辑中，邪恶的特雷弗把小莫的脸按进了她的晚餐里。当时我们还以为这是对家庭暴力带来的羞辱的深刻描绘。事实证明，是我们缺乏幽默感。

2021年2月，一位推特用户宣称：" 每一次民权运动都会导致流血，群体不会坐视不管。一旦TERF开始被杀，法律就会改变。" 一位60多岁的女性主义者因她对性别和性别认同的观点（就是简单的女性主义观点）在海德公园遭到袭击；一个朋克乐队的成员写歌说要谋杀那些性别指认错误的女性，后来却被曝光是一个连环性虐待者。我们不应该提及这些事情，因为这被视为比赛作弊。要么你没有证据表明你受到了伤害，要么你就是在用已经造成伤害的证据来曲解你的所有对手。

我并不认为在性和性别等话题上与女性意见相左的男性，就一定更有可能强奸和殴打女性。但我确实怀疑那些写歌、发表演讲和发推文谈论强奸和殴打妇女的男人更有可能这样做。而且他们确实这样做了。

男性暴力与女性主义：一个阴谋论

我童年时期接触到的女性主义，大多数都相当夸张。有纸质漫

---

①《东区人》：BBC的一部肥皂剧，其中有个虚构的反面人物特雷弗·摩根（Trevor Morgan），经常家暴他的妻子小莫（Little Mo）。

画书——安德烈娅·德沃金被重新包装成米莉·坦特，还有憎恨一切（男人、母性、家庭、性）的女性和爱心泛滥的女性之间的虚假争战。夸张女性形象的方式会变，但对女性的厌恶和歪曲不会变。我们现在有大声叫嚷的凯伦、餐桌上的TERF们、卫道士般的海伦·洛夫乔伊、急于散播仇恨的密谋妈咪们。她们才是你应该害怕的人。不是那些可能会杀害你的男人，而是那些不会杀你的女人。

我知道，指出绝大多数的袭击、强奸和谋杀都是男人所为，是一种低劣的攻击手段。这让人感觉像是在作弊，是在给那些参与传播煽动暴力并使之合理化的妇女开脱。然而，过分强调这种所谓的共谋关系，可能会造成一种两者罪行等同的印象，但实际上并不是这样。女性的言语——甚至是那些我们称为TERF的女性的言语——无法对男性的身体造成同样的伤害。无论我们如何巧舌如簧，试图重新引起对女性遭遇"开黄腔"时的恐慌的关注，无论我们如何坚称言语也是实实在在的暴力——就像只有傻瓜才看不见皇帝的新装——这终究都是老一套的替罪羊说辞。

就像老化的女性身体、照料工作和养老金贫困一样，我们认为拳脚相加的男性暴力是已经过时的鸡毛蒜皮的女性主义话题之一。*我们已经过了那个阶段了，女士们！我们不说"男性"，我们说"基于性别的"！而且，骨头被打断的说法，实在是一种本质主义！* 在2008年国际妇女节的一次演讲中，作家劳丽·彭妮（Laurie Penny）已经提出"厌男女性主义，即支持女性但反对男性的女性主义，已经严重过时"：

20世纪六七十年代的女性主义，在当时是一场至关重要的政治运动，但在40年后的今天却被证明是过时的、不痛不痒和不当的。事实上，20世纪六七十年代的第二次女性主义浪潮就已在多年前最重要的战役中取胜，但只被记住了其诉求中最别有用心、被害妄想的部分。

把男性作为一个类别单独挑出来被认为是"被害妄想"和"反男性"的。历史的主流叙事已经抛弃了这种老派思维。我们已经想到了超越这种思维的办法，就像我们一直以为，我们已经超越了简单地认为男性对女性的暴力只不过是纯粹的男性对女性的暴力。事实总是更复杂。总该有一个根深蒂固的神学、哲学或科学理由，解释为什么事情并不只是一个容易定义的群体对另一个容易定义的群体施暴。只有愚蠢和与时代脱节的人——他们的大脑无疑还停留在20世纪70年代，甚至可能停留在17世纪——才会无法理解这一点。

当代对年长女性的夸张渲染——"第二次浪潮"的新花样、爱讲八卦的"妈咪网用户"、走极端的"脸书大妈"、性冷淡的"卫道士""TERF"——都在宣扬这样一种观点，即这些女性深受一个早已被揭穿的阴谋论的影响，认为男性对妇女和儿童构成了威胁。然而，这种观点本身就是一个阴谋论，一种将男性暴力——一场真正的全球危机——错误地定位为由一群歇斯底里、容易受骗、在意识形态上"暴力"的年长家庭主妇和女同性恋联盟领导的"道德恐慌"。确实存在着一种虚构的、被过度渲染的威胁，但这并不是由年长女性推动的，而是被投射到她们身上的威胁，就像在女巫审判中一样。寻找替罪羊是一件相当容易的事，因为男性暴力太普遍、太明显、太吓人，以致让人无法直面血淋淋的现实。于是将真相用夸张的表现进行消解：挥舞火把的寻巫人、废掉一个又一个王后的国王、惧内的丈夫惩戒唠叨的妻子——所有这些都是故事戏说，没有一个是真实的。难怪纪念因猎巫被杀的真实女性的场所，仍然被当成娱乐性的主题公园。费代里奇写道："在著名的审判和迫害遗址……一家家商店里摆放着巫婆形象的玩偶……再现了女巫猎手所创造的刻板形象。"即使你已经感觉到有双手扼住了自己的喉咙，也很难将正在发生的事情与厌女联系起来。当受害者是你时，那只是你自己的问题。

"我认为这就是女人需要一段时间才能明白发生了什么的原因之一，"50多岁的编辑兼女性主义者凯特告诉我，"因为这太愚钝了，简直丢脸。这完全就是自格林汉姆以来那种小丑般的激进女权主义者说的话，当时我们都在问：好吧，理论上，你说的是理论分析，还是心理分析，还是只是隐喻？她们说，不，不，我们字面上的意思就是男人恨我们，想杀我们，所以我们说，一定还有更深层次的东西可剖析，但实际上，我不认为有。"她在讲她自己对女性主义的心路历程，我也有同感。我在9岁到18岁之间的想法就是男人讨厌女人，想要控制她们，为此他们会不择手段。当我成了年轻女人，后现代主义出现了，问题变得更加复杂、更加戏谑，我开始觉得应该有某种细微差别，否则自己的观念怎么可能完全改变了？我现在53岁了。一路走过来，中间那些年有些模糊了，然后知道了，其实一切都跟一开始那样简单直接。

　　许多人都会经历这样一个时刻，那就是面对男性暴力的程度和后果，我们无法再无休止地加以限定、考量前因后果、重新归类，并在争论后将其归在某个模糊的"基于性别"的范畴里。有趣的是，这个时刻我们也显然丧失了理智，可能是因为缺乏合适的女性激素、家务劳动，或者是在网上看了一些令我们感到不适的前卫政治概念，导致我们发怒。当你有足够的人生经历，明白了你对男人和女人所处世界的最初印象是可以通过你的现实经验来证实的，那么，那些试图改写它的巧妙故事，就只能是童话，你也不会再相信它们。但你也由此成了阴谋论者，而不是那些人——他们一本正经地认为，聚在一起讨论分娩经历的女人，比在淫秽网站上观看强奸视频的男人更加危险。

　　在2020年出版的《我恨男人》（*I Hate Men*）一书中，波利娜·阿尔芒热（Pauline Harmange）写道："我们不会伤害或杀害男人，我们不会阻止他们找工作或追求自己的爱好，按自己的喜好穿衣打扮，在天黑后走在街上，以他们认为合适的方式表达自己。而把这些事情强加给男人的人，永远也是男人。"这本小册子的法文原版出版后，一名政府官员发出威胁，扬言要采取法律行动封杀它。没有人说阿尔芒热所说的不是真的，但她敢于对男人的行为做出合乎逻辑甚至相当克制的情绪反应，就已经越轨了。我们将那些说出我们不愿承认的暴力行为的女性污名化，这比因为洗碗这件事情而对妈妈大发雷霆还要更进一步。

　　对年长女性的污名化和替罪羊化都只是短期措施，以操控我们对真实事物的恐惧：疾病、虚弱、依赖、暴力、死亡。老去的女性最不可能伤害你，却最有可能提醒你，你并不是什么不朽的、刀枪不入的神祇，因此她们成了完美的靶子。只要可以把愤怒转向她们，其他能够缓解疼痛、苦难、孤独，并减少暴力的方法就被搁置一旁。因为我们的目标并不是让一切变得更好（活在一个我们仍然会死，但男人不再互相残杀和杀害其他人的世界）。我们想要的是完美世界（没有人会死去），但同时我们构建了一种叙事，让我们把责任推给了那些不会还手的人。

归根结底，这不仅关乎我们如何看待年长女性的价值，也关乎我们如何看待所有人在他们生命各个阶段的价值。当我们一直打断代际间的知识传递，忽视身体的重要性，污名化人与人之间的依赖和联系，对社区的形成有所疑虑，我们就在小看作为人类（无论男女）所能做的最重要的事情。当我们淡化性虐待的程度和影响，认可那些淡化暴力威胁的术语，将一个人的价值缩减到人生中的一个片段，或是假装女性的言论等同于男性的拳头，我们实际上是在延续我们宣称要结束的战争。

如果你对女性的爱是有条件的，她们必须停留在特定的生活阶段，或者必须持有特定的信念，那么你就无法结束对女性的暴力。如果你把年长女性——女巫、悍妇、巫婆——变成替罪羊，会面临两种情况：要么当你老去时，你会变成她；要么成为她的标准会变得更加宽泛，直到也适用于你。你永远无法杀光女巫，永远无法从零开始重新建设全新的世界。

后记

中年女性要的是什么

> 当然，当身体将要变化并发出更年期这样极其强烈的信号时，努力保持不变和年轻是英勇的；但这是一种自我牺牲的愚蠢英勇，更适合20岁的男孩，而不是45岁或50岁的女人。让运动员英年早逝，头戴桂冠。让士兵获得勋章。让女人自然老死，白发为冠，仁心在怀。
>
> 厄休拉·K. 勒古恩，
> 《太空老妪》(The Space Crone)

> 但事实是，四千年来男性一直在告诉我，我这个性别是何等恶劣，对此我已厌倦至极。尤其是当我环顾四周，看到如此恶劣的男人和如此美好的女人，都隐约感到这个四千年来的言论是正确的，这着实令人作呕。
>
> 玛丽莲·弗伦奇，
> 《醒来的女性》

这就是问题所在，你知道它会发生，但你并不是真的相信它会发生在你身上。没有人告诉过你，成为一个中年女性是什么感觉。

或者说，很多人告诉过你，但她们都是中年女性，所以你为什么要听她们的呢？

当步入四五十岁时，我们会经历厌女症和年龄歧视的混合打击，其中让我们尤为痛苦的是，我们无须想象就知道自己是如何被看待的。我们知道，我们仍然记得。张开嘴巴，你就能听到自己说的话被翻译成"大妈味儿"的语言，一种你曾经嘲笑过的语言。你站在一块厚玻璃板的背面，你内心的一切——你的政治立场、你的恐惧、你的热情——都被扭曲和折射。你想告诉所有人，你犯了一个可怕的错误。

在 1995 年出版的《我们怎么办？》(*What About Us?*) 一书中，莫琳·弗里利对新兴的第三次女性主义浪潮及其对母亲的忽视提出了挑战。她讲述了自己带着 10 岁女儿与一位成年女性朋友一起购物的经历。弗里利试穿了一条连衣裙，她女儿非常喜欢，问她是否可以为她留着，等她长大后穿。弗里利和她的朋友都笑了起来：

> 我的女儿不明白这有什么好笑的。我告诉她，只有当她长大到能穿这条裙子的时候，她才会懂这个笑话，尤其是如果我遵守承诺为她留着这条裙子。
>
> "但是我想要这条裙子！"她坚持道。
>
> "等你长大到能穿上的时候，你就不会想要了。"
>
> "你怎么知道？"
>
> "我就是知道。"

"我受不了你,"她说,"你觉得你连我长大后会怎么想都知道。你不可能什么都知道!这太不公平了。"她恼怒地冲了出去,我又笑了,但当我转向我的朋友时,我瞥见了镜子。我看到了她的影子——我的母亲,同样不屑地笑着,只不过是在笑我。

弗里利坦言:"被夹在镜中的母亲和女儿之间,母亲了解我更甚于我自己,而女儿却要从我身边逃离,因为我知道她将来为什么不会想穿我的连衣裙;母亲看透了我,女儿却看都不想看我。"在写作时,我经常有这样的感觉:我被夹在中间,一边是那些早就想过我所想的女性主义者,我最初拒绝这些思想(太本质主义!太可耻!太女性化!),然后傲慢地认为它们都是我自己的思想;另一边是那些可能会觉得我盛气凌人、自命不凡、应该引以为戒的年轻版本的我。在这个意义上,中年的感觉几乎与青春期类似都是过渡时期——过度自信和可怕的自我意识的复杂混合,其间还夹杂着令人窘迫的领悟。

但还是有一个不同之处:少女时期的我寻求反抗,总是试着将自己与普通人区分开来,而中年时期的我则发现自己被其他中年女性吸引。一旦你抵达了那个最令人恐惧的时刻,就更容易摆脱内化的厌女情结,使得一切都不再那么可怕。你开始变得不知羞耻,不再为自己与其他女性之间的联系而心生愧意。

格尔达·勒纳写道:"父权制体系只有在女性的合作下才能运

转。"而这种合作是通过"剥夺女性的历史"和"将女性彼此分开"等方式保证的。这本书讲述了对中年女性的仇恨，一种特殊的仇恨，一种向外蔓延、损害所有女性的仇恨；但同时也讲述了爱，可以存在于女性之间的爱，这种爱仍然让人感到不安，让我们莫名担心我们不该按照自己的方式聚集在一起，不该认清将我们联系在一起的纽带并为其命名，也不该毫无疑虑或恐惧地跨代对视。年轻时的我可能会拒绝这样的爱，认为它过于低端，但年轻的我并不在身边，不会问我现在变成了什么样子，而我会在她身边，对她低声耳语，纠缠不休，急于将她引入"歧途"。

就像一个真正的女巫。

女性主义的生命周期：以 T 恤口号为例

请允许我介绍女性主义的四个阶段和相应的 T 恤口号：

第一阶段：你憎恨性别歧视，渴望打破父权制度 / 超越性别二元论 /（在此处写上你自己的模糊目标）。而且，你肯定会成功，因为你和上次那些把事情搞砸的没用的刻薄老女人完全不一样。

T 恤上的口号是：Riots Not Diets

第二阶段：好吧，你还是和上次把事情搞砸的那些没用的刻薄老女人完全不一样。只是说，你在某些事情上有点同意她们，但出于不同的原因，比如，你对色情片中的扼颈问题有所担心，因为这可能伤害女性，而她们对此感到担心则是因为她们有奇怪的性爱恐惧症。或者你认为性爱很重要，因为你知道性别歧视的存在，而她们认为性爱很重要，是因为她们把所有女性都看成育种的母马。你还是会成功，但你不会在公开场合提及扼颈/性别歧视的事情，以防给人留下错误印象。

T恤上的口号是: Girls Just Wanna Have Fun(damental Rights)

第三阶段：事实上，你不愿意承认这一点，但那些无用的刻薄老女人，她们在很多事情上都是对的，而且仔细想想，她们的主张也不无道理。问题在于她们推广自己的论点时做得太糟糕。她们的公关能力差得吓人，这就是为什么每个人都认为她们刻薄、偏执、本质主义。而你，能够做她们的翻译，以一种细腻、有说服力，最重要的是以更亲切的方式来表达反对在性行为中扼住女人的脖子，反对告诉女人她们的身体不重要。有你在，那些贱人真是幸运！

T恤上的口号是: Eat the Patriarchy

第四阶段：全是扯淡。事实证明，没人在乎你的女性主义有多委婉。这个问题的关键一直是内容，所以你最好把你的信念表达出来，而不是写在T恤上。除了那些没用的老女人，怎么就没人提醒过这件事会这么费劲呢？

我并不是说所有女人都会按既定顺序经历这四个阶段。我认识一些似乎生来就处于第四阶段的人,也有些人甚至从未进入过第一阶段。有些女性在进入第四阶段后,看到人们的反应,又退回到第三阶段(尽管她们再也不是原来的自己了)。有相当一部分主流女性主义者在第一和第二阶段之间徘徊,却自认为已经处于第三或第四阶段。尽管如此,总体发展方向是明确的,真正需要的是加速。这就是为什么妈咪网用极有效率的方式将女性转向了黑暗面,并招来一片哗然。在大多数情况下,加速的过程是一种挑战。

"你在要求年轻女性与想象中未来的自己结成联盟。"我的伴侣这样描述年长女性主义者的困境。"姑娘们,你们也会变老的!"这句话从来都不是一句好的广告语。向人们兜售没有年龄歧视的女性主义,就如同把人寿保险兜售给一群相信只要保持积极乐观,不理会那些悲观的保险广告就能获得永生的人。它可能无法持久,但就短期心理收益而言,带有年龄歧视色彩的女性主义有更多的优势。

你可能会觉得安心一点,如果你相信,你处在劣势地位的原因是那些曾经处在你现在位置的女性的过错,认为她们没有做好,是她们的道德缺陷——她们的特权、她们的无知、她们的自以为是——使你无法抵达与你自己的道德相匹配的乌托邦;相信你的智慧和美德终会赢得胜利,因为不可能是男性故意选择不给你他们给予自己的资源和自由。

如果男性至上是一个跨越千年的误解,并且终将通过印有人称代词的徽章和"男儿泪（Male Tears）"①咖啡杯得到解决，实现"神奇胸罩"和"辣妹"组合未能实现的所有目标，我会非常高兴。非对抗性、皮肤光滑、更年期前的女性主义具有如此明显而普遍的吸引力。它提供了如同购入一款新面霜或自助书籍一样的快感；你知道它不会起作用，但拿在手里，你可以想象假如它兑现了所有承诺，你会成为怎样的自己，你会拥有怎样的生活。女性主义者的替罪羊——拿着毒苹果的女巫，要暗算你这个倔强的白雪公主——为你提供了你想要的胜利叙事（因为她肯定会变老，肯定会死，而你会从此过上幸福的生活）。

我以为我们这一代是被眷顾的一代，已经准备好了迎接父权制的终结，因为第二次浪潮中的妈妈们已经做完了所有脏活累活。我们一边喝着满满一大杯的斯特拉（Stella）啤酒，一边挥别我们之前一切脸谱化的形象——家庭主妇、女强人、悲愤的格林汉姆激进分子、憎恨男人的恒久受害者。再见了，失败者们！你们永远也不会拥有这样的时代！如果不是因为从前从未存在过像我们这样的女性，我和我的同代人怎么可能活得像如此完整的人——如此完整地拥有复杂的内心世界？毕竟，如果有过这样的女性，我们难道不会把她们当成完整的人对待吗？难道男人们会不这样对待她们吗？

我们可以告诉自己，歧视现象本在多年前就可以终结，只是以

---

① 男儿泪：一个女性主义用语，用来揶揄因为地位遭到女权威胁而抱怨的男性。这个用语曾被印在咖啡杯上。

前的女性没有提出要求而已。或者，也许她们曾经要求过，但她们没有客气地提出要求；或者，她们客气地提出了要求，但没有提供足够的证据来支持她们的要求。我们这一代女性不得不"以激进游行的方式客气地提出有充分证据的要求"。这个事实其实是在表明，竭力寻求自己与上一代女性的区别，传达出的并不是一种希望，而是一种否定。这是童话中的女性主义，仅仅止步于摒弃英俊的王子。邪恶的继母/女巫依然存在，成为完美女性的选择——雪藏在时光中，变得邪恶或死去——并没有改变。拒绝接纳"老巫婆、我心中的恐怖母亲或……这世上真正的老妇人"的女性主义，在个人生活中和政治上都是不可持续的。这根本就不算是女性主义。

中年女性要的是什么

尽管我写了一本关于人们有多讨厌中年女性的书，但我并没有每天都在彷徨中哀思：哦，不！每个人都讨厌我！中年女性并不是生活在彻头彻尾的悲惨之中。事实上，这正是让那些希望从我们的劳动中获益，却又觉得我们无关紧要的人感到不适的原因。那些想打垮我们的人很少得逞。

有人说我们丑陋，说我们的外表暴露了我们内在的劣根性，但我们与年轻的同性不同，她们认为自己很迷人，我们也不否认自己的吸引力。我们的身体不再符合父权制下的"生育力、女人味、性魅力"标准，但正因如此，我们才学会了珍视身体本身的价值；在成为我们曾经逃避的女性之后，我们不再彼此逃避；妥协和依赖关系的积累教会了我们重新审视母亲、祖母和姨妈们所谓的"保守主义"。尽管有人试图将中年女性的自信淡化为"可以自由地一边谈论潮热，一边给皱纹注射肉毒素"的口号，但当女性失去了所谓的在男性世界中生存的必要资产时，一些更为坚实的东西就会显现出来。融合年龄歧视的厌女症认为，除非我们处处小心——服用正确的激素，采取正确的美容措施，念诵正确的咒语，展现出足够的"善意"，做任何事，什么都行，来表明我们仍然只通过与雄性人种的关系来定位自己——否则我们就不再是"真正的"女性。恰恰相反，我们剥去一切，才展现了作为女性在身体、经验和智力方面的多样性。我们之间在社会经济阶层、种族、生活选择、人际关系、才能、政治倾向、家庭责任等方面的差异，只有在去除伪装之后才会更加清晰。承认我们真正共同拥有的东西，才是解决重要差异的先决条件。

下面是一些关于摆脱年龄歧视、自我厌恶的女性主义的小小建议：

1. 不要穿什么口号T恤衫或用口号马克杯。*
2. 重新接纳描述女性贯穿一生的身体体验的语言，涵盖更年期及以后的性教育。我们的身体不是物品，我们的生活也不是一系列不相关的事件。对人类经验真正连贯性

---

* 好吧，茶巾之类的还可以接受。

的理解，不会将我们钉死在时间中，也不会迫使我们在环境和变化之间做出选择。

3. 追踪女性在一生中累积起来的成本，不只有性别薪酬差距，还应该包括无偿劳动、创伤管理以及男性暴力带来的社会和经济成本。"大清算"和"真相时刻"固然很好，但我们必须重新关注一生都生活在男性至上主义下到底意味着什么，以及随着年龄的增长，这样的生活怎样影响了我们做出的选择和妥协。

4. 把女性主义思想投入代际叙事中去，以取代"淘汰—更替"叙事以及迎合"女性只有前半生有用"的观点。如果我们能识别产品设计、医学研究和工作模式中的男本位特权，我们也能在所谓"进步"的政治叙事中识别这种特权。

5. "羞辱替换"——每当你想羞辱一位年长女性，因为她在这个混乱的世界里没能保持清白，找到一个可以替换她的男性，他曾经做过或说过完全相同的事情却毫发无损。可以建一个这些男性的数据库，尽管这可能没什么必要（他们往往是巫婆羞辱新潮流的先锋）。

这些建议都没什么新意（也许最后一条除外）。就了解女性生命周期及其多样性而言，我们已经走过一半的路程。年龄歧视是我们讲给自己的故事，一个关于我们是谁、可能成为谁的故事；迄今为止，鉴于每一项女性主义成就都是基于女性不再相信关于自己的老旧故事，我们完全有能力在年龄问题上也做到这一点。

致过去和未来的我，她们会对这本书持不同意见

我确信，我在这里写下的某些东西会是错的——如果不是对过去和未来的我而言，也是对其他人而言。那种突如其来地觉得门要关了，或在餐桌上没了位置的感觉，只是因为剩下的时间不多了——怨恨、愤怒！这种感觉会渗入（而且我确信已经渗入）我自己对制度性不公正的看法之中。带有年龄歧视的厌女或者因厌女而产生的年龄歧视是真实存在的，但身体衰退和机会不断减少这一简单客观的现实也是真实存在的。正如我在第二章中论述的那样，两者相互关联，但这并没有让我忍不住产生把吸引力减退归咎于他人的偏见。有人责怪妈妈，就有人会责怪那些责怪妈妈的人。这是在试图雕琢纯粹的女性主义真理时会出现的众多裂痕之一。你只能在一个时间尺度上用一个身体去书写、思考和感受。但如果我不可能改变别人的观点，别人的反馈也不可能改变我的观点，那么我分享文字、思想和感受也就没有任何意义了。

任何真正进步的政治都必须拥抱变革，但女性的社会建构却将女性推向抵制变革的道路。苏珊·桑塔格写道："女人的性格被认为是与生俱来的、静态的，而不是她的经历、她的岁月、她的行为的产物。从性的角度来看，青春期后期的女性身体已经达到了最宜人

的形态，之后的大多进一步发展都被视为是负面的。"正如第四章所述，与年龄歧视交织的厌女症的好处之一在于，它与对未来个人/政治变革可能性的广泛抵制相一致。它迎合了一种冲动，即认为自己必然站在了历史主流一边，拥有一套自己认可的正确姿态。那种强大而踏实的确定性，意味着你对自己的立场非常肯定，甚至可以使用暴力来捍卫它，这着实让人感觉良好、坚贞。没有什么比诋毁那些代表着整个生命周期中最卑微且令人沮丧的变化（衰败、陈旧、依赖性的积累），更能让你相信自己在此时此地是正确的，未来也永远正确。唯一重要的变化，难道不是当你保持原样，世界要跟上你的脚步吗？唯一重要的女人，不就是像玛吉·汉布林塑造的"天下女人"一样，从泥沼中升起的女人吗？

我并不害怕变化。我害怕的是一成不变。我认为变化是理所当然的，是我们这一代人与生俱来的权利，但除了等待，似乎没有什么别的办法。事实上，有时我甚至觉得不能有丝毫动作，以免打破微妙的平衡——不要和其他女孩说话；不要去学那些保守的妈妈们；不要听那些憎恨性爱的卫道士的话；不要和婆婆/丈母娘共情；不要靠得太近，以免这些怪物玷污你；眼睛直视前方，保持静止，改变将是你的奖赏，将从高处赐予你；不要让她们告诉你，改变只能从与不同女性的互动中自然产生。

我的学术背景是语言研究。*我把最初接纳的女性主义比作从词汇手册中学习，我指的不是学习具体的口号——"不就是不""女人有选择的权利""我相信她"——而是收集那些自成体系却永远难以流畅表达的词汇。我不想学习语法，因为我真的不相信会有任何实质性的结构，能支撑一场只属于女性的政治运动。我不想要规则，因为规则是精英主义（elitist）、本质主义（essentialist）或自认为有特权的（entitled，或其他以"e"开头的词）。一想到要与其他发声者交流，适应她们的语调，体会细微之处，处理陌生的术语，我就感到害怕。我担心，如果让那些生活道路被我否定的女性来影响我，我可能会在坚持特立独行的决心上产生动摇。我害怕与那些被我视为在人际关系和社会角色方面妥协的女性交谈，以免自己也会妥协。我觉得自己已经有足够的女性主义底气可以"勉强应付"了。但最终，我只能自言自语，不明白为什么没有人回应我。

我们没有认真对待其他女性的遗产，这是因为我们没有认真对待女性。这样做的反面并不是同意前人说过或写过的一切；考虑到女性经历和思想的多样性，这也是不可能的。我们应该做的是要有尊重女性经验和思想的理念，并充分认识到女性的共性并不会使我们成为人类中不值得尊重的代表。那些守旧、受教育程度低、偏执

---

* 特别关注德国浪漫主义文学和童话。作为语言学者，我确实写了一些关于女性主义和语言的研究论文，是那种轻松愉快的"哦，女人到底是什么，嗯？啊？"的方式，尽管空洞无物，却（或者说正因为如此）从来没人质疑过。

的妈妈或姨妈，始终是个人和政治上的替罪羊，让其他所有人都免去了承认的责任——承认无偿劳动、承认生殖差异、承认男性剥削、承认自己的特权、承认千百年来女性的知识和智慧。中年女性本来有那么多东西可以抛在脑后，却被剥夺了越轨的空间——她们活得一团糟、被牺牲、被与他人的关系定义、失去了神圣的"生育力、女人味、性魅力"还要继续存在——这并非偶然。那些有幸没有成为仇恨或嘲弄象征的中年女性，却发现自己被无视，这也并非偶然。

由于显而易见的原因，将年长女性从人间抹去的企图从未成功过。我们必须抗争的是，我们的对话被切断，我们的生物和代际纽带被否认，男性默认的生命周期叙事，还有坚持"女人"是一块必须常擦常新的石板，每一代人都要重新书写。随着时间的流逝，我们越来越清楚地知道，那个"新"女人，冰冻在水晶棺里的公主，并没有真正活着，我们不能与那种希望我们死去的女权主义同流合污。

休想无视我（INGTBI）。

致　谢

在本书的写作过程中，有许多女性给予了我帮助。我非常感谢我的经纪人卡罗琳·哈德曼（Caroline Hardman），是她鼓励我从一个极其粗略的大纲开始继续发展这个想法；感谢我的出版商厄休拉·多伊尔（Ursula Doyle）的鼓励和支持；感谢佐伊·格伦（Zoe Gullen）缜密的编辑意见；感谢杰丝·格列佛（Jess Gulliver）为本书的宣传推广所做的工作。把这本关于巫婆的书托付给真正理解我想表达的东西的人（同为巫婆！），让我无比安心。

本书中关于女性主义、女性和女性之间关系的观点，是通过多年的对话和友谊发展起来的。我要特别感谢我才华横溢的朋友玛丽娜·斯特林科夫斯基，她首先给了我启发，促使我去阅读往往已被我们这一代人束之高阁的文献，并且她犀利的分析总是让我想重新思考我认为已经了解的事情。简·克莱尔·琼斯的文字和友情改变了我对身体、依赖和女性社区的看法。与她们以及丽贝卡·赖利-库珀（Rebecca Reilly-Cooper）、安雅·帕尔默（Anya Palmer）、蕾切尔·休伊特（Rachel Hewitt）、萨拉·迪图姆、米歇尔·阿鲁埃（Michelle Arouet）、朱丽叶·奥斯特胡森（Juliet Oosthuysen）、卡伦·克鲁兹卡（Karen Kruzycka）、吉娅·米利诺维奇等人的会面和在线互动改变了我的思维方式，推动我对早期女性主义的看法从"我们这一代是例外"和"切断代际联系"转变为看重女性支持和共享理念。我还要感谢海伦·刘易斯和卡罗琳·克里亚多·佩雷斯，是她们给了我信心，让我在写到有关女性的生活和需求时能够认真对待自己的观点。

我衷心感谢那些在本书撰写过程中同意接受我访谈的女性（尽管她们在被邀请时可能感到不适，毕竟我是这样和她们搭话的："我在写巫婆，于是想到了你。"），其中包括埃丝特·帕里、凯特·威廉斯、劳拉·多兹沃思（Laura Dodsworth）、艾玛·伯内尔（Emma Burnell）、玛丽-安·斯蒂芬森、萨拉·佩德森、露西·塔特曼（Lucy Tatman）、吉莉安·菲利普（Gillian Philip）、海伦·乔伊斯、基里·滕克斯、安娜-路易丝·亚当斯和索菲·沃森（Sophie Watson）。我还要对推特和妈咪网上的巫婆们致以最诚挚的感谢，她们中的许多人我都不认识，但她们愿意分享自己的女性经历、观点和笑话——即使她们说我们应该专注于讨论有机婴儿食品和学区房——她们改变了我对生命周期和人际关系如何使我们成为一股不可忽视的力量的理解。

女性主义的写作不可避免地要借鉴激进女性主义者的智力劳动和行动主义，多年来她们承受了很多。有人对她们说，她们是错的；

还有人告诉她们，其他女性会更友好地传播她们的思想，最后却被问到"为什么之前你没有说过这些？"我无法用言语表达我对这些女性的感激之情，感谢她们在其他人掉队的时候坚守阵线。我特别想表达我对朱莉·宾德尔和卡伦·因加拉·史密斯的钦佩之情，感谢她们不知疲倦地为男性暴力侵害妇女行为的幸存者提供支持，同时加深了我们对这些暴力行为范围和影响的认识。

冒着听起来像是为自己找借口的风险，我想说我故意略去了一些女性的名字，以保护她们免受与性别相关的争论给职业带来影响并遭到"连坐"式的猎巫。我想让你们知道，我非常感谢你们，不敢提及你们的名字是某个问题的症状，而我希望这本书能对这个问题的解决做出小小的贡献。如果没有我的伴侣尤安·约翰逊（Ewan Johnson）的不懈支持，这本书将永远无法完成。从阅读手稿和讨论想法到不公平地承担家务劳动（以便让我有更多的时间来撰写关于家务劳动不平等的文章），尤安在生活中、智力上和情感上对我的支持让我的思考和写作成为可能。我特别感激他在我自己的论点不明确时坦率地质疑，每次他都知道是我不愿意让自己的疑虑得到证实，甚至可能打算把他的坦言视为说教。他是一个真正的伴侣，生命中有他的陪伴让我感到无比幸运。

虽然我从未强迫我们的三个孩子读我的手稿，但我也想感谢他们对我的爱和支持：尤其是我的长子，感谢他就政治和不公正问题与我进行有见地的交谈；感谢我的二儿子，感谢他向他所有朋友的母亲们宣传"妈妈的书"时的惊人热情；还要感谢我的小儿子，提醒我他都能"每天写一本书",我一定不要自以为了不起。当我最初想到写这本书时,我没有预料到它会如此偏重那些缺乏关注的问题。我们倾向于将早期女性的成果置之不顾——不认可她们的功绩,拒绝传承她们的知识,费尽心机将她们的思想"洗稿",然后宣称是自己的原创——这一点是有大量文献为证的,但我并不知道这种现象竟如此严重。抹杀女性关于自身被抹杀的作品是女性主义最尖锐的讽刺之一。"传给下一代的只是被剥夺的传统,我们的传承就是没有传承。"苏珊·法吕迪在《美国的厄勒克特拉》中写道。如果有什么是我想要强调的,那就是我们对过去的女性主义者欠下的债,她们不是为当今更成熟的女性主义奠定基础的测试模式思想家,而是有待重新发现的丰富的知识遗产的共同创造者。我的致谢并不特指这本书,而是我们作为女性彼此间的立场。

我意识到自己有个可怕的倾向,认为自己是女性主义觉醒的最佳典范:没有人可以比我更早达到女性主义启蒙,而那些滞后的女性,她们没有任何借口。事实上,有无数女性比我更早开始关注女性主义遗产以及代际团结的重要性,在我有胆量表达自己的观点之前,我已经吸收了她们的思想。尽管这部作品中的任何错误、误解和不妥想法都是我自己的责任,但我承认,许多我认为是属于我自己的思想,实际上并非如此。它们是共享的,它们已经流传开来,它们还将流传下去。这就是接力循环,对此我心存感激。

译后记

防患于未然的预警

身为中年女性,翻译《看见被污名化的中年女性》这么一部为中年女性鸣不平的著作,既心有戚戚,又有疏离感。原因可能在于:中西社会语境各不相同,权利意识大相径庭。在我们这一代女性的印象中,中国中年女性的典型形象:是《人到中年》里,鞠躬尽瘁、积劳成疾的女医生;是《出走的决心》里,常年为家务操劳、却得不到家人认可的普通民妇。《看见被污名化的中年女性》这本书为我们揭开了西方"后女权时代"语境中"强势女性"被污名化的境遇,对于处在不同觉醒阶段的女性,不妨将之视为一种防患于未然的预警,为自己和他人免受污名的伤害,摆正心态,未雨绸缪。

《看见被污名化的中年女性》作者是一位年近五旬的英国女作家,白人中产,已婚已育,并非来自遭遇边缘化的少数群体。她笔下的"巫婆",是 40 岁以上的年长女性,其负面刻板形象是阴狠的前女友、邪恶的后妈、挑剔的婆婆/丈母娘、不依不饶的悍妇,这类专横跋扈的白人中产中年女性,在英语中有个专门的名字:"凯伦 (Karen)"。

"凯伦"形象是性别歧视和年龄歧视交织的代表。依作者所言，在父权制社会中，女性的价值在其是否具有生育力、女人味、性魅力；一旦失去这三种功能，女性就该退居幕后，不要出来高谈阔论，令人侧目。如果不这样，那就是把自己变成了老丑而嚣张的"巫婆"，活该自取其辱。在号称"政治正确"的美国，即使是身为美国参议员的伊丽莎白·沃伦，在指责科技巨头埃隆·马斯克偷税漏税时，也会被后者称为"凯伦"（见本书第七章"享有特权的女巫"）。

　　在父权制者眼中，这些"凯伦"，因为占据主流身份，享有所谓"特权"，不惮于表达自己的思想和主张，得理不让人，令他们不快、厌恶乃至恐惧。"污名化"中年女性是多方位的，在书中用八个章节来分别描述"巫婆"的"八宗罪"：在外形上，不再年轻貌美的老女人没有抛头露面的资格；在生理上，更年期的女人是不可理喻的母兽；在社会角色上，中年妇女理所当然做无偿家务、伺候照料他人；在历史站位上，中年妇女就是吵吵嚷嚷的肥婆，在戏剧舞台上，她们是逗观众开心的笑料；在性观念上，她们是趋于保守的"道学家"，不愿支持"性解放"；在组织结构上，她们拉帮结伙，还试图把女性权利意识传递给年轻女性；在自我赋权上，她们动辄声称"我有权……""我要找经理投诉……"，得理不让人；在影响力上，她们引起的不安，足以让（男）人用暴力威胁让她们闭嘴。

　　西方中年女性的这"八宗罪"，有些是中西女性所共有的，比如外貌焦虑、更年期综合征、被群嘲的"大妈"、影视剧里的"恶婆婆/丈母娘"。有些却存在着觉醒意识的差异，比如女性特权。成为

"凯伦"的门槛并不低,需要一定的财富、地位和认知,才能引起那些自高自大的父权人士的忌惮。

然而,无论是西方还是中国,无论是有权威的成功女士,还是为琐事消磨的家庭妇女,人到中年都难免有蒙受"污名"的可能。前者会被称为母老虎,后者则是黄脸婆,两者都会遭受不同程度的精力剥削和情感勒索,需要做出很多牺牲才能委曲求全。高光下妆容精致的中年女名流,常常因为没有及时为人妻为人母、没有"洗手作羹汤"而被嘲为失败者。家庭中典型的中年女性,在家务上付出比男性多得多时间;家庭的稳定和谐,在很大程度上依赖于女性的无私奉献、悉心照护,她们所做的工作却未必能被看见。正如本书作者所言:"要消除与照护工作相关的不平等,唯一的办法就是在性别、社会经济阶层等方面对资源、回报和期望进行严肃的重新分配。"

《看见被污名化的中年女性》是为强势女性正名的抗辩之作,其言辞之犀利、用心之痛切,不禁令人想起张桂梅校长所在的云南丽江华坪女子高中誓词:"我生来就是高山而非溪流,我欲于群峰之巅俯视平庸的沟壑。我生来就是人杰而非草芥,我站在伟人之肩藐视卑微的懦夫!"如此睥睨天下的女性宣言,出自女性受教育权都曾难以保障的偏远山区的女子中学。这里女性受教育权都曾难以保障。这与本书作者的境遇有着天渊之别,是在沟壑中仰望星辰。这里所宣示的,不是有别于男性的女性特权,而是女性理应与男性一样,享有她们有权享有的一切人权,包括受教育权、就业权、同工同酬、婚姻自主、家务分担。只有享有同等权利，具有同等社会价值，弱势女性才不会被剥削，强势女性才不会被"污名化"。在我们当今的语境下，对于广大的普通女性来说，最需要的是帮助那些弱小女性在人格和精神上成长起来，使其自立自信，获取她们应得的自主权和选择权。

男女平等、同工同酬是老话题，实现起来却困难重重。这个阻碍不仅来自父权意识和社会制度，更来自每个人内心的成见。作者在书中最后一章言道，女性只有"剥去一切，才展现了作为女性在身体、经验和智力方面的多样性。我们之间在社会经济阶层、种族、生活选择、人际关系、才能、政治倾向、家庭责任等方面的差异，只有在去除伪装之后才会更加清晰。承认我们真正共同拥有的东西，才是解决重要差异的先决条件。"男性和女性，共同拥有的是人性；年轻和年长，共同拥有的是每个人都会变老这一事实。在一个社会中，只有每个人的努力和付出都被看见，都能生活在一个不以他们的性别、年龄、外貌，而是以他们的品格优劣来评价他们的环境里，才能实现全人类的福祉。

青豆读享 阅读服务

帮你读好这本书

《看见被污名化的中年女性》阅读服务：

精彩图解   8组图片总览，帮你看清中年女性污名化处境。

好书速读   20分钟解读音频，带你快速了解本书核心观点。

背景资料   长图展示20世纪女权运动史，带你在历史坐标中了解书中内容。

知识锦囊   补充本书涉及的背景知识，助你深入理解书中的论争要点。

……

（以上内容持续优化更新，具体呈现以实际上线为准。）

每一本书，都是一个小宇宙。

扫码享受
正版图书配套阅读服务